实用谚语丛书 ◎ 主编 吴建生

人际交往谚语

编著 巫建英

山西出版传媒集团
山西经济出版社

图书在版编目（CIP）数据

人际交往谚语 / 巫建英编著. -- 太原：山西经济出版社，2021.3（2023.1重印）
（实用谚语丛书 / 吴建生主编）
ISBN 978-7-5577-0825-2

Ⅰ.①人… Ⅱ.①巫… Ⅲ.①人际关系－谚语－中国 Ⅳ.①C912.11

中国版本图书馆 CIP 数据核字（2021）第043809号

人际交往谚语

主　　编：	吴建生
编　　著：	巫建英
出 版 人：	张宝东
选题策划：	郝建军
责任编辑：	侯轶民
装帧设计：	华胜文化
出 版 者：	山西出版传媒集团·山西经济出版社
社　　址：	太原市建设南路21号
邮　　编：	030012
电　　话：	0351-4922133（发行中心）
	0351-4922085（总编室）
E-mail：	scb@sxjjcb.com（市场部）
	zbs@sxjjcb.com（总编室）
经 销 者：	山西出版传媒集团·山西经济出版社
承 印 者：	山西三联印刷厂
开　　本：	880mm×1230mm　　1/32
印　　张：	9.75
字　　数：	230千字
印　　数：	10001-14000册
版　　次：	2021年3月　第1版
印　　次：	2023年1月　第4次印刷
书　　号：	ISBN 978-7-5577-0825-2
定　　价：	32.00元

前言

谚语是在人民群众中广泛流传的一种固定的语句。它简单通俗、精炼生动，总结出丰富的生活经验，反映出深刻的人生道理。它是中华民族的文化瑰宝，历来深受人民群众喜爱。

谚语取材广泛，内容涉及农业、经济、教育、品德修养、人际交往、养生保健等多个方面。有些谚语劝导人们扬善抑恶、勤劳俭朴、团结友爱，颂扬人世间的美好与正义，讥讽、鞭笞丑陋、虚伪的人或事。如：火要空心，人要实心；勤能补拙，俭以养廉；人心齐，泰山移；善有善报，恶有恶报；白日不做亏心事，半夜不怕鬼上门；为人莫贪财，贪财不自在；等等。有些谚语反映丰富的人生体验，总结社会生产、经济、生活以及各行各业的劳动经验，是人们生活中的百科全书。如：酒逢知己千杯少，话不投机半句多；家有一老，黄金活宝；诚招天下客，誉从信中来；冬吃萝卜夏吃姜，不用医生开药方；庄稼一枝花，全靠粪当家；等等。众多的闪烁着智慧光芒的民间谚语，时时刻刻活跃在人们的语言生活中，发挥了不可低估的重要作用。

　　为了方便读者学习和使用谚语，我们编写了这套《实用谚语丛书》。丛书本着古今兼收，以今为主，重在实用的原则，力求少而精。每种精选谚语1000条左右，加以精要注释和书证，并对一些条目的不同说法、历史来源以及相关知识做了简单提示。

　　由于地理环境的不同，一些谚语表现出较强的地域色彩；由于历史和时代的局限，一些谚语存在着一定的思想上的局限性。对这些条目，我们少量地做了保留，以留下历史的印迹，供研究者查阅。随着社会的发展，人们在交际中出现了一些新的谚语，我们也酌选收入，以期跟上时代的步伐。

　　衷心希望这套丛书能够为读者学习和运用谚语提供一些帮助。也期待着专家与广大读者对其中的不足和错误提出批评指正。

吴建生

2018年5月

目录
MU LU

凡例 …………………………… 001

一、父母子女 ………………… 001

二、手足亲情 ………………… 029

三、爱情婚姻 ………………… 038

四、家庭和睦 ………………… 068

五、亲戚交往 ………………… 086

六、忠孝忤逆 ………………… 104

七、邻里乡亲 ………………… 124

八、朋友情谊 ………………… 142

九、上级下属 ………………… 168

十、团结合作 ………………… 192

十一、聚散往来 ……………… 215

十二、矛盾斗争 ……………… 228

条目音序索引 ………………… 254

凡例

一、条目

1. 本书精选常用人际交往谚语1000余条，供具有中等以上文化程度的读者使用。

2. 条目古今兼收，以今为主，重在实用。

3. 条目一般以现代常见的为主条，加以释义并举出用例。意思和主条相同或相近但说法不同的条目，作为副条，列在"提示"中。副条一般不举用例。

二、释义和用例

1. 先对难以理解的字、词进行解释，并给难字加注汉语拼音。然后对整个条目进行释义。

2. 释义先解释本义，再解释引申义。字面上简单易懂的条目，直接解释引申义。

3. 用例跟在释义的后边。每个条目一般只列一条用例。用例注明出处，放在例句的后边。

三、提示

对必要的条目加以提示。提示包括三方面的内容：

1. 指出该条谚语的来源。

2.列出副条。副条前以"也说"等形式注明。

3.介绍一些相关知识和特定的用法。

四、排列顺序

1.全书谚语均为人际交往类,分为十二小类。

2.每一类内部按条目的汉语拼音顺序排列,首字读音相同的,按第二字、第三字的读音排列,依此类推;首字音同而字不同的,以笔画多少排列,笔画少的在前,笔画多的在后。

五、检索

书后附有"条目音序索引",以便检索。索引按照主条首字的汉语拼音顺序排列,副条放在括号内,列在主条的后边。

一、父母子女

【爱之愈深,责之愈切】

指对儿女的爱越深,就越期望子女完美,对他们的过失责罚得越厉害。

{例}爱之愈深,责之愈切。或许因为东方人的含蓄,我们的父母从来不会像西方人那样坦率地说一句:"我爱你,孩子。"以此表达他们对孩子的爱意,取而代之的是无穷无尽的唠叨和恨铁不成钢的心情。(文忠《如何面对唠叨的父母》)

【半大小子,吃跑老子】

指十来岁的小伙子正是长身体的时候,饭量特别大。

{例}常言道:半大小子,吃跑老子;十六岁的山东壮汉,不是一星半点粮食养得起的。(林希《北洋遗怨》)

提示:也说"半桩小,吃过老""半大小子,吃死老子""半桩子,饭仓子"。

【肠里出来肠里热】

指做母亲的对自己亲生的儿女总是十分关心、疼爱。

{例}〔李存孝哭科,云〕阿者哑子落马痛关情,子母牵肠割肚疼,忽然二事在心上,义儿亲子假和真。哑子终是亲骨肉,我是四海与他人,肠里出来肠里热,阿者亲的原来则是亲。(元·关汉卿《哭存孝》)

【偿不完儿女债】

儿女债:迷信认为,如果前世欠了人的钱财,债主就会在来世变成他的儿女来讨债。指人们辛苦赚钱抚养儿女,就像还债一样。

{例}〔内问介〕师父,你何不试说与我们听者。〔末〕大众,我可笑世人,思思念念,撇不下老婆心;急急巴巴,偿不完儿女债。低了头,行路无非

算计；合着眼，做梦也云惊惶。（明·徐元辉《有情痴》）

【成熟的瓜要落蒂，长高的树要分桠】

桠（yā）：丫杈，树枝分开的地方。比喻孩子长大了就会离开父母到社会上闯荡。

{例}"成熟的瓜要落蒂，长高的树要分桠。"父王呵，你的外孙都长大成人了，为了给子孙创业就不能老守在封金山上啦，女儿今天是来告别的呵！（唐宗龙《三公主的凤冠》）

【吃尽味道盐好，走遍天下娘好】

指所有的调味品中，盐的味道最普通也最重要；所有的情感中，母爱最无私、最崇高、最圣洁。

{例}陈家福慌忙摇手，以后再也不了，我相信你们，"吃尽味道盐好，走遍天下娘好"。（罗旋《梅》）

提示：也说"走尽天下娘好，吃尽滋味盐好""走尽天边是娘好"。

【吃奶像三分】

指即使不是亲生子女，吃了谁的奶，相貌、秉性也会与谁有几分相像。

{例}干么我们这样人家连个奶妈都不雇呢？三老爷不许！他说：要人家扔下自己的孩子来喂别人的，不论怎地说不会处处留心。他又说：吃奶像三分，奶妈总是出身低微，小家气，说不定还有暗病。（茅盾《霜叶红似二月花》）

【打在儿身，疼在娘心】

指儿女遭受苦难、折磨，母亲最心疼。也指责罚奴才，主子不能忍受。

{例}要真的骂陈诚也还罢了，怎奈那些言语，取瑟而歌，句句是"打在儿身，疼在娘心"。（张友鸾《秦淮粉墨图》）

提示：也说"打在儿身上，疼在娘心上"。

【爹有娘有，不如自个儿有】

父母再有钱，也是父母的，

点不如自己有钱用着方便。比喻要过好日子,只能靠自己。

{例}你有顶个啥?俗语说:"爹有娘有,不如自个儿有。"就是你发了善心,供一饥,也不能供百饱。(侯树槐《高山春水》)

提示:也说"爹有娘有,不如自己有""爹有妈有不如自己有,老婆汉子隔只手"。

【多儿多女多冤家,一儿一女一枝花】

指子女多了负担就重,孩子少了家里生活就会相对富裕。

{例}女儿翠枝,是大的;小的是个儿,名叫潘长顺,如今在大队里开胶轮。人都说:"多儿多女多冤家,一儿一女一枝花。"(刘亚舟《男婚女嫁》)

提示:也说"多儿多女多冤家""一儿一女一枝花""一儿一女一枝花,多儿多女多冤家,无儿无女活菩萨""一男一女一枝花"。

【儿不忘娘,物不忘本】

指儿女不会忘了母亲的生养之恩,就像事物不能没有根本一样。

{例}儿不忘娘,物不忘本。祝大婶,你白叫我跑这一遭,你那失身忘本的女儿,连亲娘都忘干净了,还认我这捎书带信的故乡人?(李英儒《还我河山》)

【儿大不由爹,女大不由娘】

指孩子长大了,有了自己的主张,由不得父母作主了。

{例}我的好婶子呀!真是儿大不由爹,女大不由娘呀!这丫头年纪大哩,自个疯了心,尽找做娘的出气。(秦兆阳《说媒》)

提示:也说"儿大不由爷,女大不由娘""女大不由母,儿大不由父""崽大不由娘"。

【儿多不如儿少,儿少不如儿好】

指生儿育女不在于多,而在于好。

{例}农村有句俗话,儿多

不如儿少，儿少不如儿好。可以移用于读书。儿少、儿好，反可以得济，书的道理相同。（孙犁《我的集部书》）

【儿多尽惜，财多尽要】

尽：全部。指儿女再多也是每一个都尽全力去疼爱，钱财不管有多少，也应该全部都要。

｛例｝家有敌国之资，朝无抗颜之士。人生至此，富贵极矣！只是俗谚云："儿多尽惜，财多尽要。"假如我有八九个儿子，那少得一二百万金银？（明·无名氏《鸣凤记》）

【儿女多来冤业多】

冤孽：冤仇罪孽。指儿女多了，难免会产生矛盾，惹父母生气。

｛例｝再不听耳边厢焦焦聒聒，儿女是金枷玉锁，道不的儿女多来冤业多。（元·无名氏《蓝采和》）

提示：也说"儿女眼前冤""是儿女，眼前冤"。

【儿女前世修，种子隔年留】

指儿女是前世行善修来的，种子是前一年留下来的，都非常珍贵。

｛例｝这些年，肚子也填不饱，蓄命比蓄种要紧啊。儿女前世修，种子隔年留。佃户们家无隔月粮，哪有种啊！（楚良《天地皇皇》）

提示：也说"种子隔年留，崽女前世修"。

【儿女手里磨性子】

指在养育儿女的过程中，父母的脾气、秉性会发生很大的变化，越来越温和。

｛例｝老张年轻时也是个麦秸火性子，一点就着，这多年，硬是拿三个儿女没办法，越来越没火气了，恰如一句俗话说的："儿女手里磨性子。"（彭联碧《桃花流水》）

提示：也说"儿女手里没脾气"。

【儿女最情多】

指儿女对父母的感情最丰富最深厚。

{例}〔调笑令〕为母亲疾病可,因此上许下他,便无子息待如何。病未可,不须我,古人言,儿女最情多。(元·无名氏《小张屠焚儿救母》)

【儿是冤家女是债】

指父母养育儿女操碎了心,还要为他们解决各种麻烦和问题。

{例}这次会惊动到谢丞相,大概是公事中捅了什么娄子。看来只好让桓冲厚着老脸出面去摆平。谁叫他有这样的儿子。看来老话说"儿是冤家女是债",实在一点也没错。(宁作我《殷桓》)

提示:也说"儿是冤孽女是愁""男是冤家女是债"。

【儿孙自有儿孙福,莫与儿孙作马牛】

指儿孙自有他们生存之道,父母不必为他们过于操心。

{例}儒、释、道,三教虽殊,总抹不得孝悌二字。至于生子生孙,就是下一辈事,十分周全不待了。常言道得好:儿孙自有儿孙福,莫与儿孙作马牛。(《警世通言》)

提示:也说"儿孙自有儿孙计,莫与儿孙作马牛""儿孙自有儿孙福,何必爷娘置马牛""儿孙自有儿孙福,莫为儿孙作远忧""儿孙自有儿孙算,枉与儿孙作马牛""儿孙自有儿孙福,莫替儿孙做马牛"。

【儿行千里母担忧】

指儿女出门在外,母亲总是时时牵挂,放心不下。

{例}老母道:"你这个冤家,在何处饮酒,这早晚方回,全不知儿行千里母担忧。"(《隋唐演义》)

提示:也说"儿行千里母担忧,母行千里儿不愁",意思是母亲时时为儿女操心,而儿女长大了却很少牵挂母亲。

【儿要自养，谷要自种】

儿女要自己养育心里才有底，粮食要自己种才放心。比喻事情要自己去做，主意要自己去拿。

{例}旁人咱不管，咱只管咱个人。"儿要自养，谷要自种。"我的主意我会拿。（柳青《种谷记》）

提示：也说"儿要亲生，谷要自种""谷要自种，儿要自养""树要根生，儿要亲生""田要冬耕，儿子要亲生""田要冬耕，崽要亲生""要儿自养，要谷自种"。

【儿子惹祸找大人】

指儿女惹了麻烦，做父母的要承担责任并帮助解决问题。

{例}对不起，你可得跟我走一趟。常言道："儿子惹祸找大人。"单天昌就跟你的儿子一样，你儿子惹了祸了。（石印红等《罗通扫北》）

提示：也说"儿女做坏事，父母终有错"。

【儿子是老子的影子，老子是儿子的镜子】

儿子既是父亲的遗传对象，也深受父亲的影响。指父子之间有很多相似的地方。

{例}古语说："不知其父看其子。"俗话也说："儿子是老子的影子，老子是儿子的镜子。"从小凯身上，你就能看到他父亲当年的风度。（冯家辉《溪上青青草》）

【儿作的儿当，爷作的爷当】

当：承当。指谁做的事情，谁承担责任，即使是父子，也不能互相替代。

{例}四弟也不用着急，柳贤弟也不用害怕，儿作的儿当，爷作的爷当，漫说是师兄弟，就是亲兄弟也无法。（《小五义》）

提示：也说"儿作儿当，爷作爷当"。

【父不记子过】

指作父亲的都包容子女，不会计较儿女所犯的错误。

{例} 成子啊，俗话说："父不记子过。"爹不生你的气。娶孙小姐的事以后再说。（梁存喜《夜雪神魂》）

【父道尊，母道亲】

指在子女面前，做父亲的要严厉慎言，做母亲的要慈祥和善。

{例} 尹先生说："你们女子有同母亲共得的事，同父亲共不得；有合母亲说得的话，合父亲说不得！这叫作'父道尊，母道亲'。看得亲，自然看得重。据此一说，未免觉得母亲重。"（《儿女英雄传》）

【父母的家当，儿一分，女一分】

家当：家产。指父母的财产，儿子女儿各有一份。

{例} 就不都给我，也只该配成两分。从来说"父母的家当，儿一分，女一分"的。（《醒世姻缘传》）

【父母恩比天大】

指父母的养育之恩，儿女是永远无法偿还的。

{例} 念老娘我与她先说好话，叫贤妻你听我细说心下。自古道：父母恩比天大。你打骂全不怕别人笑话。（《山西地方戏曲·杀狗》）

【父母是层天】

指父母的意志一定要遵从，不得违背。

{例} 杨百顺又歪着脑袋奸笑着说："梅姑娘，可得听大人的话啊，常言说：父母是层天嘛！"（李晓明等《平原枪声》）

【父兄失教，子弟不堪】

不堪：非常差。指父兄如果疏于教育，后辈的行为就会出大的差错。

{例} 不唯不知，知之也不消提起；大不外"父兄失教，子弟不堪"八个大字。但是养到这种儿子，此中自然就该有个天道存焉了。（《儿女英雄传》）

【父在没子财】

父亲在，就没有儿子支配钱财的权利。旧指父亲在家庭中占有绝对地位。

{例}前人云："父在没子财。"那有儿子拘管父母的理？（《传家宝》）

【父在，子不得自专】

旧指长辈在，晚辈不能自己作主。

{例}行者道："兄弟莫提。古书云：'父在，子不得自专。'师父又在此，谁敢先去？"（《西游记》）

【父子不同舟】

舟：船。指父与子不要同乘一条船，以免发生意外。

{例}古谓"父子不同舟"，盖恐风潮一旦并命绝嗣也。（明·朱国祯《涌幢小品》）

【父子上山，各人努力】

指自己的事情应当自己尽力，就是父子之间也不能互相替代。

{例}临出门，西门庆因戏伯爵："你哥儿两个好好去。"伯爵道："你多说话，父子上山，各人努力！好不好，我如今就和郑月儿那小淫妇儿答话去。"（《金瓶梅》）

【父子同心土变金】

指父子一条心，什么事情都能办成。

{例}那么小人斗胆了，小人说的是：鑫字三个金，父子同心土变金，金金金，一寸光阴一寸金。（程瞻庐《唐祝文周四杰传》）

提示：也说"父子协力山成玉"。

【公婆爱长孙，爸妈疼小儿】

公婆：这里指祖父母。指祖父母总是偏爱最大的孙子，父母亲总是喜欢最小的儿子。

{例}鳖在兄弟中排行最小，常言道："公婆爱长孙，爸妈疼小儿。"它小时候被爸妈宠坏了，光吃喝玩乐不干事，什么

本领也没有。(邱国鹰《龟鳖断官司》)

提示：也说"公疼头孙，爷疼晚崽"。（爷：父亲。晚崽：小儿子。）"婆婆喜欢头孙子""天下爹妈疼小儿""天下老的，最疼小的""长子不离中堂，幺儿不离爹娘"。

【姑娘是母亲的影子】

指女儿的相貌、品行等和母亲很像。

{例}姑娘是母亲的影子。春玲继承了母亲的这个特点，平时全家没吃过一次细米饭，逢上节日，也多是做点好的给父亲、弟弟吃，她自己咽粗饭食。(冯德英《迎春花》)

【瓜儿离不开秧，孩儿离不开娘】

比喻年幼的儿女没有自立，还离不开父母的照顾。

{例}艾艾是城里长大的女孩子，妈妈嫁给艾蒿，姥姥本想把她留在身边。瓜儿离不开秧，孩儿离不开娘，她还是跟着妈妈到绿杨堤来了。(刘绍棠《京门脸子》)

提示：也说"瓜儿不离秧""瓜儿不离秧，孩子不离娘"。

【乖的也疼，呆的也疼】

乖：聪明。呆：愚笨。指父母对孩子的疼爱都是一样的，不管他是聪明还是愚钝。

{例}只是我张金凤除了受公婆养育深恩之外，我又有何好处也同姐姐一样呢？这可就是作父母待儿女的心肠，叫作"乖的也疼，呆的也疼"。(《儿女英雄传》)

【闺女打扮十七八，媳妇打扮自个儿娃】

闺女：指没有结婚的女子。指十七八岁的姑娘喜欢打扮自己，当妈的喜欢打扮自己的孩子。

{例}哼，闺女打扮十七八，媳妇打扮自个儿娃，撂下咱这个老汉，谁还当咱个人。(刘江《太行风云》)

【闺女是爹妈心头肉】

指父母最疼爱女儿。

{例} 闺女总是爹妈心头肉。等到事儿横在眼皮底下,他们能撒手不管?你长那嘴干啥的?(张抗抗《分界线》)

提示:也说"闺女是娘的连心肉""女儿是娘的心头肉"。

【闺女是妈的小棉袄】

指女儿孝顺,最懂得关心体贴父母。

{例} 不知是应了"闺女是妈的小棉袄"那句老话,还是社会上的竞争给了男子以更大的生存压力,北京市一项生育愿望调查显示,在生男生女这个问题上,北京人更倾心生女儿。(崔红《北京人生育偏爱女孩》)

提示:也说"丫头是当妈的小棉袄"。

【孩大十八变】

指孩子在成长过程中,每个不同的阶段都会从生理和思想上产生很大变化。

{例} 官样孩子的基本条件是多肉;有眉毛与否总是次要的。况且,"孩大十八变",焉知天赐一高兴不长出两条卧蚕眉呢。(老舍《牛天赐传》)

【孩儿的生日,娘的难日】

孩子出生时,母亲备受痛苦和煎熬。告诫人母亲的生养之恩永远都不能忘。

{例} 常言说:"孩儿的生日即是娘的难日。"我母后被屈含冤,在冷宫中生下我来,……母后被逼自尽啦。(陈荫荣等《鲍福闯龙潭》)

提示:也说"孩生日,娘苦日"。

【孩子不避父母,病人不避大夫】

指儿女和父母之间,没有需要隐瞒的事情;病人在医生面前也不必回避自己的病情。

{例} 女同志,你这是自找麻烦啊!俗话说:"孩子不避父母,病人不避大夫",你又何必这样。(冯国仁《草原上有座小屋》)

【孩子是娘的连心肉】

指母亲对儿女的感情最深。

｛例｝杨翠花隔窗望着这些天真可爱而又不懂世事的孩子，心里揣着那个倒不出头儿来的乱线蛋子，忽觉心房一震，卖子的念头蓦然而生。孩子是娘的连心肉啊！怎能忍心割舍呢？（郭澄清《大刀记》）

提示：也说"儿是娘的心头肉""儿女是父母的心头肉""孩子是娘身上的肉"。

【好不过父母】

指世间再没有比父母疼爱儿女更深的情感了。

｛例｝黄守义已经是生气了，见儿子发出冷笑来，便瞪眼大声骂道："惜时！你眼睛里还有老子吗？俗言道，好不过父母，你简直当我的面就胡闹起来了。"（张恨水《似水流年》）

【好葱包的好白子，好爹好娘养的好孩子】

白子：葱白。比喻父母仪表端庄，品行端正，孩子的相貌品行也不会差。

｛例｝一个媳妇说："瞧这个眉眼儿，多俊呀，就像他娘！"房东大娘小声说："真是，好葱包的好白子，好爹好娘养的好孩子啊！"（孔厥等《新儿女英雄传》）

【好儿不擎父业】

擎：往上托。指有志气的男儿常常不愿意从事父辈的职业，而要独闯另一条路。

｛例｝"好儿不擎父业。"父亲一世使刀，我偏要使枪不可。南汉时期天下第一枪手乃是高祀继，此人外号白马银枪；为此杨衮投到高氏门下。（郝赫《金沙滩·潘杨讼》）

【好儿不在多，一个顶十个】

指养育儿子不在多少，而在于是否优秀孝顺。

｛例｝年轻的时候我就算过一卦，说我命中一子，怕啥，好儿不在多，一个顶十个。（刊

提示：清·范寅《越谚》卷上："好子勿用多，一个抵十个。"也说"好的不在多，一个顶十个""好眼只要一只，好崽只要一个"。

【好儿好女眼前花】

指儿女再好也不过像花朵一样，只是一时好看而已，一旦长大就离开自己了。

｛例｝可兀的好儿好女都做眼前花，倒不如不养他来罢。（元·张国宾《合汗衫》）

【好花不断香，好囡不离娘】

囡（nān）：方言，小女孩儿。指女儿在未成年前不应远离母亲，以免受到伤害。

｛例｝"好花不断香，好囡不离娘。"美索受到妈妈这两句口头禅的约束，就像被拴在裤腰带上似的，无论是干什么，全都要跟着妈妈。（张作为《原林深处》）

【好树上不会长出烂桃子】

比喻优秀的父母能够培养出优秀的儿女来。

｛例｝也只有卫夫人那样的母亲，才能生得出林太平这样的儿子。"好树上是绝不会长出烂桃子来的。"（古龙《欢乐英雄》）

【虎毒不食子】

比喻再狠毒的人，也不会伤害自己的亲生儿女。

｛例｝这曹世昌竟然用砒霜粉和在饭里，把曹如栋活活地毒死了。虎毒不食子，他比老虎还毒！（吴强《堡垒》）

提示：也说"大虫饿杀不吃儿""恶虎不食子""虎毒不食亲生子""虎毒不吃儿""虎恶不伤子""狼虎虽恶，不食其子"。

【虎父无犬子】

指父亲英勇，儿子自然不会软弱。

｛例｝二小将便取韩当、周泰。韩周二人，慌忙入阵。先

主视之，叹曰："虎父无犬子也！"（《三国演义》）

提示：也说"父强子不弱""虎门焉出犬子""虎门无犬种"。

【虎狼也有父子之情】

连虎狼这样凶猛的野兽也有骨肉之情，作为人更应该懂得父子亲情。

｛例｝罪过，罪过！这孩子一难一度，投得个男身，作何罪业，要将他溺死！自古道："虎狼也有父子之情。"你老人家是何意故？（《喻世明言》）

提示：也说"虎狼知父子"。

【家严儿学好】

指家教严格，孩子才能培养出好的品行。

｛例｝取友必须端，休将戏谑看。家严儿学好，子孝父心宽。（《喻世明言》）

【嫁出去的女儿，泼出去的水】

旧时女孩子出嫁后就成了别人家的人，娘家就不能再管了。比喻说出的话，收不回来了。

｛例｝女人说："嫁出去的女儿，泼出去的水，谁还管得了谁呢？比如说我吧，九岁上就叫人卖到戏班子上，到眼下爹娘连个音信也没有！"（孙犁《风云初记》）

提示：也说"嫁出门的女儿，泼出门的水""嫁出去的女孩儿，泼出去的水""嫁出的闺女，泼出去的水""嫁出去的女，卖出去的地""泼出门的水，嫁出门的女"。

【叫亲了的娘，住亲了的房】

指房子住得久了，就有了感情，就像亲生母亲一样每天在一起，越叫越亲。

｛例｝"叫亲了的娘，住亲了的房"，窄就窄点吧，不挪动了。（李英儒《上一代人》）

【教子之法，莫叫离父；教女之法，莫叫离母】

指教育儿女最好的方法，就

是不要离开父母，接受父母的言传身教。

{例} 若说是两个学生叫他们跟着家人去上会，这便使不得；若是你我同跟着他们，到会边上望望即回，有何不可？自古云："教子之法，莫叫离父；教女之法，莫叫离母。"（《歧路灯》）

【可怜天下父母心】

指天下的父母都是一样的，都会竭尽全力为儿女付出，并不计较儿女是否领情，是否回报。

{例} 他最喜欢那虎头虎脑的小孙子了，没想到一来就吃"闭门羹"。而小何却在昨天举家外出旅游了。哎，真是"可怜天下父母心"，可有多少子女会想到孤苦的老人呢？（金竟《新年鸡鸣声》）

提示：此谚出于慈禧"可怜天下父母心"诗："世间爹妈情最真，泪血溶入儿女身。殚竭心力终为子，可怜天下父母心。"

【客人不断行家路，女儿不断娘家路】

客：客商。行（háng）家：介绍商品买卖的商行。指客商不能断绝与商行的来往，如同女儿不能断绝与娘家的来往一样。

{例} 李老板是个行船的，什么人都见过，不以为意，笑道："我也是吃的水上饭。常言道得好.'客人不断行家路，女儿不断娘家路.'"（张德义《董小宛传奇》）

【老子英雄儿好汉】

指父亲是好样的，儿子也一定很优秀。

{例} 宁伯标在后边给常茂观阵，见他武艺非凡，也不住地点头称赞。心里暗暗说道，这真是老子英雄儿好汉哪！遇春贤弟有这样的好儿子，我都替他高兴。（单田芳等《大明英烈传》）

提示：也说"父是英雄儿好汉"。

【龙生九种，种种有别】

一条龙所生的九条小龙，各有各的特点，不会完全一样。比喻即使是一母同胞，每个人的性格、爱好也有很大差异。

｛例｝告诉你，大清国的曹操还没出世呢！真是龙生九种，种种有别。朕没想到，竟生出你这样忤逆不孝的儿子来！（二月河《康熙大帝》）

提示：传说龙所生的九条小龙，形状性格各异，爱好也不相同。明·李东阳《怀麓堂集·记龙生九子》："龙生九子不成龙，各有所好：囚牛，平生好音架，今胡琴头上刻兽是其遗像；睚眦，平生好杀，金刀柄上龙吞口是其遗像；嘲风，平生好险，今殿角走兽是其遗像；蒲牢，平生好鸣，今钟上兽纽是其遗像；狻猊，平生好坐，今佛座狮子是其遗像；霸下，平生好负重，今碑座兽是其遗像；狴犴，平生好讼，今狱门上狮子头是其遗像；负屃，平生好文，今碑两旁龙是其遗像；螭吻，平生好吞，今殿脊兽头是其遗像。"也说"龙生九种，九种各别""龙生九种，种种不一""龙生九子，秉性各异"。

【龙生龙，凤生凤】

比喻父母是什么样的人，子女也会遗传父母的秉性，成为什么样的人。

｛例｝交手之后三五个回合过去，外行人看不出高低，内行人却已经分得出上下。韩得当跳出场子，哈哈大笑道："龙生龙，凤生凤，将门出虎子，韩家的得天厚堂倒不了字号啦！"（刘绍棠《敬柳亭说书》）

提示：语本汉·王充《论衡·讲瑞》："凤凰、麒麟生有种类，若龟、龙有种类矣。龟故生龟，龙故生龙，形色小大不异于前者也。见之父，察其子孙，何为不可知？"也说"龙生龙，凤养凤""龙生龙种，狗生狗种""龙生龙儿，虎生虎儿""龙有龙种，凤有凤胎""龙生龙，凤生凤，老鼠儿子会打洞""龙生龙，凤生凤，老鼠养儿沿屋栋"。

【没男没女是神仙】

指没有生养儿女，就没有辛苦操劳和经济上的负担，生活过得像神仙一样滋润。

{例}老话说得好：没男没女是神仙。再说，黄家这份家产，近来也大不如从前了，要是再加上几个小祖宗，可又怎么办？（茅盾《霜叶红似二月花》）

提示：也说"没儿没女是神仙""无儿无女是神仙"。

【没娘的孩子磕墙根，没爹的孩子贵如金】

指没有了母亲，当爹的不懂得照顾和疼爱孩子；而没有了父亲，母亲会更加小心爱护，孩子会得到更多的疼爱。

{例}"没娘的孩子磕墙根，没爹的孩子贵如金。"青山没爹了，娘拿着他就像手掌上的珠子。（刘思志《白云洞》）

【没有好种，怎能长出好苗来】

种子不好，秧苗就不会壮。比喻父母不好，儿女自然也不会好。

{例}你是你，爹爹是爹爹，各不相扰，谁人会信呢？常言说得好：没有好种，怎能长出好苗来！（刘浩鹏等《龙公案》）

【猛虎犹护子，毒蛇也爱儿】

毒蛇猛兽都懂得惜护幼崽。比喻再凶狠的人也会疼爱保护自己的孩子。

{例}朕思想起来，猛虎犹护子，毒蛇也爱儿；自家骨肉，安忍禁囚园内？（《南海观音全传》）

【苗怕虫咬，儿怕娘娇】

秧苗怕害虫咬食，孩子怕母亲娇惯。指母亲的娇惯，不利于儿女的成长。

{例}苗怕虫咬，儿怕娘娇。青柴难烧，娇子难教。（缪德《儿怕娘娇》）

【母健儿女壮】

指母亲身体康健,儿女体质也会强壮、结实。

{例} 肖红热烈地赞道:"真是母健儿女壮,师高弟子强。你射得真准呀,纳松因!"(张作为《原林深处》)

【母子亲,胜似金】

指母子之间的深厚的感情,比黄金还要珍贵。

{例} 母子亲,胜似金。老樊的长子樊李,为前妻所生,他与继母的关系,几度处理不很愉快。老樊回到家里后,针对这个问题,动了不少脑筋。(古劳举《老部长和他的家庭》)

【男肖其父,女肖其母】

指男孩子在性格、举止上多像父亲,而女孩子则多像母亲。

{例} 有人说男肖其父,女肖其母。因为巧英心灵手巧,不仅做得一手好针线,而且能纺纱织布。所以三姐妹到了十五六岁,便和她们的母亲一样,做得一手好活计。(张皖《三姊妹》)

【溺爱者不明,贪得者无厌】

厌:满足。指对子女过分宠爱,就看不到他们的缺点;人如果贪心,就永远不会感到满足。

{例} 常言道:溺爱者不明,贪得者无厌。羊酒不均,驷马奔镇。处家不正,奴婢抱怨。(《金瓶梅》)

【年老之人惜子女,和尚老了爱徒弟】

指人上了年纪就会更加疼爱怜惜晚辈;有一技之长的人年老后更愿意招收徒弟,以免自己的手艺失传。

{例} 常言说得好:"年老之人惜子女,和尚老了爱徒弟。"杜奎访不着智高,相中鱼化风姐弟,收作徒弟。(郝艳霞等《花木兰扫北》)

【娘好囡好,秧好稻好】

囡(nān):方言,小女孩儿。指秧苗好稻子就长得强壮,母亲好,儿女就不会差。

{例}谚云:"娘好囡好,秧好稻好。"秧之种于别田,犹女之嫁于夫家也。母良女必淑,秧茂稻不枯。夫人之生,得气于母者多,十月胎息,久而自肖。三年乳食,养育尤深。是以乳母必择善良,防之者预也。第曰囡,亦从其类耳。(清·王有光《吴下谚联》)

提示:此谚也说"秧好稻好,娘好囡好"。

【娘家的饭香,婆家的饭长】

指女儿虽受母亲宠爱,在娘家的时间却很短;嫁到婆家虽然要受约束,却要过一辈子。

{例}"娘家的饭香,婆家的饭长。"已婚之女,宜住婆家,为长久之计,不可依恋娘家也。(胡祖德《沪谚》)

【娘勤女不懒】

指母亲勤快,女儿受其影响也不会懒惰。

{例}人常说:娘勤女不懒。可咱农村有些做女儿的,见老人勤快,就把啥活都往他们身上推。(李金平《三槌两梆子》)

【娘想儿,流水长;儿想娘,筷子长】

指母亲思念儿女,就像水流一样长情不断;儿女对母亲的思念,却像筷子一样短暂。

{例}俗话说:"娘想儿,流水长;儿想娘,筷子长。"你离家五六年了,阿婶天天念叨你。回家才几天,连床沿都没坐暖就走?(王恺《碧雾港》)

提示:也说"娘想儿,长江水;儿想娘,哭一场"。

【鸟大出窝,女大出阁】

比喻女孩子长大了,就要出嫁离开娘家。

{例}凤英,"鸟大出窝,女大出阁",这也是人之常情。我在外边跑了半辈子了,什么事也打不过我的眼。既然你有意出去自己干,哥哥我不拦你。(李凖《黄河东流去》)

【宁养顽子，莫养呆子】

顽子：顽皮的孩子。指顽皮的孩子聪明，只要引导得好就能成才，而痴呆的孩子没有发展前途。

{例}〔旦〕他六七岁的人，晓得甚的，教侍女每与他后边水阁戏耍。〔小旦〕况且是个顽皮，这席酒不禁他打搅哩。〔生〕夫人，岂不闻"宁养顽子，莫养呆子"，侍女们取酒过来。（明·孙仁孺《东郭记》）

提示：也说"宁要匪才，不要奴才"。

【宁养一条龙，不养十只熊】

指宁愿只要一个优秀孝顺的好孩子，也不要多个不懂礼、不成材的孩子。

{例}俗话说："宁养一条龙，不养十只熊。"这么孝顺的儿子，有一个就心满意足了。（高智慧《误诊以后》）

【女大十八变】

十八：概数，形容多。指女孩子在成长过程中，容貌、秉性会发生很大变化。常用来指女孩子越长越好看。

{例}这莲女渐渐生长得堪描堪画，从来道："女大十八变。"这女娘子方年一十七岁……上头之后，越觉生得好。（《清平山堂话本·花灯轿莲女成佛记》）| 老太太挑中的人原不错。只怕他命里没造化，所以得了这个病，俗语又说："女大十八变。"（《红楼梦》）

提示：也说"女大十八变，越变越好看""女大十八变，牡丹显红艳""女大十八变，上轿还要变一变"。

【女儿嫁出门，总归自家人；媳妇抬进门，还是外头人】

旧观念认为女儿虽然出嫁了，但仍和娘家连着心；媳妇虽然娶到家但仍然是外人，不会和婆家一条心。

{例}肚皮勿疼，骨肉不亲。常言道："女儿嫁出门，总归自家人；媳妇抬进门，还是外头人。"（刊）

【前三十年看父敬子，后三十年看子敬父】

指子女未成年时，人们会看在父亲的面子上关照子女；子女长大后有了成就，人们又会看在子女的情面上敬重父亲。

｛例｝你给我穿暖和点，到大营里头当个真校尉，一点一点巴结差使往上挣。前三十年看父敬子，后三十年看子敬父，你给我们挣后三十年的脸面去。（二月河《乾隆皇帝·云暗凤阙》）

提示：也说"前三十年靠父敬子，后三十年靠子敬父"。

【瞧了他爹脚后跟，再瞧孩子有分寸】

脚后跟：比喻所作所为。指看看父亲的言行举止，便知道儿子是什么样的人了。

｛例｝常言道："瞧了他爹脚后跟，再瞧孩子有分寸。"郭老汉一辈子说话办事一步俩脚踪，二娃当然也差不到哪里。村里人都说二娃是块好料。（崔巍等《爱与恨》）

【亲不过父子】

指父亲和儿子之间的感情最深。

｛例｝"你爹弃工逃走，父债子偿。""我爹逃奔哪儿去了？"亲不过父子，伏天儿急得要哭。（刘绍棠《花街》）

提示：也说"亲不过父母""亲莫亲如父子""至亲莫如父子""人情莫亲于父子"。

【娶妇易，择婿难】

娶儿媳妇容易，给女儿挑选女婿就有一定难度。指给女儿挑选女婿应该考虑更多的因素，比选媳妇要更周全一些。

｛例｝有德有疑难事，也与长姑商量，尝思觅一佳婿配他。语云："娶妇易，择婿难。"凡有求妾者，不说真话。（《娱目醒心编》）

【人都是往下亲】

指长辈对儿孙的疼爱远胜过儿孙对长辈的感情。

｛例｝人们看到生机勃勃

的孩子，心中会不由自主地产生一种愉悦的感觉，可看到年迈体衰的老人，却很难产生这样的感觉。可见，嫌老爱幼，即老百姓常说的"人都是往下亲"，实际上是人的一种本能。（报）

【三十年前子靠父，三十年后父靠子】

指孩子小时由父母抚养做主，儿子大了，要赡养父母，当家作主。

｛例｝他爹，想开点。人常说："三十年前子靠父，三十年后父靠子。"现在不是前三十年，啥事都是咱说了算。老了，不中用了！（邵巧云《约会》）

提示：也说"前三十年子靠父，后三十年父靠子"。

【少个闺女少门亲】

女儿嫁出门就是一门亲戚，没有女儿就少了一门亲戚。指没有生养女儿。

｛例｝马玉瑶的前房妻妾已经为他生了四个儿子，但还缺个女儿。人常说："少个闺女少门亲。"每想到此，他心头难免流露出淡淡的忧伤。（于中华《百万富婿》）

【谁养孩子谁当娘，谁种土地谁收粮】

比喻谁付出辛苦，谁就应该享受成果。

｛例｝姓崔的，分你的房子分你的地，是我挑的头，我们干得对！常言说："谁养孩子谁当娘，谁种土地谁收粮。"这才是天经地义！（刘子威《在决战的日子里》）

【谁养的孩子谁操心】

比喻谁开创的事业，谁就为其成长发展而劳心费力。

｛例｝禹县棉织厂在历经了艰难险阻之后，他们的改革之舟终于进入了航线。这里边饱含了刘保同一班人多少心血呀！谁养的孩子谁操心。刘保同不论出差回来早晚，都要先到厂里转一圈，才肯回家休息。（历呈《浪

遏飞舟》）

【什么根，什么苗，什么葫芦开什么瓢】

种什么种子，就长什么苗。比喻有什么样的父母就会培养出什么样的儿女。

｛例｝什么根，什么苗，什么葫芦开什么瓢。庄稼人种地，把种子撒到土壤里，经过生根、发芽，长出小苗来，种豆得豆，种瓜得瓜，种葫芦结葫芦；把葫芦开成瓢，不会走样子。（马加《北国风云录》）

提示：也说"什么葫芦什么瓢，妈妈漂亮女儿俏""什么葫芦结什么瓢"。

【生男如狼，犹恐其尪；生女如鼠，犹恐其虎】

尪（wāng）：瘦弱。生下的儿子即使像狼一样凶猛，还希望他更彪悍；生下的女儿即使像老鼠一样胆小，还希望她更柔弱。指男子贵在刚强，女子贵在温柔。

｛例｝男以强为贵，女以弱为美，故鄙谚有云："生男如狼，犹恐其尪；生女如鼠，犹恐其虎。"（《后汉书·曹世叔妻传》）

提示：也说"生男如狼，惟恐其尪；生女如鼠，惟恐其虎""生男如狼，犹恐如羊；生女如鼠，犹恐如虎""生子如狼，犹恐如羊""生狼犹恐如羊"。

【生娘小于边，养娘大于天】

生娘：生身母亲。养娘：养母，抚养自己长大的母亲。指养母的恩情胜于生母。

｛例｝老话讲得好："生娘小于边，养娘大于天！"三十多年了，也难为她了。（刘建安《珍珠女：白莲湖》）

提示：也说"生身父母摆一边，养身父母大似天""生的没有养的亲，养育之恩似海深"。

【生子莫生多，生多换破锅】

指孩子生得多了，就会降低家庭的生活水平。

{例} 一位白发苍苍的老人哀叹道："唉！生子莫生多，生多换破锅。早知死了裹草席，不如当初不要娶老婆。"（王曼《怒海澎湃》）

【师愿徒出众，父愿子成才】

指师父希望自己的徒弟比别人强，父亲希望自己的孩子成为有用的人才。

{例} 师愿徒出众，父愿子成才，教育孩子成才是家长与老师的共同责任。（报）

【狮子老虎也护犊子】

狮子和老虎也知道爱护它们的孩子。比喻人即使再凶狠，也不会伤及后代。

{例} 就算姐夫好使心术，常言说，兔子不吃窝边草，狮子老虎也护犊子。牲口野兽都这样，何况人呢？咱们跟他是亲己的，又给他干活做事儿，他有坏心眼能往咱们身上使吗？（浩然《金光大道》）

【十朵黄花九朵黄，十个女儿九个像娘】

指女儿绝大多数都像母亲。

{例} 十朵黄花九朵黄，十个女儿九个像娘。金子姑娘和她妈高玉雁一模一样，黄镜子脸，浓眉毛，大眼睛，一笑两个酒窝，配上你们周云，再般配也没有了。（马加《北国风云录》）

【十个儿子十个相】

相：长相。指即使是一母所生，每个孩子相貌也不相同。

{例} 俗话说："十个儿子十个相。"人又不是用模子塑成的，自然是各人一副面孔。（谢冰莹《女兵自传·恐怖之夜》）

提示：也说"十个孩子十个相"。

【十个孩子九随母】

指母亲养育的儿女，其脾气、性格多像母亲。

{例} 人常说："十个孩子九随母。"在双方母亲的影响下，虎子、冬儿这两个同年生的

孩子，很自然地结合在一起。（聂海《靠山堡》）

【十个叔子抵不得一个老子，十件褂子抵不得一件袄子】

叔子：叔父，父亲的弟弟。老子：父亲。褂子：单衣。袄子：棉衣。十件单衣不如一件棉衣暖和，十个叔叔的爱也比不上一位父亲。指父爱最为深厚。

{例}父亲总归是父亲，别看他有时也打也骂，关键时候他总是护着的。不怪乎谚语这么说："十个叔子抵不得一个老子，十件褂子抵不得一件袄子"啊。（刊）

【十个指头咬咬哪个都疼】

指儿女再多，也都是父母的心头肉，不管哪个受苦受委屈，父母都会心疼。

{例}她既疼二楞，又疼志勇，这真是俗话说的：十个指头咬咬哪个都疼。（郭澄清《大刀记》）

提示：此谚出自唐·刘商《胡笳十八拍》一四拍："莫以胡儿可羞耻，恩情亦各言其子，手中十指有长短，截之痛惜皆相似。"也说"十个指头咬着都疼""十指根根都连心，伤了哪个都心疼""十指有长短，痛惜皆相似""手中十指有长短，截之痛惜皆相似"。

【大上下雨地下浸，人留子孙草留根】

指草留下根才能再生，人留下子孙后代，才能延续生命。

{例}你没听戏上说，"天上下雨地下浸，人留子孙草留根。"人留子孙防备老，草木留根等来春。（柏春兰《朝阳沟内传》）

提示：也说"人留后代草留根""人留子孙草留根"。

【天下爷娘爱好的】

爷娘：父母。指做父母的都喜欢聪明听话的好孩子。

{例}天下爷娘爱好的，老师一看这孩子那么聪明，特别高兴。（《刘宝瑞表演单口相

声选》）

【无儿女也贵】

没有儿子，女儿也很宝贵。指对父母来说，男孩女孩都一样宝贵。

｛例｝于大爷……说："没有男的，就这个闺女。"李真听了有点迟疑，想到"无儿女也贵"，一个独女怎能离开身旁，就以玩笑的口吻问道："于秀菊妹留下，大爷舍得吗？"（陶钝《为了革命的后代》）

【无官一身轻，有子万事足】

指不做官就不担责任，轻松自在；有了儿子就有了继承人，心里就感到满足。

｛例｝按安老爷此时的光景，正应了"无官一身轻，有子万事足"的那两句俗语，再不想凭空里无端的岔出这等个大岔儿来。（《儿女英雄传》）

提示：此谚出自宋·苏轼《贺子由生第四孙》诗："无官一身轻，有子万事足。"也说"无官一身轻，有儿万事足""无官一身闲，有子万事足""有子万事足"。

【五十的老子不管三十的儿】

指儿女到了三十岁，早已成年，不应该再依靠父母。

｛例｝媳妇说的是半气半真的话。可是李升云也回答得妙："人常说：'五十的老子不管三十的儿。'你们都四十岁的人了，还要我管到你何时？"一下子倒把媳妇的嘴堵住了。（柴继光《晚霞》）

【惜苗儿，坏苗儿】

指多余的禾苗不锄掉就会妨害其他禾苗的成长。比喻溺爱孩子，不利于孩子的成长。

｛例｝奶奶吐一声"娇子如杀子"，又吐一声"惜苗儿，坏苗儿"。（崔巍《黄土地上的童话》）

【养儿不知儿女心】

指做父母的并不一定了解儿

女的心思。

{例} 肖立民颇为难过地说："我不存侥幸之心，有道是养儿不知儿女心。……要是她真的变了鬼，唯一的态度是一刀两断！"（陈绍基《金十字架》）

【养儿跟种，种地跟垄】

种（zhǒng）：种子。垄（lǒng）：耕地上培成的一行一行的土埂，在上面种植农作物。指儿子的品行、相貌、性格等，总是跟父亲相似，就像在田垄上播的种子总是沿着地垄生长一样。

{例} 他指着观音保告三孩说："这些，都是好样的。养儿跟种，种地跟垄，性体全跟了他老子。"（刘江《太行风云》）

【养儿养女望上长】

指父母都希望儿女上进成才。

{例} 四圈和一般农村里农民一样，他们对待街坊邻居的孩子，就像对待自己的孩子一样。他们共同遵守着一个古训："养儿养女望上长"，不能让他们学泼皮下流了。（李準《黄河东流去》）

提示：也说"生儿养女朝上长"。

【一个姑娘顶半个儿子】

旧观念认为女儿不能顶立门户，只能当半个儿子。

{例} 妈妈又忧愁起来，年轻的时候生下这个孩子，是个姑娘倒也高兴，她说："一个姑娘顶半个儿子。"（梁斌《红旗谱》）

提示：也说"一女顶半子""一个闺女半个后""一个闺女半拉儿"。

【一家有女百家求】

指女儿到了出嫁的年龄，会有很多的人前来求婚。

{例} 常言道："一家有女百家求。"说不说由得我，听不听由得你。（清·李渔《怜香伴》）

提示：也说"花香飘千里，

有女百家求""一家生女,百家求问""一家女子百家求""一家儿女百家求""一家女,百家求""一家有女百家提"。

【一娘生九子,九子都不同】

指即使是一母所生,兄弟间的秉性爱好和志趣也各不相同。

{例}俗话说:"一娘生九子,九子都不同。"老二、老三虽是一奶同胞,但在性格与体魄上却迥然不同。(胡正言《海盗》)

提示:也说"母生九子,种种不同""一娘生九子,子子弗相同""一娘生九子,九子九般形""一娘生九种,种种都不同"。

【一娘生九子,九子连娘十条心】

孩子虽多,却和母亲不一条心。指人多心不齐,各人想法不一样。

{例}"一娘生九子,九子连娘十条心。"如今要把几十户人家绞到一起,不吵场合,不打破脑壳,找我的来回!(周立波《山乡巨变》)

提示:也说"一娘生九子,连娘十条心""一娘生九子,一人一条心"。

【一畦萝卜一畦菜,自己生的自己爱】

指自己生的儿女,自己最是疼爱。

{例}黄鼠狼养的孩子是香的,刺猬养的孩子是光的;一畦萝卜一畦菜,自己生的自己爱嘛!(浩然《艳阳天》)

提示:也说"一畦萝卜一畦菜,各人种的各人爱"。

【有地不愁苗,有苗不愁长】

比喻结了婚就会有孩子,有了孩子就会慢慢长大。

{例}常言说:"有地不愁苗,有苗不愁长。"我们都年纪轻轻,以后的日子长着呢!(浩然《浮云》)

提示:也说"有苗不愁长""有秧儿不愁长""有根不愁树不长""只愁不养,不愁不长"。

【有娘的地方就是家】

指母亲是一家的主心骨和中心，母亲在哪里，家就在哪里。

｛例｝常言道，有娘的地方就是家，此话一点不假。娘在老家老宅住的时候，我们兄弟姐妹四人逢年过节，就像归巢的鸟儿，从四面八方飞回娘的身边。（刘绍义《有娘的地方就是家》）

【有其父必有其子】

有什么样的父母，就有什么样的儿女。指父母对儿女有最直接、最深刻的影响。

｛例｝庞籍脸上露出了嗔怪的颜色，继而又说，"真是有其父必有其子。你和你父亲同是一样执拗，非不得已，决不求人呀！"（张恩忠等《司马光传》）

提示：语本《孔丛子·居卫》："有此父斯有此子，人道之常也。"也说"有其父就有其子""有是父必有是子""有其父必有其女""有其母必有其女""有其母必有其子"。

【知子莫若父，知女莫若母】

指父母亲最了解自己的儿女。

｛例｝常言说得好："知子莫若父，知女莫若母。"李渊对他几个儿子太了解了，对二儿子李世民也是太了解了，要不然，他也不会把天下交给李世民治理呀。（陈荫荣《兴唐后传》）

提示：也说"知子者莫如其父，知女者莫如其母""知子者莫若父母""种地莫过主，知子莫过母"。

【做一日姑娘做一日仙】

姑娘：未出嫁的女子。指出嫁前的女子被父母宠爱，生活非常幸福自在。

｛例｝五因，俗话说："做一日姑娘做一日仙。"你就要到人家去了，那里比不得在爹娘面前，凡事要忍耐。（李纳《刺绣者的花》）

二、手足亲情

【打虎还得亲兄弟，上阵须教父子兵】

指在战场厮杀或遇到危险时，只有感情如父子、亲兄弟一样的人才能拼死奋战，出手相救。

{例}兄啊，这行囊、马匹，谁与看顾？宁学管鲍分金，休仿孙庞斗智。自古道："打虎还得亲兄弟，上阵须教父子兵。"望兄长且饶打，待天明和你同心勠力，寻师去也。（《西游记》）

提示：也说"打虎须还亲兄弟，上阵无过父子兵""打虎不过亲兄弟，上阵无如父子兵""上阵亲兄弟，打仗父子兵""上阵无过亲父子，打虎还须亲弟兄""厮杀无过父子兵""相杀无过父子兵，打虎还须亲兄弟"。

【打死不离亲兄弟】

指兄弟姐妹之间即使再有矛盾纠纷，也不会断绝亲情。

{例}妹妹总是妹妹，没有兄弟姐妹的人是不会明白的，血浓于水，万载千年不易的道理，打死不离亲兄弟。（亦舒《银女》）

【弟兄竭力山成玉，父子同心土变金】

指只要一家人团结一心，就能克服困难，创造财富。

{例}贵妃道："女儿有一计策在此。叔父庞天德现任挂印总兵，他有四个儿子，极其骁勇。何不启奏了朝廷，召他同往军前出战，我们大家嗣了他一个，朝廷封荫了他。"丞相道："果然妙计，女儿赛过陈平！"正教：弟兄竭力山成玉，父子同心土变金。（《说呼全传》）

提示：也说"弟兄协力山成玉，手足同心土变金""弟兄抱成一条心，黄土也能变成金""父子协力山成玉，兄弟同心土变金"。

【分家如比户,比户如远邻,远邻不如行路人】

比户:相邻的人家。旧指亲兄弟分家后各自立了门户,彼此关系会越来越淡漠疏远。

｛例｝金太太淡笑了一笑,点点头道:"这个你会不晓得,俗言道得好,分家如比户,比户如远邻,远邻不如行路人。"(张恨水《金粉世家》)

【功名富贵草头露,骨肉团圆锦上花】

功名富贵就像草上的露水一样容易逝去,家人的团圆如同锦上添花一样美好。指世上骨肉亲情最可贵。

｛例｝我杜宝身为安抚,时值兵冲。围绝救援,贻书解散……虽有存城之欢,实切亡妻之痛。……正是:"功名富贵草头露,骨肉团圆锦上花。"(明·汤显祖《牡丹亭》)

【姑表亲,舅表亲,打断骨头连着筋】

姑舅:一家的父亲和另一家的母亲是兄妹或姐弟。指姑姑与侄儿、舅舅与外甥等亲戚之间有割不断的亲情。

｛例｝敬温,不管怎么说,我们是表兄弟,有道是"姑表亲,舅表亲,打断骨头连着筋。"你使诈降计害我,我不怪你。(王占君《白衣侠女》)

提示:也说"姑侄亲上亲,砸断骨头连着筋""姑舅亲,辈辈亲,打断骨头连着筋""姥姥家才算亲,打断胳膊连着筋""娘舅亲,骨肉亲,打折骨头连着筋""姨家亲,姑家亲,打断骨头连着筋"。

【古今一个理,兄妹手足情】

指兄弟姐妹之间感情很深,从古到今都是一样的。

｛例｝俗话说得好:"古今一个理,兄妹手足情"嘛!人家她哥哥死的死,伤的伤,能不流泪吗?(李振鹏等《五困瓦岗寨》)

【好不过郎舅，亲不过夫妻】

郎舅：丈夫和他妻子的弟兄的合称。指郎舅之间的关系最融洽，夫妻之间的感情最深厚。

{例}"好不过郎舅，亲不过夫妻。"大哥，你放三百六十个心，将爷会叫弟兄们帮忙的。（岳啸《武当山传奇》）

【苦瓜虽苦共一藤，兄弟虽呆只一心】

指同胞兄弟不管是聪明还是愚笨，心总是连在一起的。

{例}苦瓜虽苦共一藤，兄弟虽呆只一心。手指总是往里屈的。我认了这账，就要负责，几天内一定付清。（乡村《黄毛丫头》）

【老嫂比母，小叔比儿】

小叔：小叔子，丈夫的弟弟。指年长的嫂子关爱年幼的小叔，情同母子。

{例}这话太外道了，常言道："老嫂比母，小叔比儿。"既是嫂嫂贵体不安，小弟理当问候。（《升仙传演义》）

提示：也说"老嫂比母，小叔是儿""老嫂比母，小叔似儿""老嫂比母，大哥比父"。

【难得者兄弟，易得者田地】

指手足之情比田地家产更重要。

{例}人生在世，除父母之外，再莫过于兄弟了。手足自相残害，还好得了么？古人说："难得者兄弟，易得者田地。"（曹去晶等《秦淮风月》）

提示：也说"易得者田地，难得者兄弟"。

【千朵桃花，一树所生】

比喻同胞兄弟姐妹之间感情最深。

{例}贤臣坐下发怒，大骂："富仁奴才！全不思千朵桃花，一树所生。你的用心，本府如一时心粗，用严刑拷问你兄弟，岂不冤枉了他！"（《施公案》）

提示：也说"千朵桃花一树儿生""千朵鲜花一树开"。

【亲不亲，一家人，打断骨头连着筋】

指一个家庭或一个团体内部的人，即使产生了矛盾，也不会因此断绝亲情。

｛例｝老强他们猜度得不错。在打官司时候，员外郎找了他三趟，说，一笔写不出两个"孔"字：亲不亲，一家人，打断骨头连着筋。胳膊肘怎么向外拐？（古立高《隆冬》）

提示：也说"亲连亲，亲套亲，打断胳膊连着筋""亲不亲，砸断骨头连着筋""一家人，心连心，打断骨头连着筋"。

【亲的掰不开，疏的贴不上】

掰：用手分开。关系亲近的人用什么办法也不能将他们分开，关系疏远的人用什么办法也不能让他们亲近。指感情上的亲疏是发于内心的，勉强不得。

｛例｝本来，她对于旦旦到这边来的种种忧虑，都发自鲁云珍的身上。俗话说，"亲的掰不开，疏的贴不上。"（祝兴义《儿子长大以后》）

提示：也说"亲的疏不开，疏的亲不拢"。

【亲了割不断，假了续不上】

指真正的亲情是不会被割断的，没有亲情关系的人也是强拉不到一起的。

｛例｝正如俗话所说的："亲了割不断，假了续不上。"和其他生物不同，人类本能的母爱并不会因为时间的久远而失却。（柳青《创业史》）

提示：也说"是亲的割不掉，是假的安不牢"。

【亲人恼不多时，大风刮不多日】

指亲人之间即使产生矛盾，也会很快消除，就像刮大风一样持续不了多久。

｛例｝表弟啊，从你那次生气走了以后，我的心里老是不安，咱亲人恼不多时，大风刮不多日。我树大也不能只遮自己的阴凉。（董均伦等《山东传说故事》）

提示：也说"大风刮不多

日，亲人恼不多时""真亲恼不了百日"。

【亲人恼面不恼心】

指亲人之间即使有了冲突，也不会真的结怨记仇。

{例} 又如下编第五章标题："亲人恼面不恼心"，副标题是"家族乡社民俗"，惟妙的一句民谚，轻轻地道破了问题的实质，给人留下极为深刻的印象。（靳欣文《评〈民间文学与民俗学基础〉》）

【亲兄弟，明算账】

指即使是同胞兄弟，经济往来也要做到账目清楚，这样才能不发生纠纷。

{例} "亲兄弟，明算账。"人情归人情，生意归生意，请你仔细盘算一下，运费出公账，何必放着河水不洗船！（高阳《红顶商人》）

提示：也说"好兄弟勤算账""亲姐妹，明算账""兄弟虽和勤算数""账目清，好弟兄"。

【情莫如父兄】

指父子、兄弟间的感情最深。

{例} 自从同陆秀夫见面后，蒲寿晟就一直为蒲寿庚的安全担心。俗语道，情莫如父兄。蒲寿晟一反常态，兄弟两人对坐，便焦躁不安，如大祸即将临头。（陆昭环《末代江山》）

【人亲骨头香】

指双方感情深厚，对方说什么、做什么都觉得好。

{例} "他从抱冰府的门口走了出来，他的气质，他的风度，他的眼神，他的语气……我就很熟悉了。""俗话说，人亲骨头香啊！"（刘岸《结冰的心》）

提示：也说"人亲骨肉香"。

【十个指头不一般齐】

比喻即使一母同胞，性格和长相也不相同。或比喻人或事物之间总有差别，不可能完全一样。

{例} 俗云：十个指头不一般齐。又云：十个指头个个是

痛。（明·张存绅《（增定）雅俗稽言》）|一娘生九种哩！十个指头不一般齐哩！一个地里长出来的粮食，就能粒粒都一样？（柳青《创业史》）

提示：也说"十个手指有长短""十个脚指头哪能一边儿长""十根指头分长短，荷花出水显高低""十个指头有长短，一树果木有酸甜""一个指头有长短，满园竹笋有高低""五个指头还不一般齐""五个指头长短不齐"。

【世上莫过手足情，打断骨头连着筋】

手足：一母同胞的兄弟姐妹。指兄弟姐妹之间的情义最深厚，即使有矛盾也能互相原谅。

｛例｝湖北黄陂有这样一句谚语："世上莫过手足情，打断骨头连着筋。"胡柄榴与他姐姐更是手足情深。（刊）

提示：也说"世间最亲骨肉亲，断了骨头连着筋"。

【手心也是肉，手背也是肉】

指都是亲骨肉，都一样疼爱，没有区别。

｛例｝先日她婆婆在世的时候，咱就没把她当外人看待。谁不是这样说呢，手心也是肉，手背也是肉，闺女媳妇还不都是一样？（白危《垦荒曲》）

提示：也说"前心后心都是肉""手掌也是肉，手背也是肉""手掌也是肉，手心也是肉""手心手背都是肉""掌心是肉，掌背也是肉"。

【树大分权，人大分家】

指亲兄弟结婚后就要分家单过，就像树长大了就要分出枝杈一样。

｛例｝"树大分权，人大分家"，亲兄嫡弟，也不能一生一世都在一口锅里吃茶饭。（周立波《山乡巨变》）

提示：也说"人大分家，树大分桠""人大生主意，树大长桠枝""树大要分丫，子大要分家""树大分桠，儿大分家"

"树大开杈,男大分家""树大分枝,家大分居"。

【兄弟不怕无用,就怕七摇八挣】

七摇八挣:动摇、不齐心。指兄弟朋友不怕没有才干,只要团结起来就能办成大事。

｛例｝俗话说:"兄弟不怕无用,就怕七摇八挣。"咱们越是到了困难的时候,越要攥成一个拳头,拧成一股绳才是!(王厚选《古城青史》)

【兄弟如手足,骨头连着筋】

指兄弟之间的情谊就像筋骨相连,难以割舍。

｛例｝好生活叫他们更深切地体味着:兄弟如手足,骨头连着筋。就越加懊悔着,从前闹分家,好像叫鬼迷住了心一样。(柯岗《金桥》)

提示:也说"兄弟如手足"。

【兄弟是同气连枝,妻子是多情伴侣】

指同胞兄弟是骨肉相连的关系,妻子是一生的伴侣,二者都要珍惜维护。

｛例｝兄弟是同气连枝,妻子是多情伴侣。〔芊旋云〕哥哥,则保你的前程,休顾恋你兄弟罢。(元·郑廷玉《楚昭公》)

【兄弟同心,其利断金】

指兄弟们只要团结一条心,就能战胜一切困难。

｛例｝本不该管你们官外那些乌七八糟的事,只有一句古话"兄弟同心,其利断金",难道你不懂?(二月河《雍正皇帝·雕弓天狼》)

提示:也说"手足同心其利断金"。

【兄弟一条心,黄土变成金】

指同胞兄弟只要心齐就能创造财富。

｛例｝周寿臣总想自己能活上个七八十岁,因此总团拢着四个儿子,捂着盖着在一起混。他经常用"兄弟一条心,黄土变成金"这句话来教训儿子。(蔡天

心《大地的青春》）

提示：也说"兄弟同心，黄土变金"。

【一树之果，有酸有甜；一母之子，有愚有贤】

就像一棵果树上的果子酸甜不同一样，一母所生的儿女也各有不同。指尽管条件相同，其人或事也都会有差异，不能一概而论。

{例}古语有言："一树之果，有酸有甜；一母之子，有愚有贤。"长兄，你听我说，苏护反商，你先领兵征战，故此损折军兵。（《封神演义》）

提示：也说"一棵树结的果儿有酸有甜，一个娘生的孩儿有忠有奸""一树之果，有酸有甜；一母之女，有愚有贤""一树的果子有酸有甜，一山的雀鸟分白鹇和乌鸦"。

【一窑烧得几百砖，一娘养的不一般】

虽然一窑烧出的砖都大体相同，但同一个母亲生的儿子却不一样。指兄弟之间在秉性气质上常常会大不相同。

{例}人常说："一窑烧得几百砖，一娘养的不一般。"为甚海云那么窝囊气，海生就是天不怕，地不怕？（刘江《太行风云》）

【长兄若父，长嫂若母】

指对待大哥大嫂，应当像对父母一样尊重。也指父母过世，大哥大嫂应当承担抚养未成年弟、妹的责任。

{例}人常说：长兄若父，长嫂若母。何况依群小时曾是素云沿门讨饭喂养过的。敬爱之情，山高海深，如何容得别人对她的血口栽诬！（陈登科《风雷》）

提示：也说"长兄为父，长嫂为娘""长兄如父，长嫂比母"。

【只有今生弟兄，哪有来世手足】

手足：比喻同胞兄弟。人生没有来世，也就谈不上有兄弟。劝人要珍惜兄弟情谊。

{例} 你又来淘气了！你称我文翁，我岂不要回敬你武翁？你才同哥哥见面，就用这种字面？我劝你，彼此这么大年纪，我们胡子都白了，能有几年过了，"只有今生弟兄，哪有来世手足"？（王丽堂《武松》）

【至亲莫如父子，至爱莫如夫妻】

指父母和孩子之间的感情最深厚，夫妻之间的感情最亲密。

{例} 尝闻"至亲莫如父子，至爱莫如夫妻"。我病三月，身体龙钟，我家的太子一日或者来看我一次，我家的夫人两日或者看我一遭，就走去了，不要说粪，汤药也不见他来递我一盏。（明·梁辰鱼《浣纱记》）

提示：也说"近不过夫妻，亲不过父母""亲不过父母，近不过夫妻""至亲者莫过父子，至近者莫过夫妻""至亲不过爹娘，至近不过夫妻"。

【至亲莫如郎舅】

郎舅：男子和他妻子的弟兄的合称。指姻亲关系在亲戚关系中最为亲近。

{例} 卑职的事情，瞒不过你大人的明鉴。常言道："至亲莫如郎舅。"他是提镇，卑职是千把，说起来只有他提拔卑职的了，谁知倒是一点好处沾不到的。（《官场现形记》）

提示：也说"至亲亲不过郎与舅"。

三、爱情婚姻

【爱亲才做亲】

指男女双方相处融洽,双方的家庭才能结成姻亲。

｛例｝列公,你道"两好并一好""爱亲才做亲""一家不成,两家现在",何至于就糟到如此?(《儿女英雄传》)

【百年修得同船渡,千年修得共枕眠】

旧时认为,夫妻的缘分是前世修来的。告诫人一定要珍惜夫妻缘分,和睦相处。

｛例｝"百年修得同船渡,千年修得共枕眠",佛说前世的五百次回眸才换来今生的擦肩而过,那么茫茫人海,两个人的相遇相识相知到最终相守,又得需要多少千年的期待和祈祷?需要饱经多少的风吹雨打,积多少的善和德,受多少的苦和难,上苍才会把这人世间最美丽的东西恩赐于你?!(千寻《百年修得同船渡,千年修得共枕眠》)

【板斧能砍千年树,快刀难断有情丝】

锋利的斧头能砍倒千年的大树,锋利的刀却斩不断有情人之间的情意。指恋人之间的感情用再强的外力也难以割断。

｛例｝其实,陈一冰与何雯娜的剧本何尝不是如此突兀,如此凄凉呢?板斧能砍千年树,快刀难断有情丝。真的那么容易放下吗?内心的挣扎和煎熬只有他们自己知晓。(杨华《特评:感情让陈一冰和何雯娜事业生活齐受伤》)

【帮衬男人为光景,恩养儿女为防老】

帮衬:帮助。光景:境况,状况。旧指帮助丈夫是为了过好日子,养育儿女是为了人老之后有人赡养。

{例} 帮衬男人为光景哩，恩养儿女为防老哩，你供上我这能吃不能做的为甚呀？（张石山《单身汉的乐趣·乡下巾帼》）

【不是一家人，不进一家门】

指双方秉性相似，才能结为夫妻，成为一家人。

{例} 王太和一听姑娘已把眼睛瞎了，自己一想："不是一家人，不进一家门。该当要讨饭，我前头走，拉着一个瞎子，这倒也不错。"（《济公全传》）

提示：也说"不是一家人，难进一家门""不是一家人，不入一家门""不是一家人，难进一家门""不是一路人，不进一家门"。

【不挑秦川地，单挑好女婿】

秦川：古地名，泛指今陕西、甘肃秦岭以北平原地带。指挑选女婿，人品比男方家是否富裕、是否有钱更重要。

{例} 淑良！你可是甭三心二意。他准再给你说对象，你也甭答应啊。等着姑的口信！不挑秦川地，单挑好女婿！（柳青《创业史》）

【嫦娥爱少年】

嫦娥：神话中从人世间飞到月亮上的仙女，比喻漂亮的女子。指年轻美貌的女子总是爱恋年轻英俊的男子。

{例} 那鬼太虽然是个大官，但他却是一个老家伙，哪称黄爱玉的心意？常言道，"嫦娥爱少年"嘛。（郭泳戈等《刘公案》）

提示：也说"嫦娥也爱少年郎""自古嫦娥爱少年"。

【秤不离砣，公不离婆】

指夫妻相依为命，谁也离不开谁，就像秤杆离不开秤砣一样。

{例} 她想，这些日子，丈夫就是上茅厕解手也会同她打招呼的，"秤不离砣，公不离婆"，他不告而走是少有的。（邱恒聪《星妹、月妹和老

板》）

提示：也说"秤杆离不开秤砣，老汉离不开老婆""秤不离砣，鼓不离锣""公不离婆，秤不离砣"。

【吃得好，穿得好，不如两口白头老】

生活条件再好，也不如夫妻两人白头到老。指人生最重要的是夫妻感情融洽，和睦相处一辈子。

{例}有的谚语反映老年夫妻康乐和谐的动人情景，如"少年夫妻老来伴""吃得好，穿得好，不如两口白头老"。这些谚语道出老年夫妻和睦恩爱的情景，亦是人到晚年的一幅靓丽的人生图画。（徐光裕《民间谚语话老人》）。

【痴心女子负心汉】

痴心：过于迷恋。负心：背弃情意。指在爱情、婚姻中女子痴情坚贞的多，男子薄情负心的多。

{例}章雨田：……她从朋友处打听他到了北京，访过他两次都没有会到，后来听说他回上海了，她一直赶到上海来，谁知她还比老曾先到一天呢。何心晃：这真是"痴心女子负心汉"。（田汉《落花时节》）

提示：也说"痴心老婆负心汉""痴心女子千千万，负意郎君万万千""痴心女子，反面男儿""痴心女子薄情郎""痴情女儿负义郎"。

【丑妻薄地家中宝】

薄地：贫瘠的土地。指丑陋的妻子，贫瘠的土地，没人惦记，不会招惹事端。

{例}丑妻薄地家中宝，我劝你还是尽快悬崖勒马，收了那份心事吧。（郭勇韬《两个新郎的婚礼》）

提示：也说"丑妻、近地家中宝""家有三件宝，丑妻赖地旧皮袄""家有三件宝，丑妻薄田破棉袄""家有丑妻是个宝""近地丑妻家中宝"。

【村里夫妻，步步相随】

指农民夫妇一辈子生活在一起，很少分离。

｛例｝今日个成就了鸾欢凤喜，何消你爱钱娘唱叫扬疾。今日个共守鸳帏，半掩朱扉，我待学村里夫妻，步步相随。（元·无名氏《云窗梦》）

【打打闹闹，白头到老】

指夫妻之间吵架闹意见是很正常的事。

｛例｝听老人们说两口子太好了不是好事，俗话说，"打打闹闹，白头到老"。（亢彩屏《马兰草》）

【到老方知妒妇贤】

妒妇：对丈夫有外遇非常嫉恨的妻子。指男子老了不曾因贪恋女色损害身体，才体会到妻子的贤惠。

｛例｝做妻的出了一个妒的名声，做丈夫的却因此可以爱惜精神，节省劳力，将来到了老年，也不至于弯腰曲背，动不动便做阎罗大王的点心。所以有一句老话，叫做"到老方知妒妇贤"。（程瞻庐《唐祝文周四杰传》）

提示：也说"到老方知妒妇功"。

【恩爱不过夫妻】

指世上感情最深的莫过于夫妻之情。

｛例｝观音保明知旦他娘过于伤心，恩爱不过夫妻，一时哪能开导过来。（刘江《太行风云》）

【恩爱重于功名】

功名：科举高中。指夫妻恩爱比获取功名更重要。劝人要珍惜夫妻情分。

｛例｝自古云：恩爱重于功名。我此去应考，倘取了一名科举，就要往南京去入场，却不有好些日头耽搁，教你独自个住在乡中，早晚没人陪伴，我实是放心不下。（《生绡剪》）

【房中无君难留娘，山中无草难养羊】

家里没有丈夫留不住妻子，就像山中没有青草羊无法生存一样。指事情要想成功，必须具备一定的条件。

{例} 红梅跟你吵，表面上是为入社，其实还不是想跟阿元在一起。常言说："房中无君难留娘，山中无草难养羊。"红梅年纪大了，全责怪她也是不对的。（王杏元《绿竹村风云》）

【纺花车轮是圆的，两口子打架是玩的】

指夫妻之间打斗吵闹是常有的事，不必在意。

{例} "纺花车轮是圆的，两口子打架是玩的。"……过后她是这样想的，亲骨肉之间打架闹乱子的事是常有哩，过后亲戚还是亲戚，这是改变不了的。（刘真《英雄的乐章》）

【夫愁妻忧心相亲】

丈夫有了烦恼的事情，妻子也会忧愁。指夫妻之间心连心，碰上为难发愁的事情会互相分担。

{例} 老伴千万莫生气，生气容易伤身体。常言道："夫愁妻忧心相亲。"你急我急咱都急。（杨穆《好事不出门》）

【夫妇是树，儿女是花】

指夫妻关系是家庭的根本，儿女是夫妻感情的结晶，有了儿女，夫妻的感情会更加深厚。

{例} 对于我的妻，自从有了小孩之后，我更放任了些；我认为这是合理的。再一说呢，夫妇是树，儿女是花；有了花的树才能显出根儿深。（老舍《我这一辈子》）

【夫妇为人伦之始】

人伦：封建礼教所规定的人与人之间的关系，特指尊卑长幼之间的关系，如君臣、父子、夫妇、兄弟、朋友等。指夫妇关系是一切人际关系的基础和开始。

{例} "有夫妇，然后有父子；有父子，然后有君臣；有上

下,然后礼仪有所错。"足证夫妇为人伦之始,万化之原。(段正元《段正元儒学思想辑要》)

【夫妻安,合家欢】

夫妻关系和睦稳定,家庭便幸福欢乐。指夫妻感情融洽是家庭祥和的关键。

{例}夫妻安,合家欢。俗话说:"少年夫妻老来伴",老人和睦合家欢。(吉劳举《老部长和他的家庭》)

提示:也说"夫妇和,家道成"。

【夫妻不和,子孙不旺】

指夫妻感情不融洽,后代就不会兴旺。

{例}过门后,今儿吵嘴,明儿打架,过大年也没一句顺情好话。人常说,"夫妻不和,子孙不旺",到如今,连个喊妈的也没。(张学明《探病》)

【夫妻吵架常事,邻舍拉劝多事】

指夫妻争斗吵闹是经常的事情,吵过后双方都不会计较,所以邻居不必劝解。

{例}他知道她的脾气,他常常拿别人跟他开玩笑的两句话来宽慰自己:"打是喜欢骂是爱""夫妻吵架常事,邻舍拉劝多事"。(杨明《二龙传》)

【夫妻恩爱苦也甜】

指夫妻感情深厚,即使生活艰苦也会觉得很甜蜜。

{例}不错,夫妻恩爱苦也甜,但谁叫我们两家共檐沟呢?你父母不同意,我妈讲志气,要结婚除非双方父母百年之后。(曹家健《裁缝女》)

【夫妻夫妻,生死相依;夫妇夫妇,两相关顾】

指夫妻之间要互相关心照顾,才能白头到老互相依靠。

{例}又有话说:"夫妻夫妻,生死相依。夫妇夫妇,两相关顾。"人生在世,红线一牵,童子结发,盼的是白头偕老。(克非《山河颂》)

【夫妻好比一杆秤，秤盘秤砣两头儿平】

指夫妻双方各方面的条件都要匹配，相差不太多，才有利于维系和增进感情。

{例}我就认准一个理儿：夫妻好比一杆秤，秤盘秤砣两头儿平。你甭看他是徒弟，你是师傅，往根儿上说还是你巴结他。为什么？人家是大学生，你才初中毕业，瘦死的骆驼比马大，你配不上他。（霍达《魂归何处》）

【夫妻面前不说真，说了真，打单身】

指即便是夫妻，也应各自留有自己的空间，才能避免产生不必要的矛盾。

{例}徐妈说："您也是太傻。怎么能把真情实话都对他说了？常言说，'夫妻面前不说真，说了真，打单身'。"（李準《黄河东流去》）

【夫妻琴瑟，兄弟孔怀】

琴瑟：琴和瑟两种乐器一起合奏，声音相谐。比喻夫妻关系和谐。孔怀：非常思念。指夫妻关系像琴瑟一样亲密和谐，兄弟关系感情深厚，互相思念关怀。

{例}〔旦〕官人，自古道："夫妻琴瑟，兄弟孔怀。"奴家怎敢伤触你。〔生〕你伤触我怎么。〔旦〕官人，你后来休道妻不谏，陷阵无过勇者先。（明·沈采《千金记》）

提示："兄弟孔怀"出自《诗经》"死丧之威，兄弟孔怀"。

【夫妻如一体】

指夫妻关系亲密，一个人的事就是共同的事。

{例}你不但是个团员，还是个干部！"夫妻如一体"，她不帮忙谁帮忙！（方之《岁交春》）

【夫妻是福齐】

福齐：谐"夫妻"。指夫妻之间应有福同享。

{例}我穿新的他穿旧的，我吃好的他吃歹的。常言道夫妻是福齐。俺两口儿过日月，着他独

自落便宜，怎肯教失了俺夫妻情道理。（元·王实甫《破窑记》）

【夫妻是一棵蔓上的瓜】

指夫妻在一起生活，有着共同的利害关系。

｛例｝"你信不着我，行，俺不问。只是，人哪，夫妻是一棵蔓上的瓜，你作好作歹，也有我一份啊！……"她哽咽得说不下去了。（冯德英《山菊花》）

【夫妻无隔宿之仇】

宿（xiǔ）：量词，用于计算夜。夫妻间没有过夜的仇恨。指夫妻之间的矛盾不会长久。

｛例｝夫妻无隔宿之仇，自己老婆的工作都做不好，还在外边做啥的工作啦！（陈登科《风雷》）

提示：也说"夫妻不吵隔夜架""夫妻没有隔夜的火""夫妻不记隔夜仇""夫妇之恨不隔宿""夫妻没有隔宿怨"。

【夫妻一条心，黄土变成金】

指只要夫妻齐心协力，就能振兴家业。

｛例｝咱家这样穷，咱两口子要勤勤恳恳置家业，节节省省过日子，拿着黑夜当白天。"夫妻一条心，黄土变成金"呀！（王和合《二白和小月》）

提示：也说"夫妻一条心，齐力堪买金"。

【夫为恶，妻有咎】

指丈夫做坏事，妻子要承担没有劝诫的责任。

｛例｝夫是犯人，妻是犯妇。古人是怎么说的？夫为恶，妻有咎。妻若是贤，断不能让夫落到那种地步！（毛志成《初渡》）

【夫有千斤担，妻挑五百斤】

指丈夫的责任或忧愁，妻子也应该分担一半。

｛例｝常言道："夫有千斤担，妻挑五百斤。"这两副担子奴帮你挑了，你死战，奴不独

坐。（王汝涛《偏安恨》）

【富对富，穷对穷，耪青的找个牧羊人】

耪（pǎng）青：锄地。指男女婚配要门户相当。

{例} "富对富，穷对穷，耪青的找个牧羊人。"我看呀，干脆把你大丫儿给宝儿得了。（钰鏳《追踪·踪迷心窍》）

提示：也说"穷结穷，富结富，耪青的找个租田户"。

【富无良妻，贫无良驹】

驹：少壮的马。指有钱人往往没有贤惠的妻子，穷人常常养不起健壮的好马。

{例} 对他们来说，马，是无言兄弟，是手足，是第二生命。"富无良妻，贫无良驹。"在旧社会草原上，这是穷人与富人慨叹终生的憾事！（梁信《龙虎风云记》）

【跟爷娘筷样长，跟丈夫线样长】

爷娘：父母。指女儿跟父母在一起的日子很短，跟丈夫一起生活时间却很长。

{例} 出嫁之后，又对外婆说过的"跟爷娘筷样长，跟丈夫线样长"有了一些体会。一般而言，自己做女主人的日子在一生中总要长于在父母膝下为女儿的日子。（依耘《外婆的古老话》）

【功名出于闺阁】

闺阁：旧时女子的居室。指丈夫能取得功名，离不开妻子的支持与鼓励。

{例} 从来说"功名出于闺阁"，只要你们两个一心劝着他读书上进，只怕比个严些的师傅还中用呢。（《儿女英雄传》）

【功名浮虚轻似艾，夫妻恩爱重如山】

艾：多年生草本植物。指夫妻的感情重于功名利禄。

{例} 原来卿以此为溺情二字，说话半日，以小生溺情于卿，舍不得去京求名。岂不闻功名浮虚轻似艾，夫妻恩爱重如

山？要取功名，至三十岁后去何迟也？（《闽都别记》）

【功名易，妻子难】

指寻找合适的伴侣比求取功名更难。

｛例｝梦卿道："功名易，妻子难，若不聘个佳人，要功名何用？"（《情梦柝》）

【瓜好吃不讲老嫩，人对眼不讲丑俊】

对眼：符合自己的标准，感到满意。指选配偶只要自己觉得合适就可以，不会在乎是否漂亮。

｛例｝瓜好吃不讲老嫩，人对眼不讲丑俊。漫道他只是脸上负伤，就是缺脚少手，我也不嫌。（张作为《原林深处》）

【贵莫贵于天子，亲莫亲于夫妇】

指世间没有比皇帝更尊贵的人，没有比夫妻更亲密的关系。

｛例｝贵莫贵于天子，亲莫亲于夫妇！皇后正位中宫，荣宠极矣。（许啸天《唐宫二十朝演义》）

【好夫妻也有红脸时】

红脸：指双方发生争吵。指夫妻之间关系再好，也有产生矛盾的时候。

｛例｝俗话说"好夫妻也有红脸时"，我家楼上那小两口儿，昨天也因为孩子上小学的事争吵起来。（齐努力《也谈夫妻相处》）

【好汉不打妻】

指好的男子不会用暴力对待自己的妻子。

｛例｝好狗不咬鸡，好汉不打妻。小庚啊，你随便欺侮人，总不应该吧？！（韩志君等《辘轳·女人和井》）

提示：也说"好男儿，不欺妻"。

【好男不说嘴，好女不扯腿】

说嘴：吹牛、自夸。指优秀的男子说的少干得多；贤惠的女子不阻碍丈夫做事。

{例}一男一女两个学生指着标语念道:"'……以雄厚的人力物力支援解放战争!''好铁打好钉,好男当好兵!''好男不说嘴,好女不扯腿!'"(冯德英《迎春花》)

【换了钥匙对不上簧,夫妻还是原配的好】

另外配出来的钥匙总不像原来的好用,比喻再婚的夫妻总不如原配感情深厚。

{例}枣花啊,遇事想开点儿,别总自己跟自己过不去……话再说回来,就是真的离了又怎么样?你称心了,如意了?我说不一定。二茬的谷子谁愿收?所以说,"换了钥匙对不上簧,夫妻还是原配的好!"(韩志君等《篱笆·女人和狗》)

【患难夫妻到白头】

指共同经历过苦难的夫妻,才能相依为命,白头到老。

{例}连他跟铁匠的女儿张玉姑成亲时,也只是由老铁匠铸了一个大生铁香炉;说了两句吉利话:"铁铸的香炉永不烂,患难夫妻到白头",在里边插上三根香,夫妻俩拜了天地,就完了事。(秦兆阳《大地》)

提示:也说"患难夫妻百年恩"。

【会嫁嫁对头,不会嫁嫁门楼】

对头:符合心意的人。门楼:有钱有势的人家。指女儿出嫁首先要看男方的人品,而不能贪图其钱财、地位。

{例}我自有主见在此。常言道:会嫁嫁对头,不会嫁嫁门楼。我为这亲事,不知拣过多少子弟,并没有一个入的眼。(《醒世恒言》)

提示:也说"会选的选儿郎,不会选的选田庄""会拣的拣儿郎,不会拣的拣宅房""会嫁的嫁儿郎,不会嫁的嫁家当"。

【家常饭,粗布衣,知寒知暖自己的妻】

指寻常人家过日子,妻子最了

解丈夫，最能理解和体贴丈夫。

｛例｝按理说，女人有外心，这说明是咱当男人的没本事。"家常饭，粗布衣，知寒知暖自己的妻。"（郑惠泉《东邻西舍》）

提示：也说"家常饭，粗布衣，知寒知冷自己妻""要暖粗布衣，要好自小妻"。

【家贫思贤妻】

指家中贫寒，更希望有一个贤惠的妻子来主持家务。

｛例｝每见人家丈夫姿禀绝胜，往往以其妻好佚妄用，家计日落，时不胜内顾之忧，并学业亦废者有之。语云："家贫思贤妻"，此至言也。（清·陈确《补新妇谱·勤俭》）

提示：《史记·魏世家》："先生尝教寡人曰'家贫则思良妻，国乱则思良相'。今所置非成则璜，二子何如？"

【家有梧桐树，不愁凤凰来】

凤凰：古代传说中的百鸟之王，雄的叫凤，雌的叫凰。传说凤凰专拣梧桐树栖息。比喻人品好或家里条件好，就可以找到好配偶。也比喻有了优越的条件，自然会把人才吸引过来。

｛例｝一静不如一动，待占了大同，不信李克用不眼馋。"家有梧桐树，不愁凤凰来。"（郭灿东《黄巢》）

提示：也说"家有梧桐树，招得凤凰来""家有梧桐招凤凰，舱有鲜鱼招巨商"。

【家有贤妻必定富】

指妻子贤惠是家庭致富的基础。

｛例｝你也有老的一天，如果你不想让你的孩子步你的后尘，甚至加倍还你，请对他的家人好。请记住，家有贤妻必定富，一个好媳妇旺三代。（王爱琴《女人当自强》）

【家有贤妻，男儿不遭横事】

横（hèng）事：意外的事故或祸患。指家里有贤惠明理的妻子，经常辅佐规劝丈夫，就能使丈夫避免灾祸或麻烦。

{例}〔鱄诸云〕我去则去，未曾和我浑家说知……〔旦儿云〕鱄诸，他有冤仇，干你甚事，你又要拿出那两桩儿来么？〔鱄诸云〕家有贤妻，男儿不遭横事。（元·李寿卿《伍员吹箫》）

提示：也说"家有贤妻，男儿不做横事""家有贤妻，夫不出横祸""家有贤妻，男儿不遭横祸""家有贤妻夫祸少"。

【家有贤妻劝，男儿不入是非门】

指家里妻子贤惠就会规劝丈夫远离是非，躲避灾难。

{例}自古云："家有贤妻劝，男儿不入是非门。"王伸汉百里诸侯今安在，累其妻女苦伶仃。（《三祥报》）

【姜是老的辣，夫妻是老了亲】

指夫妻相守一辈子，彼此的感情更深厚，就像生姜老了味道更辣一样。

{例}姜是老的辣，夫妻是老了亲，一块儿同甘共苦几十年，养育了子孙一大群，相互间咋能不牵肠挂肚的？（浩然《老人和树》）

【将怕阵前失马，人怕老来丧妻】

指男人到老年时死了妻子，景况会非常悲惨，就像将领在打仗时失去战马，导致惨败一样。

{例}俗话说，"将怕阵前失马，人怕老来丧妻"。正当六十四岁的韩俊明儿大女成人，只等享清福时，老伴却不幸去世。（报）

【金儿银男，不如生铁老伴】

指儿女再孝顺，也不如脾气虽不好却相守一辈子的老伴在身边贴心。

{例}俗话说："少年夫妻老来伴""金儿银男，不如生铁老伴儿"。晋南有句俚语叫"小娃馍馍，老汉婆婆"。（刊）

提示：此谚也说"亲儿女不

如蛮老伴"。

【久别胜新婚】

指夫妻久别重逢,比新婚时期还要恩爱。

｛例｝俗话说"久别胜新婚",其实夫妻在闹过意见又和解之后也胜过新婚,少年夫妻愈闹愈亲热就是这个道理。(鄢国培《漩流》)

提示:也说"久别当新婚""小别胜新婚""新婚不如久别"。

【骏马却驮痴汉走,巧妻常伴拙夫眠】

痴笨的人偏有好马骑,聪明美丽的姑娘偏嫁给愚蠢笨拙的丈夫。指好姑娘往往得不到好的婚姻。

｛例｝王婆道:"便是这般苦事!自古道:'骏马却驮痴汉走,巧妻常伴拙夫眠。'月下老偏生要是这般配合!"(《水浒传》)

提示:也说"骏马每驮痴汉走,巧妻常伴拙夫眠""骏马每驮村汉走,娇妻常伴拙夫眠""巧妇常伴拙夫眠"。

【老婆是人家的好】

指夫妻在一起生活久了,彼此的毛病都清楚,总觉得别人的老婆比自己的强。

｛例｝作家笑了起来。"老婆是人家的好,"他老老实实地笑,"文章是自己的好。我写的不能算坏,不过写剧本是件头痛的事。"(老舍《鼓书艺人》)

【累死十个庄稼汉,抵不上一个精明媳妇】

一个能勤俭持家的主妇,比十个辛勤耕作的农民还强。指一个会过日子的主妇,对家庭来说非常重要。

｛例｝俗话说,累死十个庄稼汉,抵不上一个精明媳妇。家里女人对粮米油盐炊事针黹之计的操理,对生活常常起重大的作用。(冯德英《迎春花》)

【黎明的回笼觉，半路的好夫妻】

回笼觉：睡醒起来以后再继续睡。指清晨的回笼觉睡得更香，再婚的夫妻也能相处融洽。

{例} 黎明的回笼觉，半路的好夫妻；蘘嫂跟叶三车搭了伙，相亲相爱，情投意合，二茬子瓜更甜。（刘绍棠《花街》）

提示：也说"黎明的觉，半道的妻，羊肉饼子清炖鸡"。

【两口子打架不用劝，放下桌子就吃饭】

指夫妻之间的矛盾，不会持续很久，不需要旁人劝解。

{例} 两口子打架不用劝，放下桌子就吃饭，谷北大和桂丫儿是一对欢喜冤家。（刘绍棠《京门脸子》）

【鸾凤只许鸾凤配，鸳鸯只许鸳鸯对】

鸾：传说中凤凰一类的神鸟。凤：凤凰，传说中的百鸟之王。古以鸾凤比喻夫妇。比喻男女婚配要各方面条件相当，才能过得好。

{例}〔李云〕兀那小娘子，你休闲，我也不辱没着你，岂不闻：鸾凤只许鸾凤配，鸳鸯只许鸳鸯对。（元·石君宝《秋胡戏妻》）

提示：也说"龙配龙，凤配凤，老鼠只好钻地洞""龙配龙，凤配凤，乌龟配蛇住泥洞""鸾凤自有鸾凤配，鸳鸯自有鸳鸯对"。

【满堂儿女还不如半路夫妻】

半路夫妻：男女双方再婚结成的夫妻。指即使是再婚夫妇，也能朝夕相处，互相体贴，远胜于儿女对父母的照顾。

{例} 俗话说：满堂儿女还不如半路夫妻，何况你们还是自小的抓髻夫妻。（李满天《水向东流》）

提示：也说"满堂儿女，抵不上个半路夫妻""满堂儿女，当不得半席夫妻""亲儿亲女，不如半路夫妻"。

【美女嫦娥不如床头的黄脸婆】

嫦娥：神话中由人间飞到月亮上去的仙女。指嫦娥虽美却与自己无缘，老婆再丑也是知冷知热的身边人。

{例}李和：你笑什么，我不信你就不想！常言道；金窝银窝不如自家的穷窝；美女嫦娥不如床头的黄脸婆。（卫杰夫《"朱一帖"传奇》）

【莫图颜色好，丑妇家中宝；休嫌官不要，夫妻直到老】

指娶妻不能光看长相，家里有相貌丑的贤惠妻子，可以免去很多不必要的麻烦；不要嫌弃丈夫没有出去做官，这样的夫妻可以相守到老。

{例}百姓讨了个有姿色的老婆，便道是不祥之物，若讨得丑的反生欢喜。当时有个口语道：莫图颜色好，丑妇家中宝；休嫌官不要，夫妻直到老。（《平妖传》）

【哪个女子不怀春，哪个男子不钟情】

怀春：少女对异性的爱慕。指喜欢异性是青年男女的本性。

{例}呵，对了！常言道："哪个女子不怀春，哪个男子不钟情"，一定是红姑娘感到寂寞无聊，发了春兴了吧？（任光椿《戊戌喋血记》）

提示：也说"谁个少男不钟情，谁个少女不怀春"。

【男大当婚，女大当嫁】

指男女到了婚嫁的年龄就应当成家，这是人生之必然。

{例}男大当婚，女大当嫁。把丹凤尽快嫁到潘家去，早日了结这头心事。（陈登科《赤龙与丹凤》）

提示：也说"儿大当娶，女大当嫁""男大当娶，女大当聘""男大须婚，女大必嫁""女大当嫁，男大当婚""女大出嫁，男大分家"。

【男儿无妻不成家】

指男人没有妻子，没人料理家务，就没有家的样子。

{例}解放后，他从内蒙古回到老家，老妈死了，按庄户人的习惯，首先就要解决终身大事——"男儿无妻不成家"。（张贤亮《河的子孙》）

提示：也说"没有女人不成一家""家里无妇不成家"。

【男人不会耕田，当不了家；女人不会做鞋，做不了媳妇】

旧指男人不会种庄稼，就撑不起这个家庭；女人不会做针线活，无法操持家务，就尽不了当媳妇的职责。

{例}土家人有句俗话："男人不会耕田，当不了家；女人不会做鞋，做不了媳妇。"自己有那么个当当响的儿子，找个媳妇倒给她买鞋子穿，有多丢脸！（刊）

【男人是一层天】

指丈夫在家庭中的地位非常重要。

{例}她低着脑袋一声也没吭。后来，邻家壁舍一些婶子大娘也在一旁劝道："俗语说，男人是一层天，人芽芽哩，可不敢造孽呀！"（刘江《太行风云》）

【男人往外走，带着娘们手】

娘们：妻子。指丈夫在外面的形象如何，是否精干，全看妻子会不会给他收拾打扮。

{例}你好穿白衣裳，我单等点细面，把你的衣裳洗得干净，浆得板挣的，穿在身上支生的。走在外面，人家说你看王班头穿的有多排场！"男人往外走，带着娘们手"，让俺也跟着你沾二分光。（吴学勤《吵年》）

提示：也说"汉子外面走，带着老婆两只手""男人外面走，带出女人一双手"。

【男主外，女主内】

旧指在家庭中，丈夫负责外

面的事务，妻子在家管理家务。

{例}在中国，"男主外，女主内"的传统观念根深蒂固，农民尤其如此。（刊）

提示：也说"男立外，女立内"。

【男子无妻财没主，妇女无夫身落空】

旧指男子没有妻子，钱财家务无人料理；女子没有丈夫，生活没有依靠。

{例}常言道："男子无妻财没主，妇女无夫身落空。"你昨日进朝认亲，怎不回来？今早被猪八戒劫了沙和尚，又把我两个孩儿抢去。（《西游记》）

提示：也说"妇去夫无家，夫去妇无主""男无妇是家无主，妇无夫是身无主""男子少妻财没主，妇女无夫身落空"。

【年老莫娶年少妻】

指上了年纪的男子不要娶年龄小的女子为妻，否则会招来家庭不幸。

{例}年老了，要自觉，也要自爱。你没听人说，"年老莫娶年少妻，娶了也是人家的"吗？（庞烬《孔雀飞到骊山上》）

【年轻的夫妻爱钉磕，年老的夫妻爱啰嗦】

钉磕：拌嘴、吵架。啰嗦：说话重复。指年轻夫妻经常拌嘴吵闹；年老夫妻说话啰嗦，爱唠叨。

{例}怪不得人常说："年轻的夫妻爱钉磕，年老的夫妻爱啰嗦。"开年从后，一连学习两个多月未下乡，今日她听说我要下乡收税，一早她就在我耳朵旁边嘘过来、嘘过去地嘱咐个没完。（梅基癸《王老黑收税》）

【宁愿夫妻常聚喝水，不当牛郎织女穿仙罗】

指夫妻相守，再苦也心甘情愿；分居两地，收入再高也不愿意。

{例}在这个动荡的年月，薪水一下涨了一倍，这是充满诱感力的事，可是人们只是吱吱喳喳地议论而已，谁也不愿意去领受这分荣光。这其中的奥秘就一条：宁愿夫妻常聚喝水，不当牛郎织女穿仙罗。（陈定兴《香港之滨》）

【宁作孤凤，不为双凤】

凤凰：古代传说中的百鸟之王，羽毛美丽，雄称凤，雌为凰。比喻宁肯独身，也不愿与不喜欢的人结为夫妻。

｛例｝小妹自父母去世后，随兄嫂度日。况且曾经自誓，非技艺出众者，宁作孤凤，不为双凤。（《施公案》）

【女怕嫁错郎，男怕入错行】

指女子选错对象就像男子选错职业一样会抱憾终生。

｛例｝俗话说："女怕嫁错郎，男怕入错行。"他们选择对象，也是非教不嫁，非教不娶。（郭天禄《桥赋》）

提示：也说"男怕入错行，女怕嫁错郎"。

【女人是家庭的灵魂】

指妻子在家庭生活中起主导作用。

｛例｝女人是家庭的灵魂，他家里缺少的正是这个灵魂。（田东照《农家·老五》）

【女子配人，如重投娘胎】

重（chóng）：重新。指女子嫁人是一生中最重要的事，不可马虎。

｛例｝纵然挨到二十多岁，发出来配人，亦是将高就低，随便老的少的，胡乱配上一个，不管人家一世的终身。俗说："女子配人，如重投娘胎一般。"所以她前思后虑，只有逃走的是。（《绘芳录》）

【怕老婆，会发达】

指丈夫听妻子的话，就能减少家庭的矛盾，可以更好地投身于事业。

｛例｝让她一步，敬她几分，家庭安稳了，夫妻和睦了，事业有成了，最后威风的还是男

人。这样说来,"怕老婆,会发达"这句俗话自有它的道理。(明明《怕老婆的好处》)

【贫贱夫妻百事哀】

百事:所有事情。哀:哀愁。指贫穷人家的夫妻苦于生计,事事艰难,常常处在忧虑悲哀之中。

{例}贫贱夫妻百事哀,当一生的基本生活需要都没有保障的时候,我不知家庭幸福的青鸟,可以栖息在哪枝无果的树上做巢。婚姻里沉淀着那么多的柴米酱醋盐,每一件都与金钱息息相关。(毕淑敏《家庭幸福预报》)

提示:语出唐·元稹《遣悲怀三首》之二:"尚想旧情怜婢仆,也曾因梦送钱财。诚知此恨人人有,贫贱夫妻百事哀。"也说"贫贱家庭万事哀""贫贱夫妻百事哀,富贵屋里好当家"。

【贫贱夫妻恩爱多】

指贫穷人家的夫妻患难与共,彼此更珍惜、关爱对方。

{例}你贫寒,我低贱,"贫贱夫妻恩爱多"。(徐进等《瑞云》)

提示:也说"贫贱夫妻百世恩"。

【贫贱之交不可忘,糟糠之妻不下堂】

糟糠之妻:共过患难的结发妻子。下堂:离开堂屋,比喻妻子被丈夫遗弃。告诫人富贵发迹之后,不能忘掉贫贱时的朋友,不能抛弃共过患难的妻子。

{例}玉奴唾其面,骂道:"薄幸贼!你不记宋弘有言:'贫贱之交不可忘,糟糠之妻不下堂。'当初你空手赘入吾门,亏得我家资财,读书延誉,以致成名,侥幸今日。奴家亦望夫荣妻贵,何期你忘恩负本,就不念结发之情,恩将仇报,将奴推堕江心。"(《喻世明言》)

提示:语本汉·刘珍等《东观汉记》卷一二:后弘见,上令主坐屏风后,因谓弘曰:"谚言'贵易交,富易妻',人情乎?"弘曰:"臣闻贫贱之交不可忘，糟糠之妻不下堂。"上顾谓主曰："事不谐矣。"也说"贫贱之知不可忘，糟糠之妻不下堂""贫贱之交不可移，糟糠之妻不下堂""糟糠之妻不下堂，贫贱之交不可忘"。

【婆娘讨得强，胜过半年粮】

指娶回一个精明强干的妻子，日子就会好起来，比眼下多挣一些钱粮回来要强得多。

{例}中国有俗话："贤妻利夫""家有贤妻，丈夫不做歹事""婆娘讨得强，胜过半年粮"。这都是从生活中总结出来的。（马文余《战胜自我与成功》）

【铺稻草，盖稻草，到底有个老头儿好】

生活即使再贫穷，也是需要有个老伴相依为命。指人上了年纪更需要老伴的照顾。

{例}俗语说得好："铺稻草，盖稻草，到底有个老头儿好。"别说你三十多岁的人，我如今倒是八十的人了，也还真离不了老头子的！（杨郁《老夫老妻》）

提示：也说"铺的草，盖的草，有个老伴就是好"。

【妻跟夫走，水随沟流】

指妻子跟着丈夫同进同退是非常自然的事情，就像水顺着沟流一样。

{例}古来有话说，妻跟夫走，水随沟流；又说，嫁鸡随鸡，嫁狗随狗，嫁得猴子满山走。（吴飞舸《泪土》）

【妻是枕边人，十事商量九事成】

指夫妻同床共枕，有了事情容易达成一致。

{例}兄弟，你不晓得，那孙大嫂是极贤慧的，他见大哥疏薄了孙荣，必然劝谏，常言道："妻是枕边人，十事商量九事成。"万一大哥醒悟了，他们弟兄亲的只是亲的，我和你疏的只是疏的。（明·徐仲由《杀狗记》）

提示：也说"娇妻唤做枕边灵，十事商量九事成"。

【千里姻缘一线牵】

指只要有缘分，男女之间不管相隔多远，也会结为夫妻。

{例}薛姨妈道："我的儿，你们女孩家那里知道，自古道：'千里姻缘一线牵。'管姻缘的有一位月下老人，预先注定，暗里只用一根红丝把这两个人的脚绊住，凭你家隔着海，隔着国，有世仇的，也终久有机会作了夫妇。"（《红楼梦》）

提示：唐·李复言《续玄怪录·定婚店》记载：唐朝有个人叫韦固，某日夜宿宋城（今河南商丘市），在旅店遇一老人坐在月光下，面前放着个布口袋，翻着一本书。韦固问："老人家，在翻查什么？"老人答："天下人的婚书。"韦固又问："袋中何物？"老人说："袋内都是红绳，用来系住夫妇之足。虽仇敌之家，贫富悬殊，天涯海角，吴楚异乡，此绳一系，便定终身。"相传此谚本此。也说"百年眷属三生定，千里姻缘一线牵""千里姻缘，牵于一线""千里姻缘着线牵""千里良缘一线牵"。

【强扭的瓜不甜】

把不成熟的瓜硬摘下来，吃起来不会甜。比喻强迫的婚姻不会幸福。也比喻强迫人干事，肯定干不好。

{例}爱情不能一厢情愿。中国也有句老话，叫做"强扭的瓜不甜"，是真的！（武剑青《流星》）|你用的是威胁手段，强制人家，压服人家。俗话说，强扭的瓜不甜，赶着鸭子上不了架呀。（马春《龙滩春色》）

提示：也说"包办的婚姻不美满，强扭的瓜儿不香甜""强拧的瓜不甜，硬拔的苗儿不长""强扭的瓜不甜，拉来的兵不勇"。

【强迫不成买卖，捆绑不成夫妻】

指买卖和婚姻都不能强求，

要双方自愿才能成功和圆满。

{例}古来一句俗话讲得好，"强迫不成买卖，捆绑不成夫妻"，玉芳还没有正式嫁过去就是这种感情，嫁过去更加不得了！（何艺兵《毕大妈嫁女》）

提示：也说"强迫不成买卖，强求不成夫妻""强扭的瓜儿不香甜，强迫的婚事不和美"。

【强作的夫妻苦又咸，情愿的两口甜中甜】

指被迫结为夫妻的生活不会幸福，真正相爱的夫妻才会幸福美满。

{例}常言说："强作的夫妻苦又咸，情愿的两口甜中甜。"嫁就嫁了吧！（房德文等《金鞭记》）

【亲不过夫妻】

指世上最亲密的关系是夫妻。

{例}虽然身体发肤受之父母，但是亲不过夫妻，所以他回村还是直奔武黑翠那间小屋。（刘绍棠《十步香草》）

提示：也说"亲莫过于夫妻""至亲莫若夫妇""至爱莫过于夫妻"。

【情人眼里出西施】

指在情人眼里，即使对方相貌平平也会觉得像西施一样美丽。

{例}俗话说："情人眼里出西施。"只要有了纯真的爱情，即使长相差点，你们也会爱得火热。（卢晓峰《爱情》）

提示：西施：春秋时越国的美女。越王勾践被吴国打败后，退守到会稽。他知道吴王夫差好色，就把西施献给吴王，用美人计乱其朝政。吴王果然为西施所迷惑，终日不理政务，最终被越国所灭。后来，西施就成为美女的代称。也说"情人眼内出西施""情人眼里有西施"。

【穷汉妻，半张犁】

指穷人的妻子，要承担非常繁重的体力劳动。

{例}（铁嫂）从此落下

个腰疼的毛病，一累就发。俗话说："穷汉妻，半张犁。"这给铁牛带来不少困难，使他肩上的生活担子变得愈重了。（蒋和森《风萧萧》）

【娶妇娶贤不娶贵，择婿择人不择家】

指娶妻要选贤惠的，不在乎门第的高低；选女婿要选择人品好的，家庭状况并不重要。

｛例｝娶妇娶贤不娶贵，择婿择人不择家。公明达之子，季狸之女，真佳儿佳妇也。（《林兰香》）

提示：也说"择婿不择富"。

【娶老婆是接财神】

财神：迷信指掌管钱财的神。指娶个勤快能干、善于理家的媳妇，日子会越过越好。

｛例｝怨不得爹常说："娶老婆是接财神哩。"我要不是命里好，哪能娶下这么个活财神老婆。（刘江《太行风云》）

【娶妻不得力一世烦恼，买卖不得时只一遭】

得力：如意。得时：获得时机。做买卖失败只是一次性的，而娶妻子不如意就会一辈子烦恼。

｛例｝谚云："娶妻不得力一世烦恼，买卖不得时只一遭。"今怀王以一国君长不如常人。（《鬼谷四友志》）

【娶媳妇是小登科】

登科：科举时代应考人被录取。旧时称考中状元为大登科，娶媳妇为小登科。指娶媳妇是仅次于考中状元的喜事。

｛例｝结婚，这是人生很高兴很快乐的事情，在封建社会上说"娶媳妇是小登科"。这是表示，结婚是人生最幸福的时刻。（刘流《烈火金钢》）

【娶媳妇先看娘家妈】

指女儿受母亲影响，了解了女方的母亲，就能知道未来的媳妇人品怎么样。

｛例｝人常说："娶媳妇

先看娘家妈。"言下之意是，娘家妈好，女儿自然也会好。刘婉莹孝敬公婆是母亲从小教育的结果。（刘孝义《孝媳刘婉莹》）

提示：也说"种菜须好秧，择女须择娘"。

【娶媳由父，嫁女由母】

旧指男子娶媳妇要由父亲做主，女儿出嫁要由母亲做主。

｛例｝妻子又问丈夫说："娶媳由父，嫁女由母。若还是娶媳妇，就该由你作主；如今是嫁女儿，自然由我作主。你是何人，敢来僭越？"（《十二楼·夺锦楼》）

【少年夫妻老来伴】

年轻时结为夫妻，上了年纪就更是互相朝夕陪伴。多指老年夫妻更需要互相体贴、互相照顾。

｛例｝从理论上讲，不管是老年人还是年轻人在婚姻上都应该以情为重。俗话说"少年夫妻老来伴"，没有感情怎么"伴"呢？（张钟汝《不能太重利，也不能太重情》）

提示：也说"少年夫妻老来伴，一天不见问三遍""少年夫妻老来伴，夫妻越老越相亲"。

【少女少郎，相乐不忘；少女老翁，苦乐不同】

指男女婚配，年龄相当，才能相处和谐；男老女小，一方高兴一方痛苦。

｛例｝有谢生求娶，父曰："吾女宜配公卿。"谢曰："谚曰：少女少郎，相乐不忘；少女老翁，苦乐不同。安有少女配公卿也？"（明·冯梦龙《情史类略·杨越渔》）

【是姻缘棒打不回】

指两个人只要有夫妻缘分，有深厚的感情，任何人都无法拆散。

｛例｝人家说的"好事多磨"，又说道："是姻缘棒打不回"。这样看起来，人心天意，他们两个竟是天配的了。（《红楼梦》）

提示：也说"是姻缘棒打

不散"。

【天底下没有不吵架的夫妇】

指夫妻生活在一起总会有矛盾发生,争吵是不可避免的。

{例}天底下没有不吵架的夫妇。希扬也承认他不对了,该互相谅解才是!(韶华《过渡年代》)

【天上下雨地下流,小两口打架不记仇】

指年轻夫妻争吵是常事,转眼就过去了,不会记在心里。

{例}你也请假回拦江镇一趟,看看孩子,再和阔里好好谈谈。有道是:天上下雨地下流,小两口打架不记仇嘛,何况你俩又是一个爸爸、妈妈抚养大的。(俊然《安图的后代》)

提示:也说"公鸡打架头对头,两口子打架不记仇""天上下雨地下流,两口子吵架不记仇""月亮出来是圆的,小两口打架是玩的"。

【甜不过少年夫妻,苦不过鳏寡老人】

鳏:无妻或丧妻的男子。寡:死了丈夫的妇女。指年轻夫妻的生活幸福甜蜜,孤寡老人的生活艰难不幸。

{例}老人放亮嗓子问道:"甜不过什么,苦不过什么?"老大想了想说:"甜不过蜜……"老二抢道:"苦不过嫩瓜瓜把。""错了,"老人家道,"甜不过少年夫妻,苦不过鳏寡老人。"(龙风云等《五花石》)

【媳妇堂前拜,公婆背利债】

指娶媳妇花销很大,为了给儿子娶媳妇,父母要借很多的外债。

{例}富贵人家娶了媳妇,公婆享福。可我们穷人苦命,倒是俗话说的:"媳妇堂前拜,公婆背利债。"(陆地《瀑布》)

提示:也说"媳妇进门,债主成群"。

【贤妻必是良母】

指贤惠的妻子,做了母亲也

是善良的。

{例}找些五颜六色的碎布来给孩子拼缀成单衫和棉袄。俗语说："贤妻必是良母"，从此以后，刘氏就承担了贤妻和良母的双重责任。（朱仲玉《南唐演义》）

【秧好一半谷，妻好一半福】

指就像秧苗茁壮就预示有较好的收获一样，妻子贤良家庭就会平安幸福。

{例}民间有句俗语："秧好一半谷，妻好一半福。"干部廉洁与否，家属关系重大。干部家属长期与干部生活在一起，其一言一行不仅对领导干部本人的行为产生一定影响，而且也关系到领导干部在人民群众中的形象。（崔仁《妻好一半福》）

提示：也说"籽种好，一半谷；婆姨好，一半福"。

【要补衣，结发妻】

补衣：缝补衣服。结发妻：指第一次娶的妻子。指最关心体贴丈夫的，还是原配妻子。

{例}男人看着，看着，动了心啦。他叹口气："要补衣，结发妻！"（《刊》）

【要知家中妻，先看丈夫衣】

指从丈夫的穿着上可以看出妻子的品位及对丈夫照顾的程度。

{例}常言说：要知家中妻，先看丈夫衣。我这人平素不爱打扮，穿着也不讲究，遇到工作忙或"爬格子"专心时，常常不知衣放在何处，何时换衣。对此，老伴免不了嘟嘟囔囔唠叨几句。但唠叨过后，又是她把洗得干干净净、叠得整整齐齐的衣服拿到我面前，"逼"着我换好。（方文杰《爱清洁的老伴》）

【一辈人不管两辈人的事】

劝人不要过多替儿女操心，晚辈的事让他们自己去料理。

{例}"一辈人不管两辈人的事。"我自己名下的事本该自己膀上担。（张石山《单身汉的乐趣·乡下巾帼》）

【一个成功男人的背后，必定有位好女人】

指妻子或母亲的支持和帮助是男人成功的基础。

｛例｝这样，男人从事社会工作时就有坚强的后盾，就能专心致志，就更易获得成功。人们不是常说："一个成功男人的背后，必定有位好女人"吗？（萧俊《好男人怕老婆》）

【一个好女人，三辈好子孙】

指贤惠、聪明的女子能影响后世几代人。

｛例｝有人说，一个好女人，三辈好子孙。荆老六聪明一世，岂能糊涂一时，这孙三娘必定貌若天仙，要不，怎会让荆老六看中呢。（张雅茜《红颜三重奏·孙三娘》）

提示：也说"一辈好女人，三辈出举人""一个好媳妇旺三代"。

【一日夫妻百日恩】

即使只做了一日的夫妻，彼此间也有很深的情意。指夫妻之间情深意重。

｛例｝人家待你这么好，一日夫妻百日恩，你为何不回去呢？（《济公全传》）| 有言道："一日夫妻百日恩。"你我朝夕相共二十多年了，还问什么该讲不该讲哟！（周肖《梅腊月》）

提示：也说"一日夫妻百日恩，百日夫妻似海深""一夜夫妻百夜恩，百日夫妻一辈亲""一夜夫妻百岁缘""一夜夫妻，百年恩义"。

【衣不如新，人不如旧】

指衣服是新的好，朋友或夫妻是旧的感情更深。

｛例｝邓秀梅没有猜透这个女子的全部曲折复杂的心事，以为她单单因为受气而悲伤。她试探地说：衣不如新，人不如旧，依我看来，你还是回去好些。（周立波《山乡巨变》）

提示：《晏子春秋·内篇杂上》："晏子称曰：'衣莫若新，人莫若故。'公曰：'衣之新也,信善矣;人之故,相知情。'"也说"衣莫若新,人莫若故""衣要新好,人要旧好""衣不厌新,人不厌故"。

【易求无价宝,难得有心郎】

指情意深重的丈夫,胜过任何财富。

{例}咳,"易求无价宝,难得有心郎"。穆家妹子,终日慕于生,谁想那于生今日来,蓦地见他写的花笺,却原来就是于生做的楚江情,竟袖了去。还要去访他,少不得许多情话,从此做出来了。(明·袁于令《西楼记》)

提示:语出唐·鱼玄机《赠邻女》诗:"易求无价宝,难得有心郎。枕上潜垂泪,花间暗断肠。"也说"易求无价宝,难得有情郎""易求无价宝,难得有情人""易求无价宝,难觅有情人""无价之宝易求,有心之郎难获"。

【有情哪怕隔年期】

隔年:第二年。期:约会。指真正的爱情,经得起时间的考验。

{例}古来道:"有情哪怕隔年期。"古人相期,不过一二年,这仙女一约却就整整约了五年,想是仙家日月与人间不同。(《西湖二集》)

提示:也说"有情何怕隔年期""有情谁怕来年期""有情不怕隔年约"。

【有情人终成眷属】

眷属:家属,特指夫妻。指男女双方感情真挚,就能克服各种阻力,最终结为夫妻。

{例}他若是生在太平的时候,这些爱情的趣剧也本来是有滋味的。他可以不顾一切,只想达到"有情人终成眷属"的含有喜气的目的。(老舍《赵子曰》)

提示:也说"有情人终成眷属,是鸳鸯棒打不分"。

【有缘千里来相会,无缘对面不相逢】

指人与人能否相识、相遇,是由缘分决定的,而不是距离的远远。

{例}有了缘,随便怎么疏远,都会亲密起来的。所以人常说:"有缘千里来相会,无缘对面不相逢。"(张恨水《金粉世家》)

提示:也说"无缘对面不相会,有缘千里定相逢""无缘千里空奔走,有幸相逢咫尺间""有缘千里来相会,无缘对面不相识""有缘千里能相会,无缘对面不相逢"。

【知己者莫过夫妻】

知己:知心、了解。指夫妻彼此最了解、最知心。

{例}"知己者莫过夫妻",两人过多半辈子了,还不知道他是什么样人!(刘兰芳等《岳飞传》)

提示:也说"知心莫若夫妻""知夫莫如妻""知己莫过于妻子"。

【知冷知热是夫妻】

指世间夫妻感情最深厚,最关心体贴对方。

{例}"知冷知热是夫妻。"家喜嫂并不嫌弃男人。她嫁给他,不是图他的巧嘴巧舌,是图他的心肠直正。(李英儒《还我河山》)

【种不好庄稼一季子,娶不上好媳妇一辈子】

庄稼没种好只耽误一季,没娶上好媳妇是一辈子的事。指挑选媳妇非常重要。

{例}"你怎么能说出这样的话来啊!""唉,种不好庄稼一季子,娶不上好媳妇一辈子呀!"(袁静《淮上人家》)

提示:也说"种不上好庄稼是一季子,娶不上好妻是一辈子""庄稼不着只一季,娶妻不着是一世""做买卖不着,只一时;讨老婆不着,是一世"。

四、家庭和睦

【爱之深,妒之切】

妒:忌妒。指夫妻或恋人之间的感情越深,嫉妒的心就越重。

{例}"爱之深,妒之切!"爱与妒是男女感情的产物,如一物两面,没有爱便不会产生妒,没有妒便显不出爱。(陈青云《浪子神鹰》)

提示:也说"爱之深,恨之切"。

【表壮不如里壮】

表:比喻丈夫。里:比喻妻子。旧指妻子能干或品行端正胜于丈夫有才华。现也指人徒有其表不如内有才华,品行端正。

{例}我哥哥为人质朴,全靠嫂嫂做主看觑他。常言道:"表壮不如里壮。"嫂嫂把得家定,我哥哥烦恼做甚么?(《水浒传》)|自古说:"妻贤夫祸少,表壮不如里壮。"你但凡是个好的,他们怎得闹出这些事来!(《红楼梦》)

提示:也说"里壮强如表壮"。

【不痴不聋,不作阿家翁】

阿家翁:方言,指婆婆和公公。不会装聋作哑,就当不好公公和婆婆。指大家庭关系错综复杂,长辈要有容忍晚辈的气量。

{例}古言道得好:"不痴不聋,不作阿家翁。"一个当家主的人,虽是要统治着全家;但是当家庭人口众多,艰难共济的日子,就必定要装二分糊涂。(张恨水《最后关头》)

提示:也说"不瞎不痴聋,难为家主公""不喑不聋,不成姑公""不哑不聋,怎做得阿家翁""不痴不聋,不堪作大家翁"。

【不怕屋漏,就怕锅漏】

指内部出现了问题,带来的损失会更大。

{例} 编芦席的妇女们，经她这么一吆喝，跟着也哄起来："怪不得芦柴少了，都是这个老婊子偷的。""不怕屋漏，就怕锅漏，家里有贼，注定要穷。"(陈登科《风雷》)

提示：也说"家里有贼，注定要穷"。

【不是冤家不聚头】

冤家：仇人，有时用作反语，用于昵称似恨而实爱的人。不是前世的冤家，今生不会相逢。指仇人或不想见面的人常常会碰到一起，躲不开。

{例} 我这老冤家是那世里的孽障，偏生遇见了这么两个不省事的小冤家，没有一天不叫我操心。真是俗语说的，"不是冤家不聚头"。(《红楼梦》)

提示：宋·宗杲《大慧普觉禅师语录》卷三："师云：'读书人已在这里，且作么生与伊相见？'乃顾视左右云：'不是冤家不聚会。'"也说"不是冤家不聚会""不是仇人不见面，不是冤家不碰头"。

【谗言误国，妒妇乱家】

谗言：挑拨离间或毁谤的话。妒妇：妒忌心极强的妇女。指谗言会危害国家，妒妇能毁掉家庭。

{例} "谗言误国，妒妇乱家"，信有之矣！尔冯拯不过以文章耀世，军国大事，非尔所知也。如再沮疑君心，所误非浅。(《万花楼》)

提示：也说"泪水淖泥，破家妒妇"。

【长舌乱家，大斧破车】

长舌：比喻爱搬弄是非的妇女。指长舌妇对家庭的危害就像用大斧砍车那样轻而易举。

{例} 长舌乱家，大斧破车。阴阳不顺，姬姜衰处。(汉·焦赣《焦氏易林》)

【臣疑其君，无不危国；妾疑其夫，无不危家】

疑：猜疑。指大臣不信任君

主，国家就有危险；妻子怀疑丈夫，家庭就有隐患。

{例} 是时二世在甘泉……李斯不得见，因上书言赵高之短曰："臣闻之，臣疑其君，无不危国；妾疑其夫，无不危家。今有大臣于陛下擅利擅害，与陛下无异，此甚不便……陛下不图，臣恐其为变也。"（《史记·刺客列传》）

【打断胳臂往里曲】

比喻自己人总是向着自己人。也比喻内部有了问题不要到处张扬。

{例} 俗话说，"打断胳臂往里曲"，自家兄弟，好商量。（姚自豪等《特殊身份的警官》）

提示：也说"打断手腕子朝里弯""打折膀子朝里弯""胳膊折了，吞在袖里"。

【打是亲，骂是爱】

指夫妻之间打打闹闹，闹点小意见是一种爱的表现。也指长辈对晚辈的严厉管教是真正疼爱。

{例} 年轻轻的小两口，还有个不抬杠磨牙的？俗话说，打是亲，骂是爱，打完了，一转身，夫妻还是夫妻。（慕湘《晋阳秋》）|俗话说："打是亲，骂是爱。"邓龙虽然挨了吴丽梅这一耳光，可是他却越发感到他这位先生的严厉、泼辣和应该受到的尊敬。（陈定兴《香港之滨》）

提示：也说"打是惜，骂是怜""打是心疼，骂是爱""骂是喜欢打是爱"。

【大树之下，必有枯枝】

指任何繁荣兴盛的大家族，都会出现没出息的子孙。

{例} "大树之下，必有枯枝。"喻一脉相传，子孙必有枯枝。（胡祖德《沪谚》卷上）

【当家就是戴枷】

枷：古代木制刑具，套于罪犯脖子上。指主持家务就像戴上了枷锁，负担重，忧愁多。

{例} 云小姐，你不知道，俗话说，"当家就是戴枷"，戴了这面枷，油盐柴米，压得透不过气来，就什么也管不得了。（夏衍《芳草天涯》）

【当家人，恶水缸儿】

恶水缸：泔水缸，盛淘米水、刷锅水。指主持家务的人要忍受各种屈辱，应当有容人的气量。

{例} 至于那起下人小人之言，未免见我素昔持家太严，背地里加减些话，也是常情，妹妹想：自古说的"当家人，恶水缸儿"。（《红楼梦》）

提示：也说"当家人是个恶水缸儿"。

【当家人疾老，近火的烧焦】

疾：快速。近：靠近。指主持家务的人操心劳神，容易衰老，就像靠近火的物体容易被烧焦一样。

{例}〔正末唱〕把这小冤家情理难饶，我待打呵，教人道管不的恶妇欺亲子，教人道近不的瓜儿揉马包。常言道：当家人疾老，近火的烧焦。（元·郑廷玉《金凤钗》）

提示：也说"当家头先白"。

【当家三年狗也嫌】

指主持家务之人所做的事不可能使每个人都满意，有人讨厌或有看法也是正常的。

{例} 玉楼道："……小厮你来我去，秤银子换钱，把气也掏干了。饶费了心，那个道个是也怎的！"西门庆道："我的儿，常言道：当家三年狗也嫌。"（《金瓶梅》）

【当面教子，背后教妻】

教（jiào）：教育，批评。旧指教育孩子可以当着人面进行，批评妻子却要背着人，要照顾到妻子的脸面。

{例} 过去有一种很受推崇的谈话方法——"当面教子，背后教妻"，我们至今还常认为这样的做法是正确的。（刊）

提示：也说"当面教子，背

后劲夫""明地里教子,暗地里教妻""人前教子,背后劝夫"。

【饭糊了,捂在锅里】

比喻家里或内部出了问题,自己解决,不要到处张扬。

｛例｝至于铜锁和枣花,我看也别离。"饭糊了,捂在锅里;胳膊折了,吞在袖里。"不能叫外人看笑话!就凭咱这人家,哪能分家,哪能离婚呢?(韩志君等《篱笆·女人和狗》)

提示:也说"饭糊了焖在锅里"。

【夫妻交市,莫问谁益;兄弟交憎,莫问谁直】

交市:买卖。交憎:争斗。夫妻间做买卖,不必计较谁得利;兄弟间争斗,不要问谁有理。指夫妻、兄弟都是一家人,即使有矛盾,也没必要分出是非高低来。

｛例｝骨肉之伦,无忘亲厚而已矣!无忘也者,虽遇横逆犹是也。弘而忍之之谓让,曲而联之之谓仁,潜移而默成之之谓圣。较则怨,怨则离,虽曲不自我,等之乎不祥。语曰:"夫妻交市,莫问谁益;兄弟交憎,莫问谁直。"此之谓也。(明·徐祯稷《耻言》)

提示:也说"夫妻交市,莫问谁益;兄弟交争,莫问谁直"。

【父欲行劫,子必杀人】

父亲偷盗,儿子就会去杀人。指父母的行为直接影响儿女的品行。

｛例｝语有云:"父欲行劫,子必杀人。"无惑乎贾似道之再出误国也。(《宋史演义》)

提示:也说"老子偷瓜盗果,儿子杀人放火""其父盗,子必行劫"。

【父子无隔宿之仇】

指父子、师徒之间的矛盾不会持续很久。

｛例｝行者道:"你这个

泼怪,岂知'一日为师,终身为父''父子无隔宿之仇'!你伤害我师父,我怎么不来救他?"(《西游记》)

【父子兄弟,罪不相及】

指父子、兄弟各自承担各自的行为后果,不应牵扯他人。

{例}古人云父子兄弟,罪不相及,今三竖构兵,咎不在卿,朕非不晓,许卿无罪,仍守原官。(《两晋演义》)

【该嫁不嫁,爹娘挨骂】

指女儿到了出嫁的年龄,就该嫁出去,否则父母会受到人们的指责。

{例}三女儿银花十七了……从北平回来,也正在待字闺中。常言说:"该嫁不嫁,爹娘挨骂。"青春,饱食终日无所事事的苦闷,使她们想挣脱囚笼,家里自然不免要常常闹点小气。(秦兆阳《大地》)

提示:也说"女儿大,理当嫁,女大不嫁人笑话"。

【公婆难断床帏事】

床帏事:夫妻间的事。指父母对儿子和媳妇之间的是非问题难以公断。

{例}如今又勾搭上丫头,被他说霸占了去,他自己反要占温柔让夫之礼。这魇魔法究竟不知谁作的,实是俗语说的"清官难断家务事",此时正是"公婆难断床帏事"了。(《红楼梦》)

【国清才子贵,家富小儿骄】

清:政治开明。才子:有才学的人。指国家政治开明,人才就会受到尊重;家里有钱,子弟就会娇气任性。

{例}裩无裆,袴无口,头上青灰三五斗。赵州老汉少卖弄,然则"国清才子贵,家富小儿骄"。(宋·普济《五灯会元》)

提示:也说"家富小儿娇"。

【国易治,家难齐】

齐:同样,一致。治理好国家容易,管理好家庭却很难。指搞好家庭管理很不容易。

{例} 常将军有万夫不当之勇，怎怯一夫人，不敢还手？是还手不得，重则致命，轻则加撒泼，不得不听之自打自歇，始得平静。自古国易治，家难齐。不贤妻，不孝子，无法可治也。（《闽都别记》）

【好老子不打等身儿，好娘不打盘头女】

等身：两个人个子一样高。盘头女：旧时女儿出嫁后头发会盘起来，表示已经出嫁的女儿。指有修养的父母不会体罚成年的儿女。

{例}"好老子不打等身儿，好娘不打盘头女。"鱼儿已经长成高晃晃的大小伙子，打有什么用呢？（王宝成《海中金》）

提示：也说"好老子不管三十儿"。

【花不好，是自家栽的】

比喻儿女的错误是因为父母教育不好造成的。

{例}也是，俗话说：花不好，是自家栽的。儿子不济，是个人养的，好赖他是娘身上掉下来的肉，人不亲，血统还亲呢。（侯树槐《高山春水》）

【家不和，外人欺】

指家庭内部不和睦，就要被外人欺负。也指一个团体内部的人不团结就会受外部的歧视和欺负。

{例}古语说："家不和，外人欺。"我俩应该同舟共济。（陈登科《淮河边上的儿女》）| 要是我们团结，外国人就不敢欺负我们，……民间有句俗话："家不和，外人欺。"（周而复《南京的陷落》）

提示：也说"家不和，被人欺""家不和，邻里欺"。

【家丑不可外扬】

指家庭或集体内部不光彩的事情，不要告诉外人，以免被人笑话。

{例}师座固然不怕上告，

但家丑不可外扬，若为这事又闹得满城风雨，则一波刚平，而一波又起，对师座不利呀！（鄢国培《漩流》）

提示：此谚也说"家丑不可外言""家丑事不可外扬""家丑不可外谈"。

【家丑家丑，家家都有】

指家家都有不好的事情，不能让外人知道。

﹛例﹜至今，兄弟、叔嫂之间视为仇敌。"家丑家丑，家家都有。"（蒋子龙《收审记》）

【家倒累家，户倒累户】

累（lěi）：牵连。指一家人命运都是相关的，一个人遇到麻烦，就会连累到整个家庭。

﹛例﹜老万觉着他的四亩地虽交给了自己，究竟还没有倒成死契，况且还有两座房，二十块钱还不成问题，这闲事还可以管管，便对银花说："你回去吧！家倒累家，户倒累户，逢上这些子弟，有什么办法？"（赵树理《福贵》）

【家法大不过王法】

指家里的规矩法度要服从国家的法律，不能越过国家大法行事。

﹛例﹜"家法大不过王法。"邻居们好担心，怕他管女儿管得过了头，招下了灾星。（陈龄《此香悠悠》）

【家和万事兴】

指家庭和睦，家业就会兴旺发达。

﹛例﹜大凡一家人家过日子，总得要和和气气，从来说"家和万事兴"，何况媳妇又没犯什么事！（《二十年目睹之怪现状》）

提示：也说"家和万事成""家和万事安"。

【家火不起，野火不来】

指家里不出问题，没有麻烦，外人就不敢趁机来捣乱。

﹛例﹜家火不起，野火不

来。人必自侮而后人侮之。（胡祖德《沪谚》卷上）

【家家有本难念的经】

指任何人或任何家庭、部门都有自己难以解决的问题或无法向人诉说的事情。

｛例｝有人问李步祥道："这孩子是她生的吗？"李步祥道："当然是她生的。家家有本难念的经，一时也说不清，他们闹着家庭纠纷，已经分开了。"（张恨水《纸醉金迷》）｜家家有本难念的经。大有大难，小有小难。沪江厂要退补四十多亿，还没有个眉目哩。（周而复《上海的早晨》）

提示：也说"家家都有难唱的曲""哪家都有难唱曲""人人有支难唱的曲，家家都有本难念的经""谁家都有一本难念的经"。

【家里事，家里了】

了：了结。指家里发生的事情，就在家里内部解决，不要扩散到外部。

｛例｝你上工作队，可不能提起这件事。家里事，家里了，回头叫你大嫂子给你赔不是。（周立波《暴风骤雨》）

【家事不必问外人】

指自己家里的事情自己做主，用不着旁人参与。

｛例｝常语："家事不必问外人。"《唐书》："高宗欲立武后，褚遂良谏曰：'武氏经事先帝，天下耳目何可蔽也！'他日，帝问李勣，勣迎合上意对曰：'此陛下家事，不必问外人。'上意遂决。"（清·郑志鸿《常语寻源》）

【家私不论尊卑】

家私：家产。尊卑：这里指嫡庶。指家中的财产不管嫡出还是庶出的，每人都应有一份。

｛例｝我弟兄两个，都是老爹爹亲生，为何分关上如此偏向？其中必有缘故。莫非不是老爹爹亲笔？自古道"家私不

论尊卑",母亲何不告官申理?(《喻世明言》)

【家庭和不和,看看儿媳和公婆】

指家庭关系好不好,关键看儿媳和公婆是否能够和睦相处。

{例}严大伯也够忙的。但全家都忙得愉快。俗语说:"家庭和不和,看看儿媳和公婆。"这个家,媳妇心眼好,从不叫孩子受委屈、丈夫着急、公爹生气。(魏军《海滨奇案》)

【家庭家庭,治好了家才能消停】

消停:安稳。指把家里的事情处理好了,工作起来才没有后顾之忧。

{例}常言说,家庭家庭,治好了家才能消停;像你这样子,光在外边扑腾,一点儿顾家的心都没有,一脑袋钻到工作里去了,这个家成了什么样子了。(浩然《艳阳天》)

【家无贤妻,必遭横祸】

指妻子不贤惠,会给家庭招来灾祸。

{例}黎怅一把没拉住,看着恶水缸的背影,无可奈何地感叹一声:"唉!'家无贤妻,必遭横祸!'"(陈登科《赤龙与丹凤》)

提示:也说"家有不贤良,早晚遭祸殃"。

【家无主,屋倒竖】

家中没有人当家主事,屋子也会倒转过来。指不管是家庭还是团体,都需要有拿主意的主事人。

{例}休说我先妻,若是他在时,却不恁的家无主,屋倒竖。如今身边枉自有三五七口人吃饭,都不管事。(《金瓶梅》)

提示:也说"家无主,扫帚颠倒竖""家无主,扫帚倒竖"。

【家有一条心,黄土变成金】

指只要全家人团结一心,就什么事情都能办成。

{例}俗语说,"家有一条

心，黄土变成金"，他姓武，我姓王，我们不是一家人，决不会和我一个样子。（《武松》）

提示：也说"家有一心，堆积黄金""家有一心，有钱买金"。

【家欲兴，十个儿子一样心；家欲倾，一个儿子十条心】

指兄弟们齐心合力做事，家业就会兴旺；如果各自都只为自己打算，家业就会衰败。

｛例｝哪里晓得生下一个儿子，知艰识苦，并力同心，不上几年，起了泼天的家业。俗语有云：家欲兴，十个儿子一样心；家欲倾，一个儿子十条心。（《鼓掌绝尘》）

【金钱分上无父子，利害面前无兄弟】

指自私的人只看重钱财，而不重情义。

｛例｝你们是金钱分上无父子，利害面前无兄弟，对吗？我没参加你们的攻守同盟的密谈，

也可以推测出结果来。（乡村《黄毛丫头》）

【倔儿不败家】

指有正直倔强的子弟直言相劝，这个家庭就不会败落。

｛例｝"倔儿不败家！"康熙听到这里，突然心头一震，想起当年苏麻喇姑也说过这样的话"家有诤子，不败其家；国有诤臣，不亡其国"。（二月河《康熙大帝》）

【两姑之间难为妇】

两姑：丈夫的母亲和姐妹。指夹在婆婆和大、小姑之间的媳妇难做人。也比喻处在两个地位高于自己的人中间，不好做人或办事。

｛例｝我这是两姑之间难为妇了。痛痛快快帮嫂子的忙吧，又得罪了大哥。不管这些闲事吧，又得罪了大嫂。（张恨水《金粉世家》）

提示：清·魏岭《壹事纪始·俗语》："周隋公杨忠之子

坚为宫伯，宇文护欲引为腹心。忠曰：'两姑之间难为妇，汝其勿往。'"

【内睦者家道昌，外睦者人事济】

指跟家里人和睦相处能使家庭兴旺，跟外面人和睦相处能让事业顺利发展。

{例}沈浩之所以能够坚守小岗、服务小岗，六年如一日，不辞劳苦、殚精竭虑，"一片丹心、两袖清风"，赢得百姓的赞颂，没有母亲的支持，没有妻子的支持，没有女儿的支持，也是不可能的。由此想到一句俗话："内睦者家道昌，外睦者人事济。"（云杉《童言无忌 父女情深》）

【牛要耕田马要骑，孩子不管要赖皮】

指牛马要经过调教才能听人使唤，孩子从小不管教就会变成无赖。

{例}牛要耕田马要骑，孩子不管要赖皮。对娃的教育要从小抓起，长大后才有出息。（报）

【偏怜之子不保业，难得之妇不主家】

受到偏爱的子弟往往守不住家业，得来不易的媳妇往往主持不了家务。指受到宠爱偏袒的子女成不了才。

{例}我与太祖爱汝异于诸子。谚曰："偏怜之子不保业，难得之妇不主家。"我非不欲立汝，汝自不能矣。（《辽史·皇子表》）

【婆婆口絮，媳妇耳顽】

婆婆反复唠叨，儿媳妇假装没听见。告诫长辈要注意教育方法，否则说得再多也没有用。

{例}西门庆道："怪小淫妇儿，琐碎死了。"春梅便向妇人道："由他去，你管他怎的？婆婆口絮，媳妇耳顽，倒没的教人与你为仇结仇。"（《金瓶梅》）

提示：也说"姑口烦而妇耳

顽""婆婆口碎，媳妇耳背""婆婆琐碎，媳妇耳顽""婆婆嘴碎，媳妇耳背"。

【婆媳亲，全家和】

指婆婆和媳妇关系最难处，只要婆媳关系和谐亲密了，全家人就都能和睦相处。

{例}我们家乡有句俗话："婆媳亲，全家和。"你这个长年不能照顾婆婆的媳妇，也该尽点孝道。今天，我们一起来洗这条裤子好不好？（李志良《陈毅为母洗裤》）

提示：也说"婆媳和睦，全家幸福；婆媳斗，全家愁""婆媳亲，家事兴"。

【七岁八岁狗也嫌】

指七八岁的孩子特别淘气，谁也不喜欢。

{例}还记得七岁八岁狗也嫌的岁月吗？上房掏麻雀，下河捞蝌蚪，趴在泥地打弹子，荡起秋千来忘了吃饭，把足球踢进王婆婆的炒菜锅……（胡辛《这里有泉水》）

提示：也说"七岁八岁讨狗嫌""七岁八岁，鸡狗都嫌""七八九，厌似狗"。

【悭吝守财，必生败家之子】

悭吝（qiānlìn）：吝啬。指吝啬、刻薄的人，容易养出纨绔子弟，败坏家业。

{例}只因人生在世，千方百计，挣下家财，后来生出不肖之子孙，定要弄个罄尽。所以古人说得好："悭吝守财，必生败家之子。"这两句话便是从古至今铁板不易的道理。（《斩鬼传》）

【巧媳妇不怕挑剔婆】

媳妇心灵手巧，就能够从容应对婆婆的苛刻指责。也比喻东西质量好就不怕人挑毛病。

{例}"巧媳妇不怕挑剔婆"，只要货真价实，满可以粗起嗓门招徕顾客。（报）

【青柴难烧，娇子难教】

青柴：刚砍下来的树枝。指

娇养的孩子难以管教，就像青柴湿软不容易燃烧一样。

｛例｝青柴难烧，娇子难教。小错护短，大错不远。（缪德《儿怕娘娇》）

【清官难断家务事】

即使是廉洁清正的官吏，也很难明断家里的事情。指家庭矛盾琐碎复杂，难以断明是非长短。

｛例｝语有云："清官难断家务事。"你大家看这场酒公案，只我这等一个被参开复的候补老县令判得如何？（《儿女英雄传》）｜"这是你们中间的私事，"李主席笑道，"你说他对你不老实么？没有旁证，我们难断定，这叫清官难断家务事。"（周立波《山乡巨变》）

提示：也说"清官断不得家务事""清官难断家常事""清官难断家私事""清官难审家庭案"。

【穷家出娇子】

指穷人家的孩子也是宝贝，父母也非常疼爱。

｛例｝总是"今儿个烧长柴、烧短柴？"全凭小姑娘不过脑子的一句话定夺，真应"穷家出娇子"的俗话。（炭冰《夫人外传》）

提示：也说"穷汉养娇子"。

【劝和不劝离】

指对于闹离婚的夫妻，外人一般都是劝他们和好，不劝分离。

｛例｝"幸福缘"女老板毫不隐讳地说，自己在婚姻中翻了两次船，办离婚公司的目的是劝和不劝离，要以亲身经历化解婚姻中的矛盾。（杨清《有家"离婚公司"劝和不劝离》）

【三十年媳妇熬成婆】

旧时媳妇进了夫家后，常常受到婆婆的指摘和虐待，辛苦煎熬到婆婆老了或去世了，才能自己当家作主。比喻在别人的控制之下经历了长期的努力和付出，终于取得成就，得到认可和提升。

｛例｝"公公，容易的吗？

要有胡子,像德高望重的五爷那样的胡子。而老婆无疑就是婆婆了。婆婆,三十年媳妇熬成婆!"(张石山《母系家谱·根基》)

提示:也说"多年的媳妇熬成婆""二十年的媳妇熬成婆"。

【外人难管家务事】

指外人不了解别人家庭内部的事情,很难插手,最好不要管。

{例}阿呀,高科,你也不该。常言道,"外人难管家务事",况你仆从之辈,怎许多言。(明·冯梦龙《万事足》)

【万两黄金未为贵,一家安乐值钱多】

指家庭平安快乐最重要,胜过一切物质财富。

{例}〔生〕娘子,我十年学剑意如何,怎奈逢时有折磨。〔旦〕唉,官人,万两黄金未为贵,一家安乐值钱多。(明·龙子犹《双雄记》)

提示:也说"万两黄金不为贵,合家安乐值钱多"。

【贤儿多财损志向,愚儿多财招祸殃】

指钱财多会使优秀的人才失去志向或给平庸愚钝的人招来灾祸。

{例}有饭送给饥人,别把钱财看得太重了。老话儿说,贤儿多财损志向,愚儿多财招祸殃。(李英儒《女游击队长》)

【休妻毁地,到老不济】

休妻:旧时丈夫把妻子赶回娘家,断绝夫妻关系。毁地:毁掉耕地。指年轻时狂妄休掉妻子、毁掉赖以生存的田地,到老年时就会境遇悲惨凄凉。

{例}我说侄小子,古人可是有句话呀,不知你愿不愿意听?"休妻毁地,到老不济",这可是咱先辈传下来的金玉良言呀。(宋歌《通肯河,静静地流》)

【严婆不打哑媳妇】

哑媳妇:指说话少、不顶嘴

的媳妇。再严厉的婆婆，也不会责打不吭声的媳妇。告诫人尽量少说话，以避免各种麻烦。

｛例｝回了人家家，可要少说一句。家常话，"严婆不打哑媳妇"，可不跟在爹娘跟前一样。（刘江《太行风云》）

提示：也说"严婆不打笑面"。

【养儿不可溺疼】

指对子女不可过分溺爱，以免骄纵出坏毛病。

｛例｝养儿不可溺疼，这就是溺疼之过，也是他们恶贯满盈。（《小五义》）

【养家不治气，治气不养家】

养家：供给家庭成员生活所需。治气：赌气。指挣钱养家的人不能任性，不能因小事和人赌气而断了自家的生路。

｛例｝哪个人前不说人，哪个背后无人说，嘴长在他人身上，别治气了，养家不治气，治气不养家，要是你当年不从深山峡谷的彝家山寨考学出来，不也得过么？你知足吧。（杨继渊《母亲》）

提示：也说"治气不养家"。

【一个女婿半个儿】

指女婿对岳父母，应承担半个儿子的责任。

｛例｝俗话说，一个女婿半个儿。但我要承担一个儿子的责任，因为老泰山只有这么一个女儿。（陆原《土地·泰山·我》）

提示：也说"门婿半个儿""女婿顶半个儿""女婿有半子之劳""一个姑爷半个儿"。

【一家不知一家事】

指每个人、每个家庭都有不被外人知道的难处。

｛例｝一家不知一家事。你只知其一，不知其二啊！（于逢《金沙洲》）

提示：也说"一家弗知一家事""一家不知一家苦""一家不知一家的难处"。

【一家富难顾三家穷】

指一个家庭再富有,也不可能照顾到很多穷亲戚。

{例}古人说:"一家富难顾三家穷。"你富么?你这泥菩萨过江,连自己都顾不了呀!(王杏元《绿竹村风云》)

【一家和气值千金】

指一家人感情融洽、关系和睦,比多少钱财都重要。

{例}书上讲的和气致祥,俗语流传一家和气值千金。我先尽我的道理,明儿的龙舟定要去邀他们来瞧瞧。(《红楼梦补》)

【一家开口两家难】

开口求人时,求人的和被求的双方都觉得为难。指不要轻易张口向人求助。

{例}她不埋怨对方还劝丈夫:"一家开口两家难""借给是人情,不借是本分,谁的钱也不是给人预备的"。(张厚余《意蕴:源于对人的把握——评郑惠泉的"春韵"》)

【一家人不说两家话】

客套话,指都是自己人,说话办事不要客气。

{例}从今后咱们同吃一锅饭,拿出些时行衣裳叫你穿,一家人不说两家话,千万莫听外人言。(赵树理《石不烂赶车》)

提示:也说"一家人不吃两家饭"。

【阴阳和而后雨泽降,夫妇和而后家道成】

阴阳:我国古代哲学指贯通物质和人事的两大对立面。民间认为阴阳是天地间化生万物的二气。雨泽:雨水。指天地间阴阳和谐才会风调雨顺,人世间夫妻和谐才能使家庭兴旺。

{例}夫妻五伦之一,相敬相爱。才是古语说的好:阴阳和而后雨泽降,夫妇和而后家道成。打老婆,却真是个大迷,若不是改悔,害事、害事。(《三教开迷归正演义》)

【子行丑，父无光】

指儿子做了坏事，父亲自然觉得丢人。也比喻下属出了问题，上级觉得不光彩。

｛例｝由于"家丑不外扬""子行丑，父无光""一颗老鼠屎，坏了一锅汤"等思想作怪，不少单位的负责人和上级主管部门对于属下、辖地被揭短亮相，往往采取不支持、不合作的态度。（徐光春《关于舆论监督的几点思考》）

五、亲戚交往

【不来不去真亲戚】

指真正的亲戚之间会互相体谅，平时交往并不频繁，尽量减少打扰。

｛例｝骆驼听说请他喝寿酒，不觉心疼起这寿礼来了，有这送礼的钱，还不如在外面放债吃利息呢！对，常言道：不来不去真亲戚，还是回绝他算了。（姚自豪等《特殊身份的警官》）

【朝廷还有三门子穷亲戚】

即使皇亲国戚，也会有穷亲戚。指再富有的人家也会有贫穷的亲朋。

｛例｝凤姐儿笑道："这话没的叫人恶心。不过借赖着祖父虚名，作了个穷官，谁家有什么，不过是个旧日的空架子。俗语说，'朝廷还有三门子穷亲戚'呢，何况你我。"（《红楼梦》）

提示：也说"皇帝也有草鞋亲""皇帝老子也有三门穷亲戚""皇帝老子还有三门穷亲""天子门下有贫亲"。

【除了栗木无好火，除了郎舅无好亲】

郎舅：男子和他妻子兄弟的合称。指栗木坚硬耐烧，亲戚中郎舅的关系最亲近。

｛例｝当时，白羊鹤还没有找爱人，他眼睛两眨，计上心来，想把他妹妹许配给白羊鹤做爱人。他想，人们常说，"除了栗木无好火，除了郎舅无好亲"。这样他与白羊鹤的关系就非同一般了。（曾辉《八月雪》）

提示：也说"除了郎舅无好亲，亲上加亲回头亲"。

【爹娘亲，娘舅亲，打断骨头连着筋】

指子女和父母以及舅舅具有最密切的血缘关系，这种亲情是九法割断的。

　　{例}"爹娘亲，娘舅亲，打断骨头连着筋。"人家是亲娘舅，家务事不好插手。（阎丰乐《县委书记》）

　　提示：也说"娘舅亲，骨肉亲，打断骨头连着筋""娘舅亲，骨肉亲，打折骨头连着筋"。

【儿女亲，辈辈亲，打断胳膊连着筋】

　　儿女亲：双方因儿女结婚而结成的姻亲。指亲家双方的关系是割不断的，即使有了矛盾，很快也会消除。

　　{例}老人古语说得好，儿女亲，辈辈亲，打断胳膊连着筋，你说是不是？（董玉振《精明人的苦恼》）

【富贵途人成骨肉，贫穷骨肉亦途人】

　　途人：行人。有钱时，过路人也来攀亲；贫穷时，亲人也会成为陌生人。指旧时世态炎凉，人与人之间只重钱财，没有人情。

　　{例}父母见其狼狈，辱骂之。妻方织布，见秦来，不肯下机相见。秦饿甚，向嫂求一饭，嫂辞以无柴，不肯为炊。有诗为证：富贵途人成骨肉，贫穷骨肉亦途人。试看季子貂裘敝，举目虽亲尽不亲。（《东周列国志》）

【隔山隔水不隔亲】

　　指只要心里亲近，距离再远也隔不断。

　　{例}"你到这里做啥来了？"欢欢问。"隔山隔水不隔亲，我就是你们的邻居，串门来了。"山里人笑着说。（周嘉俊《山风》）

【骨头上的筋，老婆面上的亲】

　　指丈夫疼爱妻子，因此和妻子娘家的人总是很亲近。

　　{例}人说骨头上的筋，老婆面上的亲。你老人家奶奶还没进门，就疼起老丈人来了。（《姑妄言》）

【好亲眷，莫交财；交了财，断往来】

指亲戚之间不要有钱财上的往来，否则就会产生矛盾，关系也会疏远，甚至断绝。

{例}"好亲眷，莫交财；交了财，断往来。"目今时事都更改，贫居闹市无人问，富在深山远亲来！（张继青等《方卿羞姑》）

提示：也说"亲戚莫共财，共财莫往来""亲戚不共财，共财再不来"。

【好时是他人，恶时是家人】

指人得志时，有外人迎奉巴结；遭难时，还是得靠家人亲戚关照。

{例}你堂兄燕雄、燕豪、燕杰、燕贤都是知好歹的人。虽在我身上冷淡，却不干他事。俗语云："好时是他人，恶时是家人。"你两个要敬他，让他。（明·杨继盛《赴义前一夕遗嘱》）

【好兄弟高打墙，亲戚朋友远离乡】

高打墙：把墙筑高，比喻设置屏障。指兄弟、朋友或亲戚之间应保持一定距离，才能保证长久地和睦相处。

{例}"他们相好虽相好，"农会说，"可不愿搅在一起。正月里善人就有这个意思，试探行戬，竹政说'好兄弟高打墙，亲戚朋友远离乡'。你们看能行吗？"（柳青《种谷记》）

【好兄弟勤算账】

指关系再好的兄弟、朋友之间，经济往来也要账目清楚，这样才能保持长久和睦相处。

{例}人常说："好兄弟勤算账。"经济上清清楚楚，彼此友好的关系才能久长，这是不可含糊的。（王勤《长风破浪》）

提示：也说"好朋友勤清账"。

【舅母门上的老表亲，砸断骨头连着筋】

指在亲戚关系中，姑舅关系

最亲近。

{例}论老表亲佟妻跟马母叫妗子,那马母自然跟佟妻叫外甥女了。这就是农村所说的"舅母门上的老表亲,砸断骨头连着筋",意思就是表起来没完。(国强《英雄马本斋》)

【临危望救,遇难思亲】

指人在危难时最盼望的是有人相救,遇到危险时最先想到的就是亲人。

{例}都说是"临危望救,遇难思亲"。这时的史更新又想起了亲娘;想起了赵连荣老大伯;想起了他那牺牲了的一排战友。(刘流《烈火金钢》)

【六亲合一运】

六亲:指父、母、兄、弟、妻、子。泛指亲属。指家族、亲戚之间利害一致,命运相连。

{例}俗语说得好:六亲合一运,那朱恩家事也颇颇长起。二人不时往来,情分胜如嫡亲。(《醒世恒言》)

【马渴想饮长江水,人到难处思亲朋】

指人到危难的时候,首先想起的是亲人和朋友,就像马口渴了希望饮水一样。

{例}我想,你在这里不至于没有一个亲戚朋友吧?人常说:马渴想饮长江水,人到难处思亲朋。如果你不便见面,我可以替你跑跑腿。(刘浩鹏等《龙公案》)

【没舅不生,没舅不长】

指在亲戚关系中,舅舅和外甥关系最亲近,外甥的成长过程离不开舅舅的帮助、教育。

{例}好大舅,虽故有嫂子,外边事怎么理的?还是老舅主张。自古没舅不生,没舅不长。一个亲娘舅,比不的别人。(《金瓶梅》)

【娘家屋住不老,亲戚饭吃不饱】

女儿早晚要出嫁,不能在娘家待一辈子;亲戚接济只能应付一时,不可能长久。指人要靠自己的能力生存，不能长期依靠别人。

{例} 元他娘嘴没说，心里说："傻孩呀，可是心上没眼儿。人常说，娘家屋住不老，亲戚饭吃不饱。谁家闺女能跟娘一辈子。"（刘江《太行风云》）

提示：也说"娘家住不老，亲戚饭吃不饱"。

【贫贱亲戚离，富贵他人合】

贫困时，亲戚也不愿往来；富贵时，外人也来投靠。指旧时人常常很势利，嫌弃穷人，高攀富贵。

{例} 有句古诗说得好，道是："贫贱亲戚离，富贵他人合。"贾似道做了国戚，朝廷恩宠日隆，那一个不趋奉他？（《喻世明言》）

提示：也说"富贵他人聚，贫寒亲子离""富贵有亲朋，穷困无兄弟""富贵人求合，贫穷亲不睦""富贵他人合，贫贱亲戚离"。

【贫居闹市无人问，富在深山有远亲】

穷人即使住在热闹的街市中也无人理睬，富人就是住在深山里也有人去攀亲认友。指旧时人心势利，没钱便被人冷落疏远，有钱就有人巴结讨好。

{例} 自古道："贫居闹市无人问，富在深山有远亲。"又道是："㣃得春风，便有夏雨。"胡员外平日间得一盘十，得十盘百，原是刻苦做家的人，说起穷似他的，一辈子也不曾受过他一分恩惠。（《平妖传》）

提示：也说"富在深山有远亲，穷在闹市无人问""富家山野有人瞅，贫居闹市无人问""贫居市口无人问，富在深山有远亲""贫居闹市无人问，富在深山远亲来""贫居闹市，有钢钩钩不住至亲骨肉；富在深山，有木棒打不断无义亲朋"。

【千里征途靠骏马，万里难关靠亲人】

遥远的征程凭借的是奔驰的

骏马,困难的时候依赖的是亲人的帮助。指克服困难离不开亲人的支持帮助。

｛例｝马倌阿妈高兴得一边抹眼泪一边大声说:"古老谚语里说得多对呀!'千里征途靠骏马,万里难关靠亲人。'你真是我们的活'奥特奇'啊,见了你,我心里亮堂堂啦!"(敖德斯尔《生命之光》)

【抢着不是买卖,拉着不是亲戚】

强拉来的做不成生意,强认的成不了亲戚。指使用强迫的手段很难成事。

｛例｝金斗,既然有田太太不愿意,那就不要勉强她,这本来是一件善事啊!你们中国有句俗话:"抢着不是买卖,拉着不是亲戚。"算啦,我们走吧。(柳溪《功与罪》)

【亲不间疏,后不僭先】

间(jiàn):离间。僭(jiàn):僭越,超越。指关系亲密的人不会被关系疏远的人离间;后来的人不

会越过先来的人。

｛例｝宝玉听了,忙上来悄悄的说道:"你这么个明白人,难道连'亲不间疏,后不僭先'也不知道?我虽糊涂,却明白这两句话。"(《红楼梦》)

【亲不亲,钱上分】

旧指从相互往来金钱的数目上可以看出亲戚的远近。

｛例｝尽管所谓的舅父,一旦相见,总不免有些生疏,但送的钱,却使他不能不欢喜。正如俗话说的:"亲不亲,钱上分。"一下能送这么多的钱还不说明是亲戚么?(艾芜《春天的雾》)

【亲不亲要数娘家人】

指女儿虽然已经出嫁,但还是跟娘家人最亲。

｛例｝自古道:女不忘娘家是根本,亲不亲要数娘家人。你不知外人把你咋议论,要知道,唾沫星子能淹死人。姨劝你办事不可太出轨,分家后怎进娘

家门？（高建宏等《月亮滩的姑娘》）

【亲不择骨肉，恨不记旧仇】

指关系亲密的并不限于至亲骨肉，过去的仇恨就不要再纠缠了。

｛例｝〔贴云〕员外，不中，常言道："亲不择骨肉，恨不记旧仇。"开了门放他进来，省的冻坏了他。（明·无名氏《贫富兴衰》）

【亲故亲故，十亲九顾】

指亲戚或故旧关系之间，说话办事总是会互相关照。

｛例｝怎么办呢？他忽然想起亲叔父薛雄来了，常言说："亲故亲故，十亲九顾。"他老人家若是能借给三斗、五斗米，十吊、八吊钱，挨过这个冬天，待来年开春挣了钱，一定加倍奉还。（刘林仙等《薛仁贵征东》）

提示：也说"亲故亲故，无亲不顾""亲向亲，故向故"。

【亲了按亲来，不亲按理来】

有亲戚关系的，就要按亲情伦理交往；没有亲戚关系的，就按常理交往。指解决问题时要妥善处理情和理的关系，既要考虑合情，也要考虑合理。

｛例｝母亲经常对她念叨："亲了按亲来，不亲按理来。"这是几辈人传下来的老话。做事总要合情合理，才能叫人信服。（周乐庆《家家有长短》）

【亲戚门外客】

指亲戚毕竟不是自己家的人，自然无权过问干涉自家的事情。

｛例｝你不晓得我老早就答应将海涛承继的呀！这是我们的家事，"亲戚门外客"，用不着你来操心，赶快去安排丧事。（李六如《六十年的变迁》）

【亲戚明算账，父子钱财清】

指父子亲戚之间，在钱财往来上也要分清楚，这样才有利于长久相处。

｛例｝"你们这些知识分子

就爱动心思，吃半年，就把舅舅吃穷哪？""俗话说：'亲戚明算账，父子钱财清。'何况您和我还是舅甥关系！"（傅获《泰山剑》）

【亲戚难管家务事】

指亲戚毕竟是外人，不能干涉处理别人家庭内部的矛盾。

{例}你家男子汉杨宗锡，与你这小叔杨宗保，都是我外甥，是我的姐姐养的。今日不幸他死了。挣了一场钱。有人主张着你。这是亲戚难管你家务事。（《金瓶梅》）

【亲戚像只梭，往来特别多】

梭：织布机中牵引纬线的织具，形如枣核，织布时不停地来回移动。指亲戚之间的往来，就像织布时梭子穿行一样频繁。

{例}俗话说："亲戚像只梭，往来特别多。"家庭有什么悲哀喜乐、婚丧喜庆，亲戚之间都是相互体贴和支持的。（蓝翔等《华夏民俗博览·亲邻间的礼俗》）

【亲戚有难亲戚帮】

指遇到困难，亲戚之间要互相帮助。

{例}这样的场面，舅舅姑父能说怎么办。只能说亲戚有难亲戚帮。农户人家，谁家能没个困难。（赵为农《娇娃娶亲》）

【亲戚有远近，朋友有厚薄】

指即使都是亲戚或朋友，关系也有亲有疏、有远有近。

{例}你看一挓没有四指近哪，他们几个磕过头。有这么一句俗话说，"亲戚有远近，朋友有厚薄"啊！（刘林仙等《薛仁贵征东》）

提示：也说"亲戚有厚薄，朋友有远近"。

【亲戚远来香，隔壁高打墙】

指住得远的亲戚，不常打交道，偶尔来一次，双方都很高兴，彼此也少有矛盾；相邻的街坊，要保持一定的距离，才会避免纠纷。

{例}庄稼院的同族邻里关

系是最不好处的。有一句乡间的土话道出了这个俗理:"亲戚远来香,隔壁高打墙。"邻里的墙壁最好高到葫芦秧爬不过去的程度。东家栽的葫芦,要是长到西家墙里,就容易犯口角。(李惠文《乱世夫妻》)

提示:清·李光廷《乡言解颐·物部》乡言云:亲戚远来香,隔房高打墙。与"墙以蔽恶,耳属于垣"之义相证佐。也说"亲戚要好结远方,邻居要好高打墙""亲戚远来香,近邻高搭墙""亲戚远来香,隔房高打墙"。

【亲是亲,财是财】

指即使是亲人,在钱财往来上也要分算清楚,以免日后发生纠纷。

{例}亲是亲,财是财,越是好朋友,越得有借有还,不能清不清、浑不浑的。(浩然《苍生》)

提示:也说"亲是亲,钱是钱""亲是亲,钱财分""亲是亲,财帛分"。

【亲向亲,故向故,三灾八难靠同族】

指亲戚朋友之间总是会互相帮助的,有了灾难也会互相扶持。

{例}就为这,任广善相中了俺爹,把俺爹请到他家,论辈分,拉近乎,说什么一笔写不出两个任字来,亲向亲,故向故,三灾八难靠同族。(王忠瑜《惊雷》)

【亲友亲友,烟茶菜酒】

指对待亲戚朋友要热情招待。

{例}"有话好说,有话好说,莫动肝火!"罗九见状,息事宁人地说,"亲结成了是亲,没有结成也是友,亲友亲友,烟茶菜酒……"(何艺兵《毕大妈嫁女》)

【亲者割之不断,疏者续之不坚】

疏:疏远。续:连接。指关系亲密的,用刀割也不会断绝;关系疏远的,即使勉强连上也不会牢固。

{例}今燕举兵两月矣,前后调兵不下五十余万,而一矢无获。谓之国有谋臣，可乎？经营既久，军兴辄乏，将不效谋，士不效力，徒使中原赤子困于转输，民不聊生，日甚一日，臣恐陛下之忧方深也。谚曰："亲者割之不断，疏者续之不坚。"此言深有至理。（清·夏燮《明通鉴》）

【亲者自亲，疏者自疏】

感情深，关系自然就亲近；感情浅，关系自然就疏远。指双方关系的亲疏是勉强不来的。

{例}瑞香姐姐和我是极要好的，决不因为我穷，就不理我。我脱离你家，和你并没有翻脸，你怎样也不来看我一看？如此说来，亲者自亲，疏者自疏，久后见人心，一点不错。（张恨水《春明外史》）

【清水不混浑水，穷人莫攀富亲】

指穷人不要去高攀富人，和他们结为亲戚，以免受到歧视。

{例}老倌说："清水不混浑水，穷人莫攀富亲。我不愿意将姑娘塞在人家眼角里过日子！"（李纳《刺绣者的花》）

提示：也说"穷人不要攀高亲"。

【亲家公是一世相与的】

亲（qìng）家公：对儿子的岳父或女儿的公公的称呼。相与：相处，交往。指儿女亲家是要相处交往一辈子的。

{例}我今日若吃了他家的东西，少不得崔亲家到我家来，也要回礼。常言说得好：亲家公是一世相与的。若次次款待，连家私也要吃穷半边哩。（《照世杯·掘新坑悭鬼成财主》）

【穷富不认亲】

指穷人富人之间由于经济地位悬殊，即使有亲戚关系也不来往。

{例}穷富不认亲。我从来不让你叔叔使他的钱。（冯德英《山菊花》）

【穷怕亲戚富怕贼】

指穷人自己都吃不饱，亲戚来了更无力招待，富人有钱怕盗贼来抢劫。

{例} 回禀大人，因我家有个不大不小的家业，不料阮洪芳、阮弱芳二人，乘夜持刀闯入我府，抢财杀人。小人也有提防，常言说，"穷怕亲戚富怕贼"嘛。（《英雄大八义》）

提示：也说"穷怕来客，富怕来贼"。

【穷人有三门富亲不算穷，富人有三门穷亲不算富】

指穷人如有几门有钱的亲戚，困难时便可向其求助；富人如果穷亲戚多了，也会受到拖累。

{例} 他想起老人们说过的一句话："穷人有三门富亲不算穷，富人有三门穷亲不算富。"（田东照《农家·亲戚》）

提示：也说"有三家好亲戚不算穷人""有三门穷亲戚不算富，有三门富亲戚不算穷"。

【穷时不走亲戚家，饿时不进萝卜园】

指生活窘迫时不去亲戚家，免得被人轻贱；饥饿时不到萝卜地里，免得有偷吃萝卜的嫌疑。

{例} 叶坤元指指身上褴褛的衣衫，"俗话说：'穷时不走亲戚家，饿时不进萝卜园。'再说，小人这一身打扮，也无颜登韦家门啊！"（顾汶光等《天国恨》）

【日亲日近，日远日疏】

指经常联系，关系就会越来越亲近；不常往来，关系就会越来越疏远。

{例} 罢，罢！俗话说得好："日亲日近，日远日疏。"我等毛病，只怕要发，不如还到八斋社、六博社，做些本分去吧。（《东游记》）

提示：也说"日远日疏，日亲日近""日近日亲，日远日疏"。

【三代不出舅家风】

指舅舅对外甥在各方面的影响都很大。

{例} "三代不出舅家风"，他的脾气很像娘舅。让我们商量商量，再去舅家摸摸底。（俞天

白《古宅》）

【三年不上门，当亲也不亲】

三年：概数，形容时间长。指亲朋好友长期不来往，就会变得生疏。

{例}常言道："三年不上门，当亲也不亲"哩。你与他相别五六百年，又不曾往还杯酒，又没有个节礼相邀，他那里与你认甚亲耶？（《西游记》）

提示：也说"三年不上门，亲戚也不亲""三年不上门，是亲也不亲"。

【山羊不和豺狼做朋友，老鼠不和猫儿搭亲家】

比喻不能与敌人来往、交朋友。

{例}他就是真心给我治病，我也实实不能领情。"山羊不和豺狼做朋友，老鼠不和猫儿搭亲家。"我就是病死，也不要你王财神给我卖乖！（肖玉《战鼓催春》）

【势败休云贵，家亡莫论亲】

指失去了权势，就不要再说从前地位的高贵；家业败落了，就不要再提以往的亲戚关系。

{例}"难道她没有亲戚吗？""呆子！势败休云贵，家亡莫论亲，你怎么忘了？这两句话太有道理了！"（方昉《逝去的年华》）

【是亲都有一顾】

指只要有亲戚关系，就会互相照顾。

{例}他可是个好人，忠诚善良，一个心眼为黎民百姓卖命。可常说"是亲都有一顾"呀，闹不好，我这馆子就得关门。（孙华《黄巾起义的传说》）

提示：也说"是亲必顾""是亲三分顾"。

【是亲三分向，是火热成灰】

向：偏向，偏袒。指是亲戚朋友就会互相关照，就像是火烧成灰也很热一样。

{例}"是亲三分向，是火

热成灰",联了亲,必连心,这是人之常情,古之常理,没错。(浩然《金光大道》)

提示:也说"是亲三分向,是火热如炭""是亲三分向,是灰热过土""是亲三分向,不亲不一样""是亲三分向,是柴烧热炕""有亲三分向"。

【是一亲,担一心】

指是亲戚朋友,才会彼此担心、牵挂。

{例}可是你想想,谁才跟你这样直来直去说话呢?人常说:"是一亲,担一心。"(崔复生《太行志》)

【疏不间亲,新不加旧】

间(jiàn):离间,挑拨。加:超越。指关系疏远的人不应挑拨亲近人之间的关系;新来的人不参与故旧之间的事情。

{例}(孟)达与(刘)封书曰:"古人有言:'疏不间亲,新不加旧。'此谓上明下直,逸愿不行也。若乃权君谲主,贤父慈亲,犹有忠臣蹈功以罹祸,孝子抱仁以陷难,种、商、白起、孝己、伯奇,皆其类也。"(《三国志·蜀书·刘封传》)

提示:语出汉·韩婴《韩诗外传》卷三:"臣闻之:'卑不谋尊,疏不间亲。'臣,外居者也,不敢当命。"也说"疏不间亲,远不间近""疏不间亲,卑不敌尊"。

【四海之内皆兄弟】

四海:指普天下。指普天下的人都应如兄弟一样亲近,都应该互相帮助。

{例}这时候刁二东又说话了:"来!财助精神酒助胆,要作大事就得有海量!我是老粗,不懂文墨;我就知道:四海之内皆兄弟!"(刘流《烈火金刚》)

提示:语出《论语·颜渊》:"司马牛忧曰:'人皆有兄弟,我独亡。'子夏曰:'商闻之矣:死生有命,富贵在天。君子敬而无失,与人恭而有礼,四海之内，皆兄弟也。君其何患乎无兄弟也！'"也说"四海之内，皆为朋友""四海内皆是兄弟""四海之内，皆相识也""四海之内，皆是朋友"。

【汤热还是水，粥冷会粘连】

汤：热水。比喻不管遇到什么事情，亲人都应该比外人更能指望上。

{例}提问我的人，就是兴信的外甥女，刚才她还在地里和春姨嘀嘀咕咕。那春姨莫不是为兴信进山来的？俗话说："汤热还是水，粥冷会粘连。"亲戚总归是亲戚。（乡村《黄毛丫头》）

【天旱莫望疙瘩云，人穷莫上亲戚门】

望：指望。天有疙瘩云时不会下雨。指人穷的时候不要去投亲靠友，以免受冷落而失望，就像天旱的时候不要指望疙瘩云能够下雨一样。

{例}"去试试，不行？""唉，"铜锁叹口气，"天旱莫望疙瘩云，人穷莫上亲戚门。我估摸，二嫂不会借。"（韩志君等《辘轳·女人和井》）

【天上星宿大，地上娘舅大】

星宿（xiù）：古代指星座，共分二十八个星座。指亲戚中舅舅地位最高，说话最有权威。

{例}彝族习俗是姨妈家的女儿要嫁到别处，姨妈是做不了主的。古话说："天上星宿大，地上娘舅大。"卖田要问秧田，嫁女要问舅家。（王文魁《火葬场在冒什么烟》）

提示：也说"天上老鹰大，地下娘舅大""天上雷公大，地上舅公大"。

【投亲不如访友，访友不如下店】

下店：住旅店。出门在外投靠亲戚不如寻访朋友，到朋友家不如住旅店里更方便自在。指出门在外要自立自强，不能依靠任何人。

{例}俗语：投亲不如访友，访友不如下店。现今的世态浅薄，见咱们把差使捺了，不免

冷淡。(《施公案》)

提示：也说"求亲不如歇店""投亲不如落店""投亲不如访友"。

【外甥多似舅】

指外甥和舅舅不论在相貌还是性格上有很多相像的地方。

｛例｝尧之子不肖，舜之子亦不肖，谚曰："外甥多似舅。"（宋·洪迈《容斋续笔》）

提示：也说"外甥似娘舅""外甥多像舅""外甥不脱舅家相"。

【外甥是狗，吃完就走】

旧指外甥和姥姥或舅舅虽然关系亲近，但毕竟不是同宗族的。到姥姥或舅舅家只是走走亲戚，在享受好吃好喝招待后，仍然还是要离开。

｛例｝公社书记虽然是自己的外甥，但不给他点实惠的，那是白扯。俗话说得好："外甥是狗，吃完就走"。（李惠文《乱世夫妻》）

【外甥有理不让舅】

指只要自己所说所做的有道理，即使对方是亲舅舅也不相让。

｛例｝我们合肥老家有个乡俗：外甥有理不让舅。他这话我不听，一百个不听。你回去告诉他，他还想我认他舅舅，就应为国家着想，不做为国人耻骂的事。（黎邦农《李鸿章轶事》）

【为人若肯存忠厚，虽不关亲也是亲】

指忠厚者待人厚道，即使没有血缘关系也会像亲人一样对待。

｛例｝王娘思念夫人幼年养育之恩，大哭一场，礼忏追荐。诗曰：数载难忘养育恩，看经礼忏荐夫人。为人若肯存忠厚，虽不关亲也是亲。（《醒世恒言》）

【翁婿相关如父子】

翁：岳父。婿：女婿。指岳父与女婿的关系十分亲密，如同父子。

｛例｝自古云："翁婿相关

如父子。"难道说,下官此去不当心?休间阻,勿争衡,管取此行不误君。(《笔生花》)

【无事世人亲,有事兄弟急】

没事的时候,身边所有的人看上去都很亲近;一旦有了事,还是自家兄弟最着急。指兄弟情谊最为可靠。

{例}孙融妻说得好:"无事世人亲,有事兄弟急。"岂不是有了贤妻方使兄弟无故得成。(《醒世姻缘传》)

【香不过的猪肉,亲不过的娘舅】

指舅舅和外甥关系最亲近,就像猪肉是肉类中最香的一样。

{例}舅舅早在我十二岁那年就离开了人世,离现在已经整整二十个年头。可我总想着舅舅送我上学时的情景,有时禁不住向妈妈念叨。妈妈说:俗话说的,"香不过的猪肉,亲不过的娘舅",你怎会忘了呢!(张平《亲戚》)

提示:也说"最香不过龙肉,最亲不过娘舅"。

【养儿像娘舅,养女像家姑】

指男孩的相貌大多像舅舅,女孩的相貌大多像姑姑。

{例}人都说:"养儿像娘舅,养女像家姑。"可真是一点儿不假。瞧这丫蛋儿,长得多招人稀罕,多像她元英姑姑!(刘亚舟《幸运儿》)

【一表三千里,沾边就是亲】

表:表亲。指表亲的范围很广,沾点边就可以拉上亲戚关系。

{例}凡有姻娅的长辈者,都可称为"姻丈"。常谚道:"一表三千里,沾边就是亲。"由于这些不是直系亲戚,所以更要客气。(钟敬文《中国礼仪全书》)

提示:也说"一表三千里,表到哪里是哪里"。

【一代亲,二代表,三代四代认不到】

表:表亲。与祖父、父亲的

姐妹的子女有亲戚关系的，或与祖母、母亲的兄弟姐妹的子女有亲戚关系的。第一代是亲兄弟姐妹，第二代就是表亲，到了第三代第四代，大多都不认识了。指几代人之后，亲戚关系就越来越远。

｛例｝是一家，但宗支却远得很。"一代亲，二代表，三代四代认不到。"刘仙泽与军长，不过远方宗亲，硬拉嫡亲。（欧阳平《金头颅》）

提示：也说"一代亲，两代表，三代全不晓"。

【一家不成，两家现在】

指即使婚事不成，两家人也不应该成为冤家。

｛例｝列公，你道"两好并一好，爱亲才作亲""一家不成，两家现在"，何至于就糟到如此？（《儿女英雄传》）

【一拃没有四指近】

一拃：张开大拇指和中指两端的距离。一拃的长度没有四指之间的距离近。比喻自己人或亲戚总比外人亲近、可靠。

｛例｝你看一拃没有四指近哪，他们几个磕过头。有这么一句俗话说："亲戚有远近，朋友有厚薄！"（刘林仙等《薛仁贵征东》）

提示：也说"一拃不抵四指近""一尺不如三寸近"。

【遇急思亲戚，临危托故人】

指遇到了危险或困难，只有依靠或托付亲戚朋友帮忙。

｛例｝可不道遇急思亲戚，临危托故人。你若是救出亲生子，便是俺赵家留得这条根。（元·纪君祥《赵氏孤儿》）

【丈母娘疼女婿】

疼：疼爱。指岳母疼爱自己的女儿，自然也就十分疼爱女婿。

｛例｝看我喜欢吃，吃得多，她就高兴。这大概就是人们常说的"丈母娘疼女婿"吧。（陈灼《桥梁》）

【妯娌多了是非多，小姑多了麻烦多】

妯娌：(zhóulǐ)：哥哥的妻子和弟弟的妻子的合称。小姑：丈夫的妹妹。旧指妯娌之间常因为小事发生口角，小姑爱拨弄是非，制造麻烦。

{例}旧话说："妯娌多了是非多，小姑多了麻烦多。"如今风俗虽自有很大改变，但屯子里的姑娘找对象，仍是愿意找林亮这样的光棍汉。（刘亚舟《男婚女嫁》）

六、忠孝忤逆

【百善孝为先】

指在人生所有的善行中，孝敬老人是第一位的。

{例}姑娘你要救叔父是一片孝心，"百善孝为先"，我是情愿帮助你的。可是你要救人，先要自救。（老舍《老张的哲学》）

提示：也说"百善孝当先""百行孝为首""孝为百行之先"。

【半壮小子，气死老子】

指未成年的男孩子尚不成熟，经常会惹父母生气。

{例}二婶子……郑重地说："哎！孩子家，常说，'半壮小子，气死老子'，年轻哩，没受过折磨，大了就好了。"（张雷《变天记》）

【不当家不知柴米贵，不养儿不知父母恩】

不当家主事不知道生活的艰难，不养育儿女不知道父母的恩情。也指不承担责任不知道其中的难处。

{例}左右连忙去问，不一刻回来报告，说老妇人系杨二娥之母杨王氏，由邻里们搀扶着为死去的女儿烧纸钱儿。杨以德听了，感叹一声道："不当家不知柴米贵，不养儿不知父母恩呀。"（刘秉荣《杨三姐告状》）

提示：也说"不当家不知柴米贵""不当家不晓得柴米贵""不当家不知油盐贵"。

【不孝漫烧千束纸，亏心空爇万炉香】

爇（ruò）：燃烧。父母活着的时候不孝顺，去世后即使烧再多的纸钱也没用。告诫人们要孝敬老人。

{例}不孝漫烧千束纸，亏心空爇万炉香。神灵本是正直

做，不受人间枉法赃。(元·无名氏《看钱奴》)

【不孝有三，无后为大】
旧礼教认为男子不能传宗接代是对父母最大的不孝。
{例}古人云："不孝有三，无后为大。"今吾弟壮年无嗣，吾意欲将此二人，奉充下陈，俾荐枕席，尊意若何？(明·吾邱瑞《运甓记》)|不孝有三，无后为大，你就不怕刘家绝户，断了香烟？(刘绍棠《锅伙》)

【不愿金玉富，但愿子孙贤】
指子孙后代品德优秀比家庭富有更宝贵。
{例}愚谓人家子弟之坏，皆由少年时纵容浮闲所致。……语云："不愿金玉富，但愿子孙贤。"意在斯乎？(清·马辉《简通录》)

【慈父教孝子】
指父亲慈爱，教育出来的儿女必定孝顺。
{例}鲁岩认为，罚贝贝重答五十遍考卷，并不为过。慈父教孝子，严师出高徒嘛！(达理《爸爸，我一定回来》)

【慈母多败子，严家无格虏】
格虏：强悍不驯服的奴仆。慈母溺爱儿女往往会导致子女不成才，治家严厉才不会出现骄横的奴仆。指家庭教育和家务管理都应该严格，才能够教育出优秀的孩子和合格的服务人员。
{例}把娟子撵走啦？嗯，这就对喽！不能让她坏了你家门风！"慈母多败子，严家无格虏"啊。(黄伟英《岁月》)
提示：也说"慈母有败子，严家无格虏""慈母多败儿"。

【大丈夫难免妻不贤、子不孝】
指即使是在外面有作为的男子，也免不了会有妻子不贤惠、儿子不孝顺的烦心事。
{例}家贼难防啊！尤其是对自己的妻子往往不存戒心。

也罢，大丈夫难免妻不贤、子不孝！（王汪《古城残夜》）

【当家才知柴米价，养儿方晓父母恩】

当家：管家。当家主事后才知道生活的艰难，生养了儿女后才体会到父母的养育之恩。也比喻只有亲身经历后，才能体验其中的艰难。

{例}那呆子走得辛苦，心内沉吟道："当年行者在日，老和尚要的就有；今日轮到我的身上，诚所谓'当家才知柴米价，养子方晓父母恩'。"（《西游记》）

提示：也说"当家才知柴米贵，养儿方晓父母恩""生儿方知父母恩""养儿方知父母恩"。

【爹娘便是灵山佛，不敬爹娘敬甚人】

灵山：灵鹫山的简称，佛家宝地。指在家孝敬父母远胜于去烧香敬佛。

{例}终日呆坐，徒乱心曲，俗语云："爹娘便是灵山佛，不敬爹娘敬甚人。"言之未毕，僧不觉大哭起来。（明·冯梦龙《三教偶拈·儒》）

【爹养儿小，儿养爹老】

指父母有义务把儿女抚养成人，儿女有义务为父母养老送终。

{例}古人视家为国之本，常作家训之作，以益于国。"爹养儿小，儿养爹老。我养你牙长，你养我牙落。"赡养父母是儿女应尽的义务；"要知父母恩，怀里抱儿孙"。（百度和《借鉴古代家风完美现代家庭》）

提示：也说"我养你牙长，你养我牙落"。

【恶子忤逆不如犬】

忤（wǔ）逆：不孝顺。指不孝顺的儿子连狗都不如。

{例}县老爷见情，气呼呼地言道："可恶，可恶！真是恶子忤逆不如犬。"（宁锐等《公冶长夜断八岔案》）

【儿不嫌母丑，狗不嫌家贫】

儿女不会嫌弃母亲长得丑陋，狗不会嫌弃主人家里贫穷。告诫人无论境遇如何，都不应嫌弃爹娘，忘了本。否则就会连狗都不如。

{例}常言说："儿不嫌母丑，狗不嫌家贫。"用这句话形容石祥对家乡的心情，倒是很合适的。一晃离家三年，冷不丁地踏上家乡的土地，一草一木都感到十分亲切。（张国庆《亲仇》）

提示：也说"儿不嫌母丑，犬不嫌主贫""儿不嫌母丑，狗不厌家贫""子不嫌母丑，狗不嫌家贫""狗不嫌家贫，儿不嫌母丑"。

【儿孝不如媳孝，子贤不如媳贤】

儿子孝顺、懂事不如儿媳孝顺、贤惠。指儿媳妇人品的好坏，是否贤惠，决定了家庭生活是否和睦幸福。

{例}俗话说："儿孝不如媳孝，子贤不如媳贤。"一个优秀贤惠的儿媳妇，是创造一个和谐美满幸福家庭的重要保证。（刘国锋《百善孝为先》）

提示：也说"好儿子莫如好儿媳""儿子孝，不如媳妇孝""子孝不如媳孝"。

【夫孝，德之本也】

指孝顺父母是为人最基本的道德品质。

{例}古人云："百善孝为先""孝为百行首""夫孝，德之本也"。孝顺父母，尊敬老辈，天经地义。（德润《问君能有几多孝》）

【夫有出妻之礼，子无弃母之道】

出妻：休妻。指按照旧礼，丈夫是可以休妻的；但儿子抛弃母亲，没有任何道理，天理也难容。

{例}这日晚间，商彭二人具奏，备言祔葬祔庙所以"体先皇笃夫妇之懿，昭今上全子母之情"，断不可有异识；又谓"夫有出妻之礼，子无弃母之道"，此事关系纲常，不可有失，贻万世讥议。（《西湖二集》）

【父不慈则子不孝】

慈：慈爱。指父亲不关心爱护儿女，儿女也不会孝顺父亲。

{例}常言道："父不慈则子不孝。"广州芳村农民郭玉生和他的儿女们正应验了这句古训。（谭建林《女人啊，你为何手执凶器杀人？》）

提示：也说"父不慈，子不孝"。

【父不慈，子必参商】

参商（shēn shāng）：参和商都是二十八宿之一，两者不会同时在天空中出现，比喻感情不和睦。指父亲不仁慈，父子关系肯定不会和睦。

{例}今老将军媳妇被君欺辱，亲女被君摔死，沉冤无伸；不思为一家骨肉报仇，反解儿子往朝歌受戮。语云："君不正，臣投外国；父不慈，子必参商。"（《封神演义》）

【父不忧心因子孝，家无烦恼为妻贤】

指儿女孝顺，父母便没有忧虑的事；妻子贤惠，丈夫便不会烦恼。

{例}后来杨明回来，问张荣哪去了。满氏还不肯说，怕丈夫知道生气。有这两句话："父不忧心因子孝，家无烦恼为妻贤。"这话一点不错。（《济公全传》）

【父不正子奔他乡】

指父亲品行不好，儿女就会离他而去。

{例}宋天子待杨家怎么样？你扪心自问岂不心伤？常言说，君不正臣投国外，又道是，父不正子投他乡。（郝艳霞《大战黄土坡》）

【父仇不报，枉为人子】

枉：白白地。指儿女替父母报仇，是义不容辞的责任。

{例}古人有言，"父仇不报，枉为人子"。你娃愣住干

啥？快，快上去把他的脑壳砍下来，抱到你爹爹你哥哥的坟前！（克非《山河颂》）

【父母在，不远游】

父母在世，儿女不出远门。旧指儿女应在父母身边尽孝，尽量不要离开。

{例}圣经云："父母在，不远游，游必有方。"你既有父母在堂，……怎么自家在山行走？（《西游记》）

提示：也说"父母在，不远行"。

【孤犊触乳，骄子骂母】

犊：小牛。独生的小牛常会用头顶母牛的乳房，娇惯的孩子不会尊重自己的母亲。指娇惯出来的子女不孝顺，有忤逆行为。

{例}羊元凶恶不孝，其母诣览言元。览呼元，诮责元以子道，与一卷《孝经》，使诵读之。元深改悔，到母床下，谢罪曰："元少孤，为母所骄。谚曰：'孤犊触乳，骄子骂母。'乞今自改。"（《后汉书·仇览传》李贤注引《谢承书》）

提示：也说"孤犊触乳，骄子詈母"（詈lì：骂）。

【惯子不孝，肥田收瘪稻】

惯：溺爱。指过分溺爱的孩子不懂得孝顺父母，就像施肥过多的水田稻谷往往不饱满一样。

{例}心想，替儿子护短，罚先生不是，这是"惯子不孝，肥田收瘪稻"。（刊）

提示：也说"惯儿不孝，惯狗爬灶"。

【棍棒底下出孝子】

指严加管教才能培养出孝顺的儿女，也指对部下管理严格，才能带出过硬的队伍。

{例}如果说爸爸那种"棍棒底下出孝子"的严厉父爱不会使儿沦为纨绔子弟的话，那么妈妈的拳拳慈母之情，则更使儿倍觉人间的温暖。（李存葆《高山下的花环》）|项英亲自找他谈话，他说在游击队时打惯了，

"棍棒底下出孝子",不打不出好兵。(黎汝清《皖南事变》)

提示:也说"棒下出孝子,不打不成才""棒打出孝子,娇惯养逆儿""棍头出孝子,娇养无义儿""棍棒下面出孝子,拳头底下出高徒"。

【行业多,不涨家;儿子多,不养爷】

指经营的种类多了,不容易富裕;儿子多了,互相推诿,谁都不愿赡养父母。

{例}"行业多,不涨家;儿子多,不养爷。"虽多亦奚以为?(胡祖德《沪谚》)

【合家欢,老人安】

指一家人和睦相处,老人才会感到安心快乐。

{例}有言道:"合家欢,老人安。"家庭不仅是老人物质生活的中心,也是精神生活的天地。要使"老人安",必须做到"合家欢"。(王恬波《理解老人,尊重老人》)

【河深海深,最深莫过父母恩】

指父母生养的恩情最为深厚,儿女难以报答。

{例}自古道:"河深海深,最深莫过父母恩!"可有的人,就是倒反天纲,不尽孝悌!(侯树槐《高山春水》)

【皇天不负孝心人】

老大爷不会辜负孝顺父母的人。迷信认为只要对老人尽到孝心,就能够得到好报,他们的愿望也能够实现。

{例}有诗为证:欲收父骨走风尘,千里孤穷一病身。老妪周旋僧作伴,皇天不负孝心人。(《醒世恒言》)

【祭而丰,不如养而薄】

指老人去世后丧事办得再奢侈再风光,也不如老人在世时尽心侍奉。

{例}古人说得好:"祭而丰,不如养而薄。"可叹俺爹娘眼巴巴地望着儿子去作官,得禄养亲,如今儿子选出官来,你两

位老人家只好冥中欢喜了。(赵焕亭《奇侠精忠全传》)

提示:宋·欧阳修《泷冈阡表》:"吾之始归也,汝父免于母丧方逾年,岁时祭祀,则必涕泣曰:'祭而丰,不如养之薄也。'"

【家多孝子亲安乐,国有忠臣世泰平】

亲:父母双亲。指家里有孝子,父母就安康快乐;国家有忠臣,天下就安享太平。

{例}只为严嵩父子恃宠贪虐,罪恶如山,引出一个忠臣来,做出一段奇奇怪怪的事迹,留下一段轰轰烈烈的话柄。一时身死,万古名扬。正是:家多孝子亲安乐,国有忠臣世泰平。(《喻世明言》)

【家贫出孝子】

指穷人家的孩子懂得生活的艰难,知道孝顺父母。

{例}赶他刚懂了点事,就看见天底下数娘最可怜,数娘最亲。家贫出孝子。人们都说他是个大孝子。(刘江《太行风云》)

提示:也说"家贫出孝女""家贫见孝子"。

【家有万石粮,不如生个好儿郎】

指家里再富有,也不如有个孝顺、有出息的儿子。

{例}常言说:"家有万石粮,不如生个好儿郎。"你看人家高家的孩子哪点不好?要人才有人才,要品行有品行,全村里谁不夸奖。(慕湘《晋阳秋》)

【家有一老,黄金活宝】

老人阅历丰富,可以给儿女很多方面的指导;还可以帮忙操持家务,减轻儿女的负担。因此老人是家中的宝贝,应该尊重和善待。

{例}有句老话:"家有一老,黄金活宝。"在这社会大改革的时候,老人的意见不可能都对,但在某些方面仍是"活宝"!(谢觉哉《爱父母》)

提示：也说"家里有一老，炕头坐活宝""家有老，是个宝""家有一老，胜过万宝"。

【尽得忠来难尽孝】

为国家效力就不能常在父母跟前侍奉。指人生忠孝不能两全。

{例}你此去只管把一切力量做你的事，不必惦记家里，不必惦记娘。娘只要你记住一句老话，孩子，"尽得忠来难尽孝"！（田汉《黄金时代》）

提示：也说"尽忠者不能尽孝""尽忠者不能尽孝，尽孝者就不能尽忠""孝义难以两全"。

【尽孝不如尽心】

指孝敬老人只要尽心尽力就好，不在乎表面上的形式。

{例}常言道："尽孝不如尽心。"你心里有你婆婆，何必计较这几天孝服？（鲍昌《庚子风云》）

【敬了父母不怕天，纳了捐税不怕官】

对父母孝敬，就不会遭到报应；交纳了税款，官府就不会找麻烦。指没有做亏心的事，就不用担心害怕出什么不好的事情。

{例}当时我说咱也跟着转移走吧，你偏说"金窝银窝，不如自己的老窝，到哪儿也不如在家好"，还说什么"敬了父母不怕天，纳了捐税不怕官"。你看这老窝蹲着到底怕不怕？（姜树茂《渔岛怒潮》）

【久病无孝子】

指父母长期卧病，就是亲生儿女也会感到烦躁，不能耐心服侍。

{例}俗话说得好，久病无孝子。况且又是这班做长随的人，哪里还有十分有良心的，看见大势不妙，早已这个装病，那个告假，陆续地走了。（《活地狱》）

提示：也说"百日床前无孝子""百天床前无孝子""常病无孝子""久病床前无孝子"。

【母慈悲儿孝顺，娘狠毒儿生分】

指母亲慈爱，儿女就会孝顺；母亲刻薄、狠毒，儿女就会疏远。

｛例｝常言道母慈悲儿孝顺，则为你娘狠毒儿生分，每日家三餐饱饭要腥荤，四季衣换套儿新。（元·贾仲明《对玉梳》）

提示：也说"娘慈悲，女孝顺"。

【妻贤夫祸少，子孝父心宽】

指妻子贤惠，丈夫就不易招惹祸端；儿女孝顺，父母就会感到宽慰。

｛例｝做男子的免不得出外，如何做人？为此恩变为仇，招非揽祸，往往有之。所以古人说得好，道是"妻贤夫祸少，子孝父心宽"。（《喻世明言》）

提示：也说"妻贤夫无祸""妻贤夫祸少""子孝父心宽"。

【前十年看婆婆，后十年看媳妇】

指婆婆对年轻的儿媳体谅包容，婆婆老年后媳妇也会孝顺奉养婆婆。否则就会相反。

｛例｝婆婆在微信里说她想回家，可是，她没法开口。她跟二姨说："前十年看婆婆，后十年看媳妇，需要我的时候我掉链子，等我真的老了怎么办？"（王小毛《"解放"婆婆》）

【亲不在，才知报恩难】

指父母亲去世了，儿女才知道父母的大恩难以报答。告诫人要及时尽孝。

｛例｝亲不在，才知报恩难。每每记忆起自己的母亲，我总想起那一次洗脚。我为自己当时的怕脏难为情，也为自己终于为母亲洗了脚而感到高兴。（马明博《为母亲洗脚》）

【穷人的孩子早当家】

指家境贫寒人家的孩子懂事早，小小年纪就知道为父母分担家务和忧愁。

｛例｝他不可能是一个娇生惯养的孩子，放学回家得帮助父母操持家务，穷人的孩子早当家

呀。(丁玲《一代天骄》)

提示：也说"穷娃懂事早"。

【求忠臣必于孝子之门】

对父母孝顺，才会对君王忠诚。旧指寻找忠臣首先要检验他是否对父母孝顺。

{例}然则结缨公朝者，子道废矣。何见危受命，誓不顾亲，皆名注史笔，事标教首。记注者岂复以不孝为罪。故谚曰："求忠臣必于孝子之门。"明其虽小违于此，而大顺于彼矣。(晋·孙绰《喻道论》)

提示：也说"求忠臣于孝子之门""求忠臣于孝子门外"。

【犬不弃贱主，子不扬父丑】

儿子不会张扬父亲的过错，就像狗不会背叛贫贱的主人一样。告诫人要忠诚，不能做背叛的事情。

{例}黄端白道："犬不弃贱主，子不扬父丑。弘光虽昏愦，乃是我大明国主，臣下理应当对他尽忠守义。"(胡山源等《南明演义》)

【人生百行，孝悌为先】

孝悌(tì)：孝顺父母，敬爱兄长。旧礼认为，孝顺父母，敬爱兄长是人的一生最重要的德行。

{例}但古人云："人生百行，孝悌为先""不孝有三，无后为大"。先母早背，域兆未修。臣弟二人，学业未立。臣三十未娶，五伦之中，乃缺其三。愿赐臣假，暂归乡里。(《醒世恒言》)

提示：也说"人生百行，孝道为先"。

【人生莫大于孝】

指人生的头等大事是要孝敬父母。

{例}人生莫大于孝，这是应当的，如此算来，约用几何？(《龙图耳录》)

【人有养父之孝，鹊有反哺之恩】

反哺：小乌鸦长大后，衔食喂它的母亲。指连乌鹊都知道反哺，人更应该懂得报答父母的养育之恩。

{例} 孩子，古训上说，人有养父之孝，鹊有反哺之恩。今日咱甥舅得以团圆，多亏了德明老哥这十七年给你的养育，你也该敬他老人一杯！（陈定兴《香港之滨》）

【世上难得事，子孝妻贤】

指儿女孝顺，妻子贤惠，是一个家庭中最为难得的事。

{例}〔小净〕我跟姑娘往江西去。〔净〕侄儿，你防范要心专。〔小净〕何须嘱千万？〔同下，末看介〕唉，世上难得事，子孝妻贤。（明·龙子犹《万事足》）

【树欲静而风不止，子欲养而亲不在】

树要静止，风却不停息；儿女想孝敬父母，父母却已经过世。劝诫世人要尽早孝敬父母，以免将来后悔。

{例} 孔子听得皋鱼哭啼，问其故，皋鱼说道："树欲静而风不止，子欲养而亲不在。"（明·高明《琵琶记·书馆悲逢》）

提示：语出汉·韩婴《韩诗外传》："树欲静而风不止，子欲养而亲不待也。"也说"树欲静而风不息，子欲养而亲不待""树欲静而风不宁，子欲养而亲不在"。

【天下无不是的父母】

不是：过失。旧礼教认为，父母总是对的，即使有错，儿女也不应指责、反抗。

{例} 却原来我自有母，死亡已久，无怪后母将我凌贱，爹爹那里得知。又想到，古人云：天下无不是的父母。（《七十二朝人物演义》）

提示："天下无不是的父母，有最对的师傅。"

【为臣要忠，作子要孝】

指作为臣子理当忠于君主；作为儿女理当孝敬父母。

{例} 老爷，小的父母虽已

辞世,祖茔在此,不肯远离,断了祭扫。古人云:为臣要忠,作子要孝。(《施公案》)

提示:也说"为臣要忠,为子要孝""为臣不可不忠,为子不可不孝""有忠忠于圣上,有孝孝于爹娘"。

【贤子不嫌多,顽子不嫌少】

贤子:品行优秀的子女。顽子:顽劣不化的子女。指贤良子弟越多越好,顽劣子弟越少越好。

{例}然养着不受教之子,就是做父母的痛加鞭扑,不少宽恕。逼迫他到伤生的地位,免得留下贻笑之人在父母身上,索也干净。所谓贤子不嫌多,顽子不嫌少。拼为无后人,无挂无烦恼。(《十二笑》)

【小雀要跟老雀飞】

比喻儿女要听父母的话。

{例}"小雀要跟老雀飞。"他翻身起床,胡须翘动着,"一家人,不能起几条心,做父母的还会叫儿女上当?"(李茂荣《人望幸福树望春》)

【孝当竭力,忠则尽命】

竭力:使出所有能力。尽命:献出宝贵生命。指孝敬父母要竭尽全力,效忠国家要不惜献出生命。

{例}天子教宣枢密使童贯,问道:"卿肯领兵收捕梁山泊草寇么?"童贯跪下奏曰:"古人有云:孝当竭力,忠则尽命。臣愿效犬马之劳,以除心腹之患。"(《水浒传》)

【孝顺的便是骨肉】

骨肉:亲生的儿女。指对老人孝敬顺从的人,即使不是老人亲生也像亲生的一样。

{例}只因你我年老,回头并无亲人,则只一子一女,虽非自生,常言道:"孝顺的便是骨肉。"(《醋葫芦》)

【孝顺还生孝顺子，忤逆还生忤逆儿】

忤逆（wǔnì）：不孝顺。指孝顺父母的人，自己的儿女必定孝顺；不孝顺父母的人，自己的儿女也不会孝顺。

{例} 人们常说："莫笑他人老，终须还得老。"关爱老人，实际上就是关爱我们自己。孝顺还生孝顺子，忤逆还生忤逆儿。（德润《问君能有几多孝》）

提示：也说"孝顺定生孝顺子，忤逆还生忤逆儿""孝顺还生孝顺人，忤逆还生忤逆人"。

【孝重千斤，日减一斤】

孝：守孝。为父母守孝虽有千斤重，但随着时间的推移思念也会越来越轻。比喻有些事情时间长了，就会渐渐地被遗忘。

{例} 初时满生心中怀着鬼胎，还虑他有时到来。喜得那边也绝无音耗，俗语云："孝重千斤，日减一斤。"满生日远一日，竟自忘怀了。（《二刻拍案惊奇》）

【羊羔知道跪乳，乌鸦知道反哺】

跪乳：跪着吃奶。反哺：小乌鸦长大后，衔食喂其母。指动物都知道报答父母的养育之恩，为人子女更应该懂得孝敬老人。

{例} "羊羔知道跪乳，乌鸦知道反哺"，我关林是人，不是牲口，我是吃娘的奶长大的。（路一《赤夜》）

提示：也说"乌有反哺之义，羊有跪乳之恩""乌鸦知反哺，羊有跪乳情""羊羔跪乳，乌鸦反哺""羊羔有跪乳之情，乌鸦有反哺之恩"。

【养儿防老，积谷防饥】

旧指养育儿女是为了年老时有人赡养，就像积蓄粮食是为了灾荒年不会挨饿一样。

{例} 秀兰看他不作声，就继续影影绰绰地说，大有责备他不负责任的意思。"人家都说，养儿防老，积谷防饥。可你使他老人家感到伤心！"（白危《垦荒曲》）

提示：也说"积谷防饥，

养儿防老""养儿待老，积谷防饥""养小防老，积谷防饥""种豆防饥，养儿防老"。

【养儿能代老，女婿是门楣】

门楣：本指门框上端的横木，后代指能光大门第的女婿。旧指儿子能为父母养老送终，优秀的女婿也能为家族争光。

｛例｝从今子母镇相随，不向东风怨别离。自古养儿能代老，应知女婿是门楣。（明·张四维《双烈记》）

【养小防备老，栽树要阴凉】

旧指养育儿女是为老了以后有人赡养，就像栽树是为了乘凉一样。

｛例｝则俺这受苦的糟糠，卖儿呵也会将咱拦挡，俺可什么养小防备老，栽树要阴凉？（元·无名氏《看钱奴》）

提示：也说"养儿防老病，栽树取凉遮""养儿防备老，栽树望阴凉"。

【养子方知娘生受】

指自己生养了儿女，才能体会到母亲养育的艰辛。

｛例｝养子方知娘生受，各自思前后，哥哥心狠毒，嫂嫂不仁，暗使机谋苦逼我再招夫，闪得我——似丧家狗。（明·无名氏《白兔记》）

【要知父母恩，怀里抱儿孙】

指自己有了儿孙，才能体会到父母的养育之恩。

｛例｝民间有句俗话，叫作"要知父母恩，怀里抱儿孙"。老人的今天，就是中青年人的明天。自己今天不赡养老人，将来子女们也就很可能不赡养你，这是个很简单的道理。（陈旭《"依法养老"是人性的悲哀》）

提示：也说"要知父母恩，怀里抱子孙"。

【一个儿子怕断根，三个儿子爹娘没处蹲】

养育一个独生子害怕他发生意外断了香火，而养的儿子多了却会互相推卸责任,都不愿赡养年迈的父母。指父母养育儿女不容易,指望儿女孝顺更为不易。

{例}我算看透了。儿子富也好,穷也好,人老珠黄不得了!一个儿子怕断根,三个儿子爹娘没处蹲。(方之《浪头与石头》)

【一亩地有场好,人到八十有娘好】

场:农村用来晾晒粮食的场地。指耕地再少也需要有晾晒粮食的场地,年纪再大也需要有母亲的慰藉。

{例}记得从前妈妈说过一句话:"一亩地有场好,人到八十有娘好。"现在我深深地体会到了这句话。一个人不管你命运如何不幸,如何心力交瘁、百病缠身,只要回到母亲身边,你的灵魂就能得到安慰,你就是一个幸福的人。(风满袖《人到八十有娘好》)

【一孝立,万善从】

连父母都不孝顺的人,不可能有善良的心。指孝顺是善良的根基。

{例}下过乡、当过兵的曲兰总结老三届命运:"……要让子女把我们当回事,就得从小培养它的承担意识。"曲兰有意灌输儿子《孝经》"始于事亲,中于事君,终于立身""一孝立,万善从""求忠臣于孝子门外"。(李颜春《老父老母的生存报告》)

【一心为老娘,羊肠小道也宽广】

指要真心想孝敬老人,再大的困难也能克服。

{例}俗话说:"一心为老娘,羊肠小道也宽广;一心为钱财,就是大道也过不来。"你们哥俩不要怕,慢慢上来吧。(刊)

【有儿靠儿,无儿靠婿】

指有儿子就依靠儿子养老送终,没有儿子就指靠女婿。

{例}姐夫,你在我家这等会做买卖,就是你父亲在东京知道,他也心安,我也得托了。

常言道："有儿靠儿，无儿靠婿。"（《金瓶梅》）

【有明白儿子，不如有明白媳妇】

指儿子做不了媳妇的主，媳妇通情达理，家庭就和睦。

｛例｝常言道，有那明白儿子，不如有那明白媳妇。儿媳妇这样通情达理，郑柱银在夜空里长长地吁出一口气来，不那么憋闷得慌了。（赵新《庄稼观点·水到渠成》）

【有钱难买子孙贤】

钱再多也换不来儿孙的贤德。指后代的品行优秀比万贯家财更重要。

｛例｝人心不足蛇吞象，世事到头螳捕蝉。无药可延卿相寿，有钱难买子孙贤。甘贫守分随缘时，便是逍遥自在仙。（元·无名氏《冤家债主》）

【与其身后哭又叫，不如生前常尽孝】

父母活着的时候多孝顺，强过父母去世后痛哭哀嚎。告诫人一定要趁父母健在时及时行孝。

｛例｝老辈们有句俗话，叫作"身后供酒千万盅，何曾一滴进嘴中？""与其身后哭又叫，不如生前常尽孝。"因此，生前尽孝是实，死后"尽孝"为虚。（吴文平《尽孝心要实实在在》）

【崽卖爷田心不痛】

崽（zǎi）：方言，儿子。爷：父亲。儿孙变卖父辈的产业不知心疼。指后人没有经历过创业的艰苦，就不会珍惜前人留下的基业。

｛例｝彭德怀将军刚直不阿，铁骨铮铮，光明磊落，坚持真理，敢于批评李德在军事上的瞎指挥，导致红军的严重损失，是"崽卖爷田心不痛"！（张帆《长城内外》）

提示：也说"崽卖爷田不心疼""崽花爷钱不心疼""子用父钱心不疼"。

【在家敬父母，何用远烧香】

指孝敬父母是最大的善行，无须再到远处去烧香拜佛。

｛例｝从来说得好："在家敬父母，何用远烧香！"人生在世，除了父母这两尊佛，那里再寻佛去？（《儿女英雄传》）

提示：也说"远烧香不如敬父母""在家敬父母，何必远烧香"。

【只有痴心的父母，难得孝敬的儿郎】

指父母抚养子女竭尽全力，而真心孝敬父母的子女却很少。

｛例｝常言道："只有痴心的父母，难得孝敬的儿郎。"复生如今也是三十多岁的人了，你在这里为他着急，还不知他在那里怎么开心作乐呢！（任光椿《戊戌喋血记》）

【指儿不养老，指地不打粮】

一心依靠儿子养老，愿望有可能落空，就像一心侍弄田地，却没有获得丰收一样。指人不能把希望全部寄托在某一方面，应有其他的打算，做多种准备。

｛例｝俗话说："指儿不养老，指地不打粮。"咱们不能死心眼，趁早找别的门路，要等到秋就晚了。（毕方等《千重浪》）

【忠君孝亲，一世名节】

旧指忠于君主、孝敬父母，是人应当保护一世的名誉和坚守终生的节操。

｛例｝自古道："忠君孝亲，此乃人一世之名节也。尔等自后以忠孝存心，自有上天照察。"（报）

【忠孝的享荣昌；叛逆的受灾殃】

指忠臣孝子会得到报答，家族昌盛；叛贼逆子应该受到惩罚，遭受灾祸。

｛例｝常言道："忠孝的享荣昌；叛逆的受灾殃。"这的是断大义施纲纪，正人伦训典常。（明·无名氏《四马投唐》）

【种禾得稻，敬老得宝】

种下禾苗，就会收获稻米；尊敬长者，就能得到各种宝贵的经验。

｛例｝俗话说："种禾得稻，敬老得宝。"年轻人应当把敬老当作一种美德，在敬中学，在学中得，以便尽快地充实和提高自己。（程立言《敬老院巡礼》）

【种坏了庄稼急不饱，养错了儿女急到老】

庄稼没收成，着急的是一年吃不饱饭；儿女没教育好，父母一辈子都要为他们操心、着急。

｛例｝乡下俗话："种坏了庄稼急不饱，养错了儿女急到老。"他们这大年纪，着急的事情多得很啊，把我们的事说穿，叫他们又加一急。（刊）

提示：也说"种田不着一年荒，养子不好一世荒"。

【种田不熟不如荒，养儿不肖不如无】

不肖：品行不好。指种田没有收成，不如不种，让田地荒芜；儿女品行不好，不如没有。

｛例｝过善被官府断了，怎敢不依。只得逐一清楚，心中愈加痛恨。倒以儿子死在他乡为乐，全无思念之意。正是：种田不熟不如荒，养儿不肖不如无。（《醒世恒言》）

【子不言父过，臣不彰君恶】

旧指儿子不谈论父亲的过错，大臣不宣扬国君的丑恶。

｛例｝臣闻"子不言父过，臣不彰君恶"。故父有诤子，君有诤臣。只闻以德而感君，未闻以下而伐上者。（《封神演义》）

提示：也说"忠臣不言君昏，孝子不言父过""子不言父过，臣不语君戮"。

【子孙不如我，要钱做什么；子孙胜于我，要钱做什么】

子孙不肖，留给他们财产会很快挥霍掉；子孙能干，自己会创造财富。指没有必要给子孙后代留遗产。

{例}"子孙不如我,要钱做什么;子孙胜于我,要钱做什么。"足以唤醒守财奴。(胡祖德《沪谚》)

【子孝双亲乐,家和万事成】

指儿女孝顺,父母就心情舒畅;家庭和睦,事事就能顺利圆满。

{例}不幸生妻早逝,只有一女,年方十八,欲招王十朋为婿,以继百年。自愧再婚姚氏,幸喜此女能侍父母。正是:子孝双亲乐,家和万事成。(明·柯丹邱《荆钗记》)

七、邻里乡亲

【百金买房，千金买邻】

指选择好的邻居比购买好的住房更重要。

{例} 马达是诚心实意和我结为邻居的。古人说，百金买房，千金买邻，足见择邻睦邻的重要性。（孙犁《悼画家马达》）

提示：此语出自《南史·吕僧珍传》："初，宋季雅罢南康郡，市宅居僧珍侧。僧珍问宅价，曰：'一千一百万。'怪其贵。季雅曰：'一百万买宅，千万买邻。'"此谚古时多用，也说"百金买屋，千金买邻""百万买宅，千万买邻""千金买房，万金买邻""千金买邻，八百买舍"。

【不念故乡生处好，受恩深处亲骨肉】

指人不能只惦念故乡的人，外面碰到的任何有恩于自己的人都是亲人。

{例}〔鲍老催〕归期未卜，位居首座心诚服，名登齿录情坚笃。衣锦绣，食膏粱，无拘束，况家题反句非良俗。他不念故乡生处好，受恩深处亲骨肉。（明·李素甫《元宵闹》）

【丑不丑一合手，亲不亲当乡人】

一合手：两手相合。手长得不好看，双手合起来就看不见了。指同乡人在外相见，即便不曾相识也觉得很亲近。

{例} 老兵在黑影里，把手巴掌一拍，说："嘿！咱算是他乡遇故知，我就是冯大狗，论乡亲辈你还得叫我哥哥。来，丑不丑一合手，亲不亲当乡人！我就是愿听你们说个话儿，昨天晚上跟那位同学谈得可入窍哩！"（梁斌《红旗谱》）

提示：也说"丑不丑，一伙手；亲不亲，当乡人""丑不丑，一窝手；亲不亲，一家人"。

【打不断的亲，骂不断的邻】

指亲戚邻里之间，经常会有矛盾，但不会因此结仇而断绝往来。

{例}八戒道："没事！没事！我们与他亲家礼道的，他便不好生怪。常言道：'打不断的亲，骂不断的邻。'大家耍子，怕他怎的？"（《西游记》）

提示：也说"割不断的亲，打不断的邻""割不断的亲，离不开的邻"。

【大事瞒不了庄乡，小事昧不了邻居】

庄乡：同村的乡亲。昧：瞒。指自家有什么事瞒不了街坊四邻。

{例}"大事瞒不了庄乡，小事昧不了邻居。"谁家存粮缺粮，老街坊都摸个七成八脉的。（郭澄清《大刀记》）

提示：也说"大事瞒不了乡亲，小事昧不了邻居"。

【非宅是卜，唯邻是卜】

卜：占卜，古代用龟、蓍等，后世用铜钱等推断祸福。这里指占卜选择居地。指占卜选择宅基地，并不仅仅是选择居住地，更重要的是选择好邻居。

{例}及晏子如晋，公更其宅。反，则成矣。既拜，乃毁之，而为里室，皆如其旧。则使宅人反之，曰："谚曰：'非宅是卜，唯邻是卜。'二三子先卜邻矣。违卜不祥。君子不犯非礼，小人不犯不祥，古之制也。吾敢违诸乎？"卒复其旧宅。（《左传·昭公三年》）

【父子不和家不旺，邻里不和是非多】

父子和睦家业才能兴旺，邻里和睦才不会生出是非。指家庭、邻里之间和睦相处非常重要。

{例}大队长言之有理！古书上说："和为贵，忍为高""父子不和家不旺，邻里不和是非多"。（侯树槐《高山春水》）

【富贵不压乡里】

压：欺压。指人再有地位和

权势，也不能欺压自己的乡亲。

　　{例}廷秀道："赵昂，富贵不压乡里。你便做得这蚂蚁官儿，就是这等轻薄！我好意做出戏儿贺你，反恁般无理。"（《醒世恒言》）

【狗不嫌家贫，人不嫌地薄】

　　地薄：土地不肥沃。指土地再贫瘠，当地人也不会嫌弃；就像主人家再贫穷，所养的狗也不会离开一样。

　　{例}人常说：狗不嫌家贫，人不嫌地薄。咋坏个去处，谁也爱自己家乡。（刘江《太行风云》）

【瓜儿恋秧，孩儿恋娘】

　　比喻长期在外的人对故乡或久居过的地方总是非常留恋。

　　{例}他微笑着谢绝了我的邀请，说他想先到天安门去看看，因为他告别金水桥已经二十一年了。我理解他"瓜儿恋秧，孩儿恋娘"的心情，欣然和他一起前往天安门去了。（从维熙《泥泞·尾声》）

【官大不压乡邻】

　　指即使官职再高，也不能在乡亲邻居面前耍威风。

　　{例}小严同志，平时你是懂道理的，这回不是故意叫我为难吗？老话说，官大不压乡邻，我咋能开口向人家要车呢？（苏群《风雨编辑窗》）

　　提示：也说"官大一品，不压乡党"。

【官坐一品，也不可忘了当乡之人】

　　一品：古时级别最高的官。指官职再高也不能忘记和怠慢家乡的父老乡亲。

　　{例}走吧伙计，官坐一品，也不可忘了当乡之人嘛，你算几品？不就是个乡长？（李智《乡下不过星期天》）

【好汉子怕遇见老街坊】

　　指街坊邻居最了解一个人的底细。

　　{例}你是保窦建德呀，

窦建德死的时候你在哪儿哪？一出洛阳北门，连招呼不打你就溜号啦！嘿！"好汉子怕遇见老街坊"，你敢说没有这回事儿吗？（陈荫荣等《兴唐后传》）

提示：也说"好朋友怕陈街坊"。

【好墙维持好邻居】

指邻里之间要保持一定的距离，互不侵犯隐私，才能相处长久。

{例}人常说的："好墙维持好邻居"，这话一点不错。邻居也好，亲朋也好，固然要彼此照料，但必须有个界限，有个距离，这样才能保持长久的关系。（刊）

【狐死正首丘】

首：头。丘：山丘。古代传说狐狸临死时，头总朝着它出生的丘穴。比喻人不管走到哪里都不会忘了生养自己的地方。

{例}大公封于营丘，比及五世，皆反葬于周。君子曰："乐，乐其所自生；礼，不忘其本。"古之人有言曰："狐死正首丘"，仁也。（《礼记·檀弓上》）

提示：也说"狐死必首丘""狐死首丘，豹死首山""狐死首丘，代马依风""鸟飞返乡，狐死首丘"。

【黄金难买乡邻情】

指乡亲邻里之间的情谊最珍贵，再多的金钱也买不到。

{例}人帮人，心贴心，难中相助暖如春，莫道世间黄金贵，黄金难买乡邻情。（黄士元《嘻队长》）

【家穷有口锅，人穷不离窝】

家里再穷，也有做饭的锅，人再穷也不愿离开自己的家。指人对故土非常留恋，不会轻易离开。

{例}"要想办法，尽量让老百姓自愿上山。"……（聂罗）带着几分轻蔑的口吻说："哼，自愿？'家穷有口锅，人穷不离窝。'我看你办去。"（张行《武陵山下》）

【家乡的山坡不嫌陡】

指人总是热爱自己的家乡，即使条件再艰苦也不会嫌弃。

｛例｝五巧一回家乡，大家发现她变化很大……俗话说："家乡的山坡不嫌陡""金窝银窝，及不上自己的草窝"。（李纳《刺绣者的花》）

【家有患难，邻里相助】

指一家有了灾难，邻里、乡亲都会来帮忙。

｛例｝常言道："家有患难，邻里相助。"因拙夫不听人言，把着正经家事儿不理，只在外信着人，成日不着家；今日只当吃人暗算，弄出这等事来。……奴没奈何，请将大官人来，央及大官人，把他不要提起罢。（《金瓶梅》）

提示：也说"家有患难，邻保相助"。

【家有黄金，外有戥秤】

戥（děng）秤：戥子，旧时测定贵重物品或药品重量的器具。指自己有多少钱财，邻里知道得最清楚。

｛例｝东山坞的底子我最清楚，家有黄金，外有戥秤；谁家过日子，家里一本账，左邻右舍也有一本账，光闹哄就行吗？（浩然《艳阳天》）

提示：也说"家有黄金外有秤，家眷邻居天天称""家有多少钱，四邻有戥盘""家有千金石，外有百杆秤""家有黄金，外有戥子"。

【交必择友，居必择邻】

指交朋友一定要看人品，住家一定要选择好邻居。

｛例｝交必择友，居必择邻。你骂他却不要紧，倘若邻居人家知道，岂不是淘气？（《玉燕姻缘全传》）

提示：也说"居必择邻，交必择友"。

【揭底就怕老乡亲】

指街坊邻里最了解底细，在他们面前无法隐瞒事实。

{例}你说你没有现大洋?有句俗话:"揭底就怕老乡亲。"茅公岛人,哪一个不知道,仇国础向来不存钞票,专存现大洋和金条?(曲波《桥隆飙》)

【金窝银窝,不如自己的穷窝儿】

外面再好,再富裕,也比不上自己的穷家舒坦。指人依恋旧土故居,舍不得离开。

{例}出什么外呀,外头给你撂着金子哩?撂着银子哩?即便撂着金子银子,金窝银窝不如自己的穷窝儿呀。(梁斌《红旗谱》)

提示:也说"金窝银窝,比不上家乡的穷窝""金窝银窝,不及自家的草窝""金窝银窝,不如自己的鸡窝""金窝窝,银窝窝,不如自个儿的土窝窝"。

【金乡邻,胜于银亲眷】

指好的街坊邻居时时互相帮助,胜过不怎么来往的亲戚。

{例}从此以后,我们便是近邻了。俗语道的好:"金乡邻,胜于银亲眷。"我们小夫妇无知无识,一切都要你老成人指教。(程瞻庐《唐祝文周四杰传》)

提示:也说"金乡邻,银亲眷"。

【近人不说远话】

指彼此亲近的人说话应该直爽,不必客气绕弯子。

{例}咱们近人不说远话,互助组里,鱼帮水,水帮鱼,山依岭,岭依山,年轻人照顾你们上岁数的老人,是应该的。(李英儒《上一代人》)

【久住邻居为一族】

指邻居相处时间长了就像家人一样亲近。

{例}谢什么呢?"久住邻居为一族",大难临头,总该互相有个照应,今后又不是不见面了。(鲍昌《庚子风云》)

【老乡见老乡,两眼泪汪汪】

指身在异乡碰到家乡的人,

会感到非常亲热和激动。

{例}我和顾伟的父母见了面。应了一句老话：老乡见老乡，两眼泪汪汪。顾伟的妈妈拉住我的手，还未说出话来，眼圈已红了。（汪一新《"虎口"伸出黑枪》）

提示：也说"老乡见老乡，眼睛泪汪汪"。

【梁园虽好，不是久恋之家】

梁园：西汉梁孝王所建的东苑，园林规模宏大，故址在今河南省开封市东南。指外乡再好，毕竟不是自己安身之处，不能久居。

{例}宋四公思量道："梁园虽好，不是久恋之家。"连更彻夜，走归郑州去。（《喻世明言》）

提示：也说"长安虽好，不是久恋之乡""梁园虽好，不是久恋之乡""梁园虽好，决非久留之所""梁园虽好，终非久居之地""他乡虽好，终非久留之地""扬州虽好，不是久恋之乡"。

【邻居好，赛金宝】

指邻里之间和睦相处，比拥有多少金钱都珍贵。

{例}你瞧，巷子有八十公分宽，就归你家，还能派上用场。你现在升技术员了，高人一等，就大仁大德，成全了我吧，我一辈子都不忘你的恩典，嘻嘻，远亲不如近邻，邻居好，赛金宝。（姜滇《拥抱生活·杨湾轶事》）

提示：也说"邻居好，胜金宝""邻居好，一片宝""乡邻好，赛金宝"。

【邻居一杆秤，街坊千面镜】

指街坊邻居住得久了，对彼此的情况都很了解，相互评价也都非常到位。

{例}这三个老叟，负曦闲谈，正是"邻居一杆秤，街坊千面镜"，都说绍闻是个老实人。（《歧路灯》）

提示：也说"邻居眼睛两面镜，街坊心头一杆秤"。

【瞒天瞒地,瞒不了隔壁邻居】

指左邻右舍和自己家距离最近,家里有什么秘密都会被邻居知晓。

{例} 小三子一时答不上话,山雀子又进一步追问:"你说呀!怎么变成哑巴了?人家说,瞒天瞒地,瞒不了隔壁邻居,你倒瞒起同床夫妻来了!"(罗旋《南国烽烟》)

【美不美,故乡水;亲不亲,故乡人】

指对于远离家乡的人来说,故乡的一切都是美好的。

{例} 我们久居国外,尽管家资雄厚,锦衣美食,终究是"身在异乡为异客",不如在祖国的怀抱里温暖。俗话说:"美不美,故乡水;亲不亲,故乡人。"这次我回祖国,每天都像生活在蜜糖里。(叶永烈《并蒂莲》)

提示:也说"美不美,乡中水;亲不亲,故乡人""美不美,泉中水;亲不亲,故乡邻""亲不亲,故乡人;美不美,乡中水""甜不甜,家乡水;亲不亲,故乡人"。

【哪里黄土不埋人】

什么地方的黄土都能掩埋离世之人。指只要能生存下去,在哪儿待一辈子都无所谓。

{例} 凡人生天地间,各有一定的造化,儿女不能替死。纵然千思万想,也难逃幽灵之鬼。无儿女也不过如此,哪里黄土不埋人,你今太多此一举。(《施公案》)

提示:也说"何处黄土不埋人"。

【宁恋本乡一捻土,莫爱他乡万两金】

一捻土:像捻子样的一点儿土。劝人不要贪恋外面的荣华富贵,要及早返回家乡。

{例} 日久年深,山遥路远,御弟可进此酒:宁恋本乡一捻土,莫爱他乡万两金。(《西游记》)

【宁恼远亲，不恼近邻】

宁愿得罪远方的亲戚，也不能得罪邻里街坊。指和邻里和睦相处十分重要。

{例}处世之道，俱宜如此，而族邻尤要；族邻一有嫌隙，即不至仇怨相寻不了，朝夕出门相见，何以为情？语云："宁恼远亲，不恼近邻。"甚言邻之不可不睦也。（清·马辉《简通录》）

【贫不串亲，富不串邻】

串亲：到亲戚家走动。穷人不去走访亲戚，富人不去拜访邻里，以免引起不必要的猜忌。旧指穷人不宜和富户多交往。

{例}在旧社会人与人之间的交往很注意选择性，如果贫富不一，就要考虑如何不让人猜忌。俗语说的"贫不串亲，富不串邻"就反映了这种交际习俗。（肖业炎《民俗大通书·交际民俗篇》）

【贫穷患难，亲戚相救；婚姻死丧，邻里相助】

指在遇到困难和需要帮忙时，邻里、亲戚要相互关照。

{例}自古道："贫穷患难，亲戚相救；婚姻死丧，邻里相助。"同乡共井，平日皆以恩信相结，凡有欠缺，老身自能理会。（明·邵璨《香囊记》）

【千年治山，万年治邻】

治：治理，引申为维护。指做邻居的时间很长，需要长期维护。

{例}俗语云："千年治山，万年治邻。"这辈子是邻居，那辈子投生变马还同备一个鞍子呢！（王中文《忠义梦》）

【亲帮亲，邻帮邻，和尚维护出家人】

指亲戚、邻里及朋友、同行之间，要互相关照、互相帮助。

{例}俗话说："亲帮亲，邻帮邻，和尚维护出家人。"日后，但有烦难处，只管告知小

侄。力所能及，一定帮助。（顾汶光等《天国恨》）

提示：也说"亲帮亲，邻帮邻，和尚顾的是出家人""亲帮亲，邻帮邻，土地爷帮的是灶爷神""亲为亲，邻为邻，关二爷为的是蒲州人""亲帮亲，邻帮邻，富帮富，贫帮贫"。

【亲不亲，老乡亲，打断骨头连着筋】

指同乡之间有很深的感情，难以断绝。

｛例｝俗话说，亲不亲，老乡亲，打断骨头连着筋。哥儿们给我玩命干，我就得保他们家家都吃上烙饼摊鸡蛋。（赵大年《紫墙》）

【亲不亲，是近邻】

指不管相处得好不好，都要看在近邻的情分上去帮忙。

｛例｝俗话说得好："亲不亲，是近邻。"我这一阵子是实在没有办法，才向你讨几个钱开销。（俞天白等《钟声》）

【亲戚不如邻】

指邻居住得近，能随时互相关照，比远处的亲戚还顶用。

｛例｝〔老旦扮王婆上〕慌忙来送别，亲戚不如邻。〔见科〕林官人，老身家下适有些小勾当，来送迟了。三钱银子，与官人路途中沽壶酒儿。〔生〕多谢邻母。（明·陈与郊《灵宝刀》）

【亲为亲好，邻为邻安】

指亲戚、邻里之间，都希望彼此越过越好。

｛例｝不是这样说，满姑娘，老话说得好："亲为亲好，邻为邻安。"我有个吉凶，你做老妹的，也不忍心在一旁光看输赢吧？（周立波《山乡巨变》）

提示：也说"亲巴亲好，邻盼邻强""亲望亲好，邻望邻好"。

【亲有远近，邻有里外】

指亲戚和邻居都有亲有疏，不可能都一样。

{例}"舅!"欢喜他妈说,"亲有远近,邻有里外嘛。你怎不寻俺?你糟踏外姓旁人怎说呢?"(柳青《创业史》)

【穷家难舍,故土难离】

故土:故乡。指人对家乡或故居感情深厚,即使再穷再差,也舍不得离开。

{例}俗话说:"穷家难舍,故土难离。"住了将近二十年的房子生生地抛了,到饲养处去溜房檐儿,怎能不叫人伤心!(刘德珠《假鲁班与真木匠》)

提示:也说"穷家难舍,热土难离""穷家难舍,熟土难离""穷家难离,熟土难舍"。

【穷找穷亲,富找富邻】

指穷人有了困难只能投奔穷亲戚,富人只愿意与富人为邻。

{例}姑妈!穷找穷亲,富找富邻。我们在马家沟实在是过不下去了,寻思龙家寨好歹是个镇子,请木匠做工的兴许多些,就带着全家大小找你老人家来

了。(马忆湘《朝阳花》)

【穷知亲,苦知近,又穷又苦是亲人】

指穷苦人处境相似,能像亲人一样相互同情、互相帮助。

{例}打得半死,吊了一夜,声都不哼,除了你!穷知亲,苦知近,又穷又苦是亲人。(秦兆阳《大地》)

【人不离乡,鸟不离枝】

指人不愿离开家乡,就像鸟儿不愿意离开树枝一样。

{例}老乡们整天东跑西颠也不是个长法,常说:"人不离乡,鸟不离枝。"水流千遭得归大海,树叶还得落到树底下。(李英儒《战斗在滹沱河上》)

【人不亲土亲,河不亲水亲】

指同乡人即使不相熟,感情上也觉得亲近。

{例}俗话说:"人不亲土亲,河不亲水亲。"都是邻家邻舍,一出门就见面,胳膊肘折了

总要袖子盖，事情已做到了这步天地，大家商量着办吧，怎么着好就怎么着来。（马烽等《吕梁英雄传》）

提示：也说"人不亲土亲，心不热血热""人不亲乡土亲，乡土不亲义气亲"。

【人不亲艺亲，艺不亲刀柄亲】

艺：指武艺。指同是练武的人，彼此应该相互关照。

{例} 头一刀不还手，念咱们都是武圣人的门生，常言说："人不亲艺亲，艺不亲刀柄亲""一笔写不出两个武来"。咱是一家人，因此让你一刀。（段少舫等《朱元璋演义》）

提示：也说"人不亲艺亲，艺不亲刀把子亲""人不亲艺亲，艺不亲祖师爷亲"。

【人不知亲穷知亲，人不知近穷知近】

指人在贫困中才知道谁最亲近。

{例} 问我为啥要卖牛相助啊，嘿嘿！俗话说得好，"人不知亲穷知亲，人不知近穷知近"，穷人都是一路人哪。（肖玉《战火催春》）

提示：也说"人不知亲穷知亲，心不知近苦知近""人不知近穷知近，穷人都是一家人"。

【人靠朋友树靠根，人不亲来土还亲】

指人的一生离不开朋友、乡亲们的互相帮助和关照。

{例} 好大姐，你莫歪莫凶吵！常言道：人靠朋友树靠根，人不亲来土还亲。如今，阿鲁迪背时了，要遭大难，请你帮帮忙。（周肖《梅腊月》）

【人挪活，树挪死】

人换个生活环境，也许会活得更好，树离开原地却成活率很低。指人适应能力、生存能力很强，应该外出闯荡，求得更好的生存空间。

{例} 是这个劲！常言说得好："人挪活，树挪死"，闯闯

荡荡活着才有生气儿！（冯苓植《叛逆者》二）

提示：也说"人离原地活，树离原地死"。

【三千银子兵，杀不得邻里情】

即使再有钱，也不能不顾邻里间的情义。指有权有势的人也不能不顾及邻里之情。

｛例｝那有钱的，只是恭恭敬敬，有酒有食，一凡骂来不开口，打来不动手，这才叫做好；若有一样事不周到，便道你把银子来压制我。可知道"三千银子兵，杀不得邻里情"。贼发火起，也要邻舍的，不独此也。（《快心编》）

【是灰比土热，是盐比酱咸】

比喻只要沾亲带故，就比平常人的感情深。

｛例｝老战友们都围上来看着，低下头，一声不响，偷偷地饮泣。是灰比着土热，是盐比着酱咸，他们想尽可能为老战友分担一点创痛。（梁斌《播火记》）

提示：也说"是灰就比土热""是盐总比酱咸"。

【是亲必顾，是邻必护】

是亲戚就要照顾；是邻居就要帮助。指对亲戚朋友、乡亲邻居照顾庇护是人之本能。

｛例｝无巧不成书嘛。自古道："是亲必顾，是邻必护，沾亲带故，暗中相助。"令伍女婿的命，给你保下来了不是！（许思言《石桥惊驾》）

【熟人好说话】

好说话：容易商量、通融。指熟识的人之间容易沟通，也好彼此照应。

｛例｝韩老六趁这机会叫他去："你来我这儿，小郭，熟人好说话。我家劳金多，活轻。你要多少，给你多少。"（周立波《暴风骤雨》）

提示：也说"熟人好办事"。

【熟人面前无瞎话】

瞎话：假话。指熟人之间不

能说假话,因为互相最知根底,说假话容易被揭穿。

{例} 没想到这个曾在金绣教过三年书的穷老师,会随解放军一块来。这不等于说,解放军对自己是有所了解的吗?熟人面前无瞎话,言谈千万不能露破绽。(张熙等《瑶山密林》)

【树高千丈,叶落归根】

树长得再高,叶也要落到长根的土地上。比喻人走得再远,也不会忘记故乡。也指客居他乡的人终究要回到故乡。

{例} 不瞒众位客官说,小老儿姓萨,原是本地人氏,自幼在外做生意,儿子媳妇都死了,心想树高千丈,叶落归根,这才带了这孙女儿回故乡来。(金庸《笑傲江湖》)

提示:也说"树高千尺,叶落归根""树高千丈叶归根""万丈高树,落叶归根""叶落归根,人老还乡"。

【水流千里归大海】

水流再长,也要回归大海。比喻人即使走到天涯海角,最终也要回归故乡。也比喻事物千变万化,总要回归到根本上。

{例} 庄稼人离不开土地家屋啊,这里藏藏,那里躲躲,像那没娘的孩儿。水流千里归大海,树叶落在树底下,飘来飘去,还得飘回来,守着田园才能过日子。(梁斌《烽烟图》)

提示:也说"水流千里,终归大海""水流千遭归大海,树老叶落要归根""水流千转归大海,树叶早晚要归根""水流千遭,绕回大海"。

【水是故乡甜,月是故乡明】

指远离家乡的人思念故乡,觉得故乡的一切都十分美好,任何地方都比不上。

{例} 人常说:"水是故乡甜,月是故乡明。"臣妾离家进宫两三年了,乡音阻绝,父母近体如何,乡亲日子过得怎样,十分惦念。(林如求《梅妃与莆仙戏》)

【偷食瞒不得牙齿，做贼瞒不过乡里】

指做了坏事总会留下痕迹，瞒不过经常见面的街坊邻居。

｛例｝县官曰："时语云：偷食瞒不得牙齿，做贼瞒不过乡里。不动刑，怎肯实话！"（《闽都别记》）

【土居三十载，无有不亲人】

在一个地方住久了，左邻右舍都像家人一样亲近。指长时间的密切接触，能消除人和人之间的隔膜。

｛例｝老夫在这山里，多住了几年，正是"土居三十载，无有不亲人"。这些庄户，不是舍亲，就是敝友。（《警世通言》）

【外乡酒，不如故乡水】

指在别处得到再好的招待，也不如家乡人对自己情意深厚。

｛例｝"外乡酒，不如故乡水。"我回去，极不济还是尚书阿舅，谁不奉承。在此谁来理我。就是贝公子与我费嘴，我去求姐夫，姐姐也要看顾我三分。（《麟儿报》）

【毋卜其居，而卜其邻舍】

毋：不要。卜：占卜。占卜选择住宅，主要不是选择好的房子，而是选择好的邻居。指有好的邻居比有好的居住地更重要。

｛例｝晏子使楚，景公为毁其邻以益其宅，晏子反，闻之，待于郊，……晏子对曰："先人有言曰：'毋卜其居，而卜其邻舍。'"（《晏子春秋·内篇杂下》）

【乡邻亲，斤换斤，少一两也不亲】

指邻里乡亲相处，互有来往，不能在金钱礼数上亏欠别人。

｛例｝他喘着气说："什么胡说？乡邻亲，斤换斤，少一两也不亲。要人传句好，一世苦到老。我就要牵他的牛。"（姚鼎生《土地诗篇》）

【乡亲对待乡里好，乡里必定爱乡亲】

指同乡人互相之间只要真诚

相待，就能互助互爱。

｛例｝自古道："乡亲对待乡里好，乡里必定爱乡亲。"不是我李广夸大话，管叫娘娘出火坑。（《山西地方戏曲·出庆阳》）

【泄底儿怕老乡】

泄底：泄漏了秘密。指任何事情都瞒不住知道根底的老乡亲。

｛例｝俗话说，"泄底儿怕老乡"，要是他把童男童女陪葬的事儿到处这么一嚷嚷，谁肯把活蹦乱跳的孩子送进坟墓里去呀？（吴越《括苍山恩仇记》）

提示：也说"泄底要算老乡亲""泄底就怕老乡亲"。

【行要好伴，住要好邻】

指旅行时要有好的旅伴；居家过日子要有好的邻居。

｛例｝她还惦念着悦嫂，总说："行要好伴，住要好邻。"（高云览《小城春秋》）

【雁飞千里也恋亲】

比喻人走得再远也忘不了家乡的亲人。

｛例｝昆黛也用同样的方式说："快告诉爸爸，雁飞千里也恋亲啊！"（张笑天《永宁碑》）

【燕飞千里总归窝】

燕子飞得再远，也要回到自己的巢穴。比喻人不管离家多远，最终总要回归故乡。

｛例｝"你说那活着的家伙，真会去找游击队吗？"彭团长笑了笑："有道是燕飞千里总归窝嘛，怎么，不放心？"（童升平《彭德怀同志的故事》）

【一家有事百家忙】

指邻里关系密切，一家有了事，大家都会过来帮忙。

｛例｝僧曰："如何是迦叶不闻闻？"师曰："聩人徒侧耳。"问："古人道：见色便见心，诸法无形，将何所见？"师曰："一家有事百家忙。"（宋·普济《五灯会元》）

【一家有事，众邻分忧】

指一家有困难，四方邻居都会来分担忧愁。

【例】他向众乡亲说："一家有事，众邻分忧。单指望着遭难的人家是不行的，如今只有大家一齐出力，才能把钱凑出来！"（张孟良《儿女风尘记》）

提示：也说"一家有事，四邻不安""一家有事百家忧"。

【有好篱笆才有好邻居】

指保持一定距离和界限，才有利于处理好邻里关系。

【例】"有好篱笆才有好邻居"，中国的发展并非与军事绝缘，对于一个正以积极的姿态融入世界并迅速发展、深受世界影响并深刻影响着世界的发展中大国，中国的进一步发展和强大离不开军事力量之"盾"。（杜岗《论中国和平发展中的军事力量需求》）

提示：也说"有好篱笆就有好邻居""有好篱笆才有好邻居"。

【远亲不如近邻】

亲戚再好，也不能像邻居随时帮忙。指邻里之间更便于互相关照。

【例】咱们一个屯子的人，抬头不见低头见，平日都是你兄我弟的，日子长远了，彼此有些言语不周、照应不到的地方也是有的，那也是咱哥俩自己家里的事，你这么吵吵，看外人笑话。常言道"远亲不如近邻"哩。（周立波《暴风骤雨》）

提示：也说"好亲不如近邻，近邻不如对门""远亲不如近邻，街坊不如对门""远亲近邻，不如对门""远亲不如一屯，一屯不如近邻"。

【月是故乡明，人是故人亲】

指人对故乡最依恋，对乡亲和旧时朋友的感情最深厚。

【例】"月是故乡明，人是故人亲啊！"吴钧慨叹一声，"想当年，咱俩常常头并头睡在院里；院里风大没有蚊子咬，整宿半夜地掏心窝子呀！"（刘绍

棠《鱼菱风景》）

提示：也说"月是故乡明，人是乡党亲"。

【知底莫过当乡人】

当乡：同乡。指同乡最了解彼此的底细，什么事情也隐瞒不住。

{例}"知底莫过当乡人。"这回你还有什么可说的？你纵然有千条妙计瞒得过老夫，但你却瞒不过刘石桥。（段少舫《呼延庆出世》）

提示：也说"知底莫如老乡亲""做事瞒不过当乡人"。

【做贼难瞒乡里，心事难瞒妻子】

指任何事情都瞒不了熟悉自己的人。劝人做事要光明磊落。

{例}我的眼睛是爱克司光，看穿你的五脏六腑。做贼难瞒乡里，心事难瞒妻子，对吗？（姚鼎生《土地诗篇》）

八、朋友情谊

【白发故人稀】

白发：老年人。故人：老朋友。指人到晚年，老朋友留在世上的会越来越少。

{例}军师，唐家十路总管，闲的闲，病的病，死的死，如今止有军师和老汉，俺一班儿白发故人稀。（元·杨梓《敬德不伏老》）

【白头如新，倾盖如故】

倾盖：路上停车，车盖稍微倾斜。相识多年的人因话语不投，就像刚认识一样；路上偶遇的人，因志趣相投如同老朋友一般。指人与人相知，不在时间长短，而在志趣能否一致。

{例}古人言有白头如新，倾盖如故，悠悠我心，思君良深。明日回拜，祈勿拒人于千里之外也。（金庸《神雕侠侣》）

提示：也说"白发如新，倾盖如旧""白头而新，倾盖而故""白头如新，交盖如旧"。

【傍生不如傍熟】

傍：依靠，靠近。依靠陌生人不如依靠熟人。指人在心理上总认为熟人办事更为可靠。

{例}子春冷笑道："你好痴心妄想！那个老儿生死若何？贫富若何？怎么还望他赠银子。只是我那夫妇还是肺腑骨肉，到底割不断的。常言'傍生不如傍熟'。我如今没奈何，只得还至长安去，求那亲眷。"（《醒世恒言》）

【不打不成相识】

指双方若不是经历过某种冲突或交锋，增进了相互了解，就不会成为朋友。

{例}镇元子却又安排蔬酒，与行者结为兄弟。这才是不打不成相识，两家合了一家。（《西游记》）

提示：也说"不打不成交""不打不相识，不斗不相熟""不骂不成朋友，不打不出交情"。

【不结子花休要种，无义之人不可交】

劝人不要结交不讲信义和没有情义的人，就像不要栽种不能结籽的花儿一样。

｛例｝家中平安儿小厮，又偷盗出解当库头面，在南瓦子里宿娼。被吴驿丞拿住，痛刑拷打，教他指攀月娘与玳安有奸，要罗织月娘出官，恩将仇报。此系后事，表过不提。正是：不结子花休要种，无义之人不可交。（《金瓶梅》）

提示：也说"不结子花休要采，无义之人切莫交""无义人不可交，不结果花休要种"。

【不是知音话不投】

知音：有共同语言的人。指不是知心的人，说话不投机。

｛例｝你道我不是知音话不投，只去把九域志闲穷究。翻惹动你一点乡心泪暗流，滴满了征衫袖。（元·范子安《竹叶舟》）

提示：也说"不是知音难共鸣"。

【不知其君视其所使，不知其子视其所友】

指人总是和同类型的人聚集在一起的，看臣子的表现就可以了解到君主的好坏，观朋友的行为也可以了解到这个人的品行。

｛例｝赵禹曰："臣闻之，将门之下必有交类。传曰：'不知其君视其所使，不知其子视其所友。'今有诏举将军舍人者，欲以观将军而能得贤者文武之士也。今徒取富人子上之，又无智略，如木偶人衣之绮绣耳，将奈之何？"（《史记·田叔传》）

提示：语出《荀子·性恶》："传曰：'不知其君视其所使，不知其子视其所友。'靡而已矣，靡而已矣。"也说"不知其子视其友，不知其君视其左右""不知其人，观其友""不知其人，视其友"。

【茶越泡越浓，人情越交越厚】

指人与人之间的交往就像泡的茶水一样，时间越长越浓厚。

｛例｝"茶越泡越浓，人情越交越厚。"你们把俺从冰窟窿里拉出来，成全了一家子人，叫我长了见识，多咱也忘不了这份深情厚意。（李英儒《还我河山》）

【春风满面皆朋友，欲觅知音难上难】

看起来朋友热热闹闹有很多，真正知心的却很少。指人生知己难求。

｛例｝摔碎瑶琴凤尾寒，子期不在对谁弹！春风满面皆朋友，欲觅知音难上难。（《警世通言》）

【打出来的朋友，杀出来的交情】

指只有经过磨难和斗争考验的友情，才真挚可靠。

｛例｝我开朗地笑道："指挥长，别难过，人总会有个偶然的失错。差一点，越差一点，才越巧妙；越差一点，才越有味道。不是吗？从此咱们朋友相处不是更有滋味吗？用你的话说：'打出来的朋友，杀出来的交情。'"（曲波《桥隆飙》）

【打墙不如修路】

打墙：砌墙，比喻结怨。修路：比喻疏通人际关系。劝人不要与人结怨，而要广交朋友。

｛例｝我说姓马的，你不就是要钱么？我们带的一千多两银子都存在账房。算我们倒霉，都送了你，你带银子滚蛋，我们各自走路。你知道，打墙不如修路，保不住有一日你上西市，刚好我是刽子手，伙计给你做漂亮点，怎么样？（二月河《雍正皇帝》）

【淡淡长流水，酽酽不到头】

酽（yàn）：浓烈。指人与人交往，平淡温和才能持久，过于亲密浓烈反而不能久长。

｛例｝自古常言："淡淡长流水，酽酽不到头。"你今日不听我的话，尔后必要发悔！（高培支《夺锦楼》）

【得意夫妻欣永守，负心朋友怕重逢】

得意：称心如意。欣：欣喜。指相爱的夫妻愿意永远相伴，而背叛友情的人就怕与朋友再次相逢。

｛例｝可见正人做官，到重来时欢声遍野，若是小人，只得唾骂由其唾骂了。穿补衣的人，何可不惧！也可悟"得意夫妻欣永守，负心朋友怕重逢"这句俗谚，人世偶侣，作如是观也可。（《歧路灯》）

【多个朋友多条路，少个对头少堵墙】

朋友多，得到的帮助就多，冤家对头多，做事情障碍就多。指要广交朋友，少结冤仇。

｛例｝他在江湖上混过，并不相信义气，但是很懂得"多个朋友多条路，少个对头少堵墙"的道理。（凌力《星星草》）

提示：也说"多个朋友多条路，多个冤家多堵墙""多交个朋友多一条路，多得罪个人多一堵墙""一个朋友一条路，一个冤家一堵山"。

【多年的交情，火炭儿热】

指朋友相处久了，感情会越来越深，越来越亲。

｛例｝"隔年的衣裳隔夜的饭，我们的交情早就凉了，你看他爱答不理的！""多年的交情，火炭儿热，有个凉呀？"刘福笑着在肉架子上割下一块臀尖来，递给俗儿。（孙犁《风云初记》）

【恩爱的夫妻，患难的朋友】

指人世间夫妻的感情最恩爱，在患难中结识的朋友感情最深。

｛例｝谅来是个旧家子弟。此人纵非剑客，定是一条好汉，如今流落异乡。我何不结识他，

做个朋友？常言道：恩爱的夫妻，患难的朋友。（《七剑十三侠》）

【夫妻面前莫说真，朋友面前莫说假】

指即使是夫妻，有些事情也是不能说的；但在真正的朋友面前，却应该袒露心扉，没有任何隐瞒。

｛例｝〔外〕他欺小弟也罢了，你与他是何等交情，也不该瞒你做事。〔小生〕怪道他那一日慌慌张张，忽然收拾回去，原来是为此。自古道："夫妻面前莫说真，朋友面前莫说假。"他把这两句话竟倒行而逆施了。（清·李渔《意中缘》）

提示：也说"朋友面前莫说假""朋友面前不说假，夫妻面前不说真"。

【富贵不忘贫贱友，身荣敢弃糟糠妻】

糟糠：酒糟、米糠等，借指患难之妻。指有钱有势后不能忘记贫贱时所交的朋友，地位高了也不能抛弃共过患难的妻子。

｛例｝别卿数载，裘葛四更。幸借福荫，博得一官……古人云：富贵不忘贫贱友，身荣敢弃糟糠妻？特遣海雄来家迎接。幸即随同到任，俾得一酬杵臼之劳，亦少慰夫妻之意。（《大红袍全传》）

【富贵多士，贫贱寡友】

士：封建时代称读书人。寡：少。指世态炎凉。富贵时，来结交的人就多；贫穷时，朋友就少了。

｛例｝生者必有死，物之必至也；富贵多士，贫贱寡友，事之固然也。（《史记·孟尝君列传》）

【富贵者送人以财，仁人者送人以言】

仁人：能热心助人的人。指有钱的人，用钱财和人交往；仁人君子，用善言和人交往。

｛例｝辞去，而老子送之

曰:"吾闻'富贵者送人以财,仁人者送人以言'。吾不能富贵,窃仁人之号,送子以言,曰:聪明深察而近于死者,好议人者也。博辩广大危其身者,发人之恶者也。为人子者毋以有己,为人臣者毋以有己。"(《史记·孔子世家》)

【故人何处不相逢】

指老朋友总有重逢的时候。

｛例｝只因这个人来寻他,有分教:史弘肇发迹变泰。这来底人姓甚名谁?正是:两脚无凭寰海内,故人何处不相逢。(《喻世明言》)

【故人相见,喜上眉梢】

形容老朋友相见,非常高兴。

｛例｝自古道:"故人相见,喜上眉梢。"大爷可待门下去谈讲谈讲,自然有趣。(《争春园》)

【海深不为深,友情第一深】

比喻朋友之间的友谊比大海还深。

｛例｝钱万利说:"海深不为深,友情第一深嘛!为人虚虚假假的不够朋友,咱一见面,我就知你这人很实在。"(姜树茂《渔港之春》)

【合意客来心不厌,知音人听话偏长】

合意:符合心意。指志趣相投的朋友到来,共同语言很多,时间再长也不会生厌。

｛例｝子期让伯牙上坐。伯牙从其言。换了杯箸,子期下席。兄弟相称,彼此谈心叙话。正是:合意客来心不厌,知音人听话偏长。(《警世通言》)

提示:也说"合意友来情不厌,知心人至话相投"。

【画皮容易画骨难,交友容易交心难】

指一般结交朋友很容易,而找到知心朋友却很难,就像作画时画人外表很容易,而画出人的内心就很难一样。

{例} 你老人家想安生度过晚年，女儿也想为国家为人民做点好事啊！但是，常言道："画皮容易画骨难，交友容易交心难。"只恐怕，还得千方百计搞好群众关系吧！（周肖《梅腊月》）

【还债容易还情难】

金钱债容易还，人情债难还。指人情重于金钱。

{例} 张雨大哈哈大笑，回敬道："还债容易还情难哪！你我就不必客气吧。"（高晓声《水底障碍》）

【患难见人心】

指只有共同经历艰苦的环境，才能看出人的真心。

{例} 一回又一回，这样的小事积累起来，深深地感动了清石夫妇，"患难见人心"，他们觉得这位酱菜店青年职工心实在好，就把他看作朋友。（卢群等《心曲》）

提示：也说"患难见人心，生死辨忠奸""患难知人心"。

【患难朋友，艰苦夫妻】

指共患难中建立起来的友谊最牢固，共同经历艰苦生活的夫妻感情最深。

{例} 周学美对陈希这个身份似乎有点意外，不过听到他是主动要求参加读书会的，心里还是很高兴的，俗话说："患难朋友，艰苦夫妻。"（陈定兴《香港之滨》）

【患难之交不可忘】

指共同经过艰难困苦的朋友，永远都不能忘记。

{例} 自古道：患难之交不可忘。那些勤劳善良的姚浜乡亲，在我落难时，给了我迫切需要的关怀与生活下去的力量。（刊）

【患难之交朝朝有，酒肉朋友一世无】

指人要结交能同甘共苦一生的挚友，而不要结交短暂的酒肉朋友。

{例}本斋叔说得好，咱们都是练拳院的，应该是患难之交朝朝有，酒肉朋友一世无。（马国超等《马本斋》）

【患难知朋友】

　　指在危难之中，才能看出谁是真正的朋友。

　　{例}忽然，他想起"患难知朋友"这句古话。赵毅的影子马上浮现在眼前。他与赵毅有患难之交，准会助他一臂之力。他决定马上去找赵毅。（姜树茂《渔港之春》）

　　提示：也说"患难中见朋友""患难见真交""患难见知己""患难见知交，烈火见真金"。

【伙计好搁，知音难寻】

　　指在一起随意相处容易，互相交心却很难。

　　{例}可惜你，咱俩好了一回，也跟我这么支支吾吾，行啦！我今天才知道，伙计好搁，知音难寻。（许俊选《金牛奇传》）

【即使住在河边，也不能和鳄鱼交朋友】

　　比喻即使处于污秽复杂的环境中，也决不能和坏人交往。

　　{例}谚语说："即使住在河边，也不能和鳄鱼交朋友。"我是不是交上了鳄鱼呢？呼和巴特尔自问自己。（张长弓《漠南魂》）

【交遍天下友，知心有几人】

　　结交的朋友虽然多，但真正知己却很少。指能结交知心朋友非常不易。

　　{例}姜氏说："智贤弟，也不枉你寨主哥哥喜爱交友。交遍天下友，知心有几人？你是钟氏门中大大的恩人。请上，应受为嫂一礼才是。"（《小五义》）

　　提示：也说"交游满天下，知交有几人""交友满天下，知心有几人""朋友遍天下，知己能几人"。

【交不择人，终须有失】

　　指结交朋友不看人品，不选择合适对象，最终会吃亏。

{例} 或又劝道:"交不择人,终须有失。一毫不错,天大祸端。"(《包公案》)

【交情似水淡长浓】

指人与人交往平淡温和,没有利害冲突,关系就能维持长久。

{例} 靡不有初鲜克终,交情似水淡长浓。自古人无千日好,果然花无摘下红。(《金瓶梅》)

【交人不疑,疑人不交】

决定与人交往就不要怀疑人家;如果有怀疑,就不要与其交往。指与朋友相处要实诚大度,不能随便怀疑猜忌。

{例} 你要知道与朋友相交,要以信义为本,"交人不疑,疑人不交",切不可旁生猜忌,更不要妄加诽难。(赵博《梁山小将传》)

【交人交心,浇花浇根】

指朋友之间要坦诚相待,发自内心,就像浇花要浇到花的根部一样。

{例} 我比不了张大帅,只要委任给我个旅长,我就心满意足,交人交心,浇花浇根。今天,我"老北风"把心里的真心话都掏出来了。(马加《北国风云录》)

提示:也说"交人交心,浇树浇根""浇树浇根,交人交心""浇花要浇根,交人要交心"。

【叫化子也有三个穷朋友】

叫化子:乞丐。指再穷困潦倒的人也会有几个好朋友。泛指不论什么人都会有朋友。

{例} 俗话说:叫化子也有三个穷朋友。李甲子虽然是个瞎子,可是他会说山南海北,为人也正直,赤杨岗一般穷人喜欢他。(李凖《黄河东流去》)

提示:也说"叫化子还有三个穷朋友"。

【节令不到,不知冷暖;人不相处,不知厚薄】

节令:某个节气的气候和物

候。不到某个节气,不知道气候的冷暖;不打交道,不知道人的品行。指只有和人深入相处后才能了解其品行。

{例} 人常说,节令不到,不知冷暖;人不相处,不知厚薄。你不信我的话,一打听有新就知道。(刘江《太行风云》)

【结得人缘好,不怕出门难】

指喜欢交朋友的人,到哪儿都会有人帮忙。

{例} "结得人缘好,不怕出门难。"心灵手巧的黄余福通味得很,遇上官府卫兵总是赶忙卸下担,揭开盖布,把每种豆腐都拿出若干,递上前。(刊)

【结交须胜己,亚己不须交】

交朋友要结交胜过自己的人,不如自己的,没必要交往。指交朋友要慎重选择,不能随意交往。

{例} 龙阳县罗承仔,平生为人轻薄,不尊法度,多结朋伴,家中房舍宽大,开场赌博,收入头钱,惯作保头,代人典当借贷,门下常有败坏猖狂之士出入,往来早夜不一。人或劝道:"结交须胜己,亚己不须交。"(《包公案》)

提示:也说"结交须胜己,似我不如无"。

【结君子千年有义,交小人转眼无情】

君子:品德高尚的人。指与君子交往情义长久,与小人交往很快就会断绝关系。

{例} 生成一副横牛相的黄昆山,甚至出言不逊,朝地上啐一口:"妈的!这算啥子?真是'结君子千年有义,交小人转眼无情'!"(克非《山河颂》)

【经霜的甘蔗分外甜】

经过霜打后的甘蔗特别甜。比喻经受了磨难的感情更加纯洁和真挚。

{例} 他停了停,低头问:"周伯伯,他们会幸福么?"周仁杰说:"人们常说:'经霜的

甘蔗分外甜'呀！"（陈国凯《代价》）

【酒逢知己千杯少，话不投机半句多】

千：概数，形容多。半句：形容少。与知心朋友一起饮酒，再多也还嫌少；和不喜欢的人交谈，说半句话也觉得多了。指饮酒交谈，要情投意合才能畅快。

｛例｝陈亮一听这些话，一语未发。这就是酒逢知己千杯少，话不投机半句多。次日也未告辞，他自己离家，却另有一个主意。（《济公全传》）

提示：也说"得遇知心千杯少，话不投机半句多""人逢知己千盅少，话不投机半句多""人逢知己千语少，话不投机半句多"。

【酒肉弟兄千个有，落难之中无一人】

建立在酒肉关系上的朋友，平常称兄道弟看上去有很多，但遇到危难时却没有一个来帮忙。指酒肉朋友靠不住。

｛例｝平时酒杯往来，如见若弟，一遇巨大的事，才有些利害相关，便尔我不相顾了。真个是："酒肉朋友千个有，落难之中无一人。"（《喻世明言》）

提示：也说"酒肉兄弟千个有，急难之时一个无""酒食朋友朝朝有，急难之中无一人""酒肉弟兄多多有，落难之中半个无"。

【酒肉朋友短，患难夫妻长】

指靠吃吃喝喝交的朋友不会长久，共过患难的夫妻才会感情深厚，恩爱长久。

｛例｝何枫见太平哭了，忙蹲在身旁耐心劝慰，说道："酒肉朋友短，患难夫妻长。人生在世，哪都是那么顺利的。我看这仅仅是个开头，往后，为难的事儿还多着呢。哭是哭不出办法的。"（张皖《三姊妹》）

【君知我则报君，友知我则报友】

得到君王的了解、重用，

就忠心报效君王；得到朋友的理解、欣赏，就全力帮助朋友。指得到谁的理解、信任和赏识，就尽全力报答谁。

{例} 常言道得好："君知我则报君，友知我则报友。"大丈夫处世要磊磊落落，恩怨分明，不可龌龌龊龊，拘持小节。(《绿野仙踪》)

【困境识朋友，烈火辨真金】

指在困难的环境中才能知道谁是真正的朋友，在艰苦的磨炼中才能分辨出谁的品德高尚，意志顽强。

{例} 困境识朋友，烈火辨真金。两次与霍士龙相遇，都足以表明此人品格高尚，对他的命运怎能漠不关心呢？(周毅如《耍狮人传奇》)

【两斗皆仇，两和皆友】

发生矛盾时，如果双方互不相让，便会结下冤仇；如果双方都谦让，便能成为朋友。指人与人之间要和睦相处，不要争斗。

{例} 依我看，咱们都不要动手。常言道：两斗皆仇，两和皆友。都是乡亲近邻，何必大动肝火，伤了和气呢？(王瑞玉《翻身锄奸记》)

【龙交龙，凤交凤，老鼠的朋友会打洞】

比喻什么样的人就找什么样的人做朋友。

{例} 不听说话不看做事，看他交往的人，也可以知道一个人。……中国的古话说得简单：不知其人观其友。我们山里人，有句俗话说，龙交龙，凤交凤，老鼠的朋友会打洞。(李英儒《女游击队长》)

提示：也说"龙交龙，凤交凤，耗子的朋友会打洞""龙交龙，凤交凤，瞎眼的找哑聋""龙交龙，凤交凤，跛脚驴配的是破槽桶"。

【马逢伯乐方知价，人遇知音自吐心】

伯乐：春秋时秦国人，善于

相马。骏马遇上伯乐才体现出自身的价值,人碰到知音才会说出心里话。指人在知己面前,才会打消顾虑,袒露心声。

【例】这小厮方才欢喜道:"……哥可怜见兄弟父母双亡,只身独自,看顾指引我小兄弟,莫说做兄弟,便执鞭坠镫,咱也甘心。"便向地下拜倒来。马逢伯乐方知价,人遇知音自吐心。(《隋史遗文》)

【莫交空心苇,要交实心蕉】

比喻交朋友就要交忠诚可靠的,不交虚情假意的。

【例】谢什么。常言说,莫交空心苇,要交实心蕉。朋友间,说帮忙就要帮真忙嘛!(叶文玲《水》)

【南北一家,兄弟一堂】

指南方和北方都是祖国的疆土,各族人民就像兄弟一样亲密和睦。

【例】谚有云:"南北一家,兄弟一堂。"虽二十二行省,虽蒙古、西藏,通是兄弟一堂也。(黄兴《在天津国民党支部欢迎会上的演说》)

【宁穿朋友衣,不戏朋友妻】

和朋友要好,可以随意穿朋友的衣服,但绝不能对朋友妻子有丝毫不敬。指关系再好,也要敬重朋友的妻子,不能有任何失礼的言行。

【例】大哥饮酒吃醉了,王姑娘今晚三更会他,要是不去,岂不将王姑娘好心亏了吗?待我替他前去。不成话了,人常说:"宁穿朋友衣,不戏朋友妻"。这是个啥,我不去了。(刊)

提示:也说"宁穿朋友衣,不占朋友妻""硬穿朋友衣,不占朋友妻"。

【朋友不打不成交,夫妻不打不算好】

指无论是朋友还是夫妻,只有经过矛盾冲突的考验,彼此间才会更加了解,相互的感情才能更加深厚。

{例} 按照我们对待离婚案的常规，除去情况特殊之外，一般是尽力说服双方言归于好。朋友不打不成交，夫妻不打不算好。世界上怎么会有解不开的疙瘩。（冯骥才《在两个问号之间》）

提示：也说"朋友不打不成交"。

【朋友多的人，像草原一样辽阔；朋友少的人，像手掌一样狭窄】

指朋友多，帮忙、出主意的人就多，道路就宽广；朋友少，帮忙的人就少，道路就狭窄。

{例} 领导者在阐述道理、协调关系时，用上一些带有地方特色的亲切的谚语，远远胜过空洞的政治说教，且生动形象。如"朋友多的人，像草原一样辽阔；朋友少的人，像手掌一样狭窄""只要功夫到，奶茶自然开""人在和蔼的话前屈服，马在柔嫩的草地上打滚"，等等。（梁国藩等《领导语言艺术实用全书》）

【朋友归朋友，生意归生意】

指即使是朋友，在生意场上也不能讲客气，该怎么做就怎么做。

{例} 我很尊敬这位罗教授，也希望将来有机会能和他认识，但是贵国有一句话叫"朋友归朋友，生意归生意"，既然罗教授一时还凑不起钱，那么这幅画就应该卖给出得起钱的人，陈掌柜，你我可以成交了，我出三千元。（都梁《狼烟北平》）

【朋友来了有美酒，野兽来了有猎刀】

指人爱憎分明，对朋友热情招待，对敌人坚决打击。

{例} 老人说道："莫慌，还是那句话，朋友来了有美酒，野兽来了有猎刀！……看看动静再说。"（贾非《冰雪摇篮》）

提示：也说"朋友来了有好酒，豺狼来了有猎枪"。

【朋友莫交财，交财仁义绝】

指朋友间交往不能涉及钱财，否则就会导致情义断绝。

{例}只为一点贪心,不肯还债,结成天大冤仇,因此仗义疏财的人遇此等事,也就不敢慷慨了。宁可善辞,不可信真。也只为人心太险,全忘了那初心,只记着这后怨。俗话说得好:"朋友莫交财,交财仁义绝。"(《金屋梦》)

【朋友妻,不可欺】

戏:调戏。指对朋友的妻子要尊重,不可打坏主意。

{例}你太对不起朋友了,太不讲道德了。古话说得好:朋友妻,不可欺。你竟敢在我家里对我老婆这样无礼!(周而复《上海的早晨》)

提示:也说"朋友妻,不可戏""朋友妻,不可嬉""朋友妻,不可欺;朋友妾,不可窃"。

【朋友是个宝,多个朋友多条道】

指朋友多了得到的帮助就多,遇到困难,出主意想办法的人就多。

{例}它容易使双方产生心理上的认同感,从而为交往与合作创造良好的人际环境。在这个意义上说,确实是"朋友是个宝,多个朋友多条道"。(曹荣《胡雪岩绝学》)

【朋友万言难识知己,结冤仅须片言只语】

指从诸多话语中也难辨认出一个知己,但一句不好的话就能使双方结怨。

{例}汉钟离冷笑一声说:"仙长信口开河,夸下海口。俗语说:'朋友万言难识知己,结冤仅须片言只语。'吾等神仙重于修身养性,还不如快快归去吧。"(施愚如等《八仙过海,各显神通》)

【朋友相交,贵在知心】

指朋友之间交往,贵在真心相待,坦诚相见。

{例}郭襄见无色脸上神色为难,知他寺中必有要事,说道:"老禅师,朋友相交,贵在知心,这些俗礼算得了什么?"

（金庸《倚天屠龙记》）

提示：也说"人之相知，贵在知心"。

【朋友有通财之义】

通财：互通财物。指朋友间在困难时候，有互相帮助钱财的情义。

｛例｝自古朋友有通财之义。区区微数，何足挂齿！兄肯笑纳，足见对弟尚不见外。说一个感谢的字，就显得俗气了。（姚雪垠《李自成》）

提示：也说"朋友有通财之谊"。

【朋友有责善之道】

责善：劝勉从善。指朋友之间有互相劝勉向善的责任。

｛例｝古人云：朋友有责善之道。俺须相个得便机会，把几句言语讥讽点省他迷途，也是俺佛门相处之情。（《禅真逸史》）

提示：语出《孟子·离娄下》："夫章子，子父责善而不相遇也。责善，朋友之道也。父子责善，贼恩之大者。"也说"朋友道，在责善"。

【朋友越多越好，冤家越少越好】

指人应该多交朋友，少结冤仇。

｛例｝诺阿浦木梭，你们怎么不能跟阿侯家走一条路？俗话说："篱笆牢靠要钉桩，冤家打赢要人帮。""朋友越多越好，冤家越少越好。""没有家族是孤独，没有亲戚是寡人。"你忘记这些话了？（李乔《破晓的山野》）

提示：也说"朋友千个少，冤家一个多""朋友一千个不嫌多，仇人一个不嫌少""一百个朋友嫌少，一个仇人嫌多"。

【朋友之间不言利】

指朋友之间不能计较金钱利益。

｛例｝这您就见外了，咱们是朋友嘛，朋友之间不言利，陆某的为人，日子长了您就明白了。（都梁《狼烟北平》）

【朋友之间不言谢】

指朋友之间互相帮助是应该的,不必太客气。

｛例｝好吧！朋友之间不言谢,这个情我领了。（陈国凯《工厂姑娘》）

提示：也说"情真不言谢"。

【骗朋友只有一次,害自己却是终身】

欺骗朋友哪怕只有一次,也会永远失去朋友的信任。指友谊想长久,就不能欺骗朋友。

｛例｝谚语说："骗朋友只有一次,害自己却是终身。"即使朋友马上反应慢点,过后也会醒悟。所以说,人太精明了反而不好,聪明反被聪明误。（张爱香《交友贵在长久》）

【贫贱见交情】

指在贫穷困苦的时候,最能看出朋友是否有真情。

｛例｝一日定交,不以权势易念,真乃贫贱见交情。（《三刻拍案惊奇》）

提示：也说"贫贱识真交,患难见真情"。

【千金难买朋友情】

再多的金钱也买不到朋友的真挚感情。指朋友之间的情谊最为珍贵。

｛例｝我看你最乐的事不是当官,只求旧日兄弟能聚头,千金难买朋友情,其他都不在你心里。（姚鼎生《土地诗篇》）

【千金难买意相投】

指人与人之间情意相投比金钱更可贵。

｛例｝现在家里情况好,和金大娘亲如一家,和龙老伯也不断见面。我们常见常喜欢,千金难买意相投。（李英儒《女游击队长》）

【千金易得,知音难求】

知音：比喻知己。人生在世,黄金容易得到,知心朋友难以碰到。指知心朋友比再多的金钱都更为珍贵。

{例}你我果然不谋而合，真是英雄所见略同。常言道，人生千金易得，知音难求呵！（房群等《剑与盾》）

提示：据《列子·汤问》记载：有个叫伯牙的人善弹琴，有个叫钟子期的人善听弹。伯牙弹出描绘高山的曲调时，钟子期就说："峨峨兮若泰山。"弹出描绘流水的曲调时，钟子期就说："洋洋兮若江河。"钟子期死后，伯牙便摔琴不再弹琴。后来就用"知音"表示理解自己的人。也说"千两黄金容易得，人间知己最难寻""千金易得，知己难逢""万两黄金好买，世上知己难求""万两黄金容易得，知心一个也难求"。

【千两黄金不卖道，十字街头送故交】

道：道路。故交：老朋友。外人给多少钱也舍不得卖，而要留着送给老朋友。指对老朋友情深义重，再贵重的东西也舍得相送。

{例}二先生，您要瞧着上眼，我童丁丁就把这套本领孝敬您，保您三天练成，十天上场，还不用丢了老婆打光棍。我说的是真格，不是打哈哈，谁叫咱俩是宾东呢！这叫千两黄金不卖道，十字街头送故交。（欧阳平《雾都血雨》）

【清茶胜酒，友谊更久】

指君子交往，以茶代酒，友谊更纯洁长久。

{例}回到接待室，周总理又亲自端上一杯刚泡好的绝品龙井名茶，热情而风趣地说："我国有句俗语：'清茶胜酒，友谊更久。'"（莫高《周总理赠茶基辛格》）

【取友必须端，休将戏谑看】

取友：交友。戏谑（xuè）：开玩笑。指交朋友要选择品行端正的人，不能当成儿戏，随便什么人都交往。

{例}正是：取友必须端，休将戏谑看。家严儿学好，子孝父心宽。（《喻世明言》）

【娶妻娶德不娶色，交友交心不交财】

指娶妻子重在人品不在姿色，交朋友重在坦诚相见，而不在乎他是否有钱。

｛例｝谁不知"娶妻娶德不娶色，交友交心不交财"？小魏呀，还是找个知底细的姑娘好。（李发富《狼洞里的少女》）

【犬有湿草之义，马有垂缰之恩】

指动物对主人都知道报恩，为人更应重情义，讲义气。

｛例｝岂不闻犬有湿草之义，马有垂缰之恩。犬马尚然如此，你为人岂无报效乎？正是世情看冷暖，人面逐高低，一似潘郎倒骑驴，永不见你畜牲面。（宋·无名氏《杀狗记》）

提示：此谚上句典出晋·干宝《搜神记》：三国时吴国的李纯信有一爱犬，饮食与共，有一天晚上李醉卧城外草中，遇大火而不醒，犬至小溪以水湿身，往返奔跑，遍洒李纯信卧处周围，最后累死在信纯身旁，使主人大难得免。下句典出宋·刘敬叔《异苑》：苻坚为慕容冲所袭，坠落山涧，追兵将至，苻坚无计可施。他的坐骑跪在涧边，把所系的缰绳全部垂下去，苻坚攀着缰绳爬了上来，得以脱难。也说"狗有湿草义，马有垂缰志""狗有展草，马有垂缰""马有垂缰之意，羊有衔草之恩""马有垂缰之意，犬有湿草之恩"。

【人到难处显亲朋】

指人在逆境中，才能认清谁是真正的朋友。

｛例｝你是位路遇不平、拔刀相助的好汉。人到难处显亲朋啊！我们的相处，才刚刚开始。（王汪《孤城残夜》）

提示：也说"人到难处显宾朋"。

【人对脾气，狗对毛尾】

指人和人相处贵在志向一致，情趣相投。

｛例｝长松说："这也难

说。'人对脾气，狗对毛尾。'前些年四圈穿着大衫小礼帽，嘴里不离洋烟卷，据说都是她贴的钱！"（李準《黄河东流去》）

提示：也说"人对脾气客对货，老牛对的麦秸垛"。

【人非草木，孰能无情】

和没有知觉的草木不同，是人就不会没有情感。指人都具有丰富的思想感情，碰到一些人和事，不免会被打动。

｛例｝中国有句古话，叫"人非草木，孰能无情"，更何况卢淑娟小姐又是那样一位才貌出众的好姑娘，我怎会视而不见，无动于衷呢？（陈玙《夜幕下的哈尔滨》）

提示：也说"人非草木，谁能无情""人非草木，岂能无情""人非草木，焉能无情"。

【人非知己休全托，事若亏心切莫为】

指不是知心朋友不能托付全部，对不起良心的事千万别做。

｛例｝自古为人要见机，见机终后得便宜。人非知己休全托，事若亏心切莫为。得胜胜时饶一着，用乖乖里放些痴。（《玉燕姻缘全传》）

【人情若好吃水也甜，人情不好吃酒也嫌】

人和人相处，如果有情义，喝白水也觉甜蜜；如果无情义，喝再好的酒也觉无味。指与人交往，贵在真诚。

｛例｝人情若好吃水也甜，人情不好吃酒也嫌。那张子房好生无礼，他妻子央我附寄寒衣，千里而来不容一见，可恼可恼。（明·无名氏《赤松记》）

提示：也说"人好水也甜，不好蜜也酸""人好水也甜，花好月也圆""人亲水也甜"。

【人情若像初相识，到底终无怨恨心】

人和人的交往如果都能像第一次见面那样，就不会有怨恨。指人和人相处，想始终保持友好很难。

{例} 赵昂推着廷秀背上，往外而走，道："三官，你怎么恁样不识气，又要见岳母做甚？"将他推出大门而去，正是：人情若像初相识，到底终无怨恨心。(《醒世恒言》)

提示：也说"人心若比初相识，到底终无怨恨心""人情若是初相识，到老终无怨恨心""人情常比初交日，到底终无怨恨心"。

【人穷情义不穷】

人虽然穷，对待朋友却一片诚心。指穷人更看重情义。

{例} 人过一辈子，就要这样！我们人穷情义不穷。人不同于畜生，就在这一点。(李準《黄河东流去》)

【人生得一知己，死而无憾】

人生能有一个知己，就是死了也不会感到遗憾。指人生知音难遇，应当珍惜。

{例} "剑尘，你和杏园的友谊，实在不错。他的病重一点，你就这样惦记。"何剑尘道："人生得一知己，死而无憾。"(张恨水《春明外史》)

提示：也说"得一知己，虽死不憾""得一知己，死可无恨""人生得一知己，死而无恨"。

【人生难得一知己】

指人的一生最难遇到的是知心朋友。

{例} 交朋友就得交这样的，关键时刻，心给你，头给你，眼都不眨。哦，"人生难得一知己"，杨友春真有福气！(王玉龙《清泉曲》)

提示：也说"人生难得遇知音""人生难得唯知己"。

【人心换人心，八两换半斤】

旧制一斤是十六两，八两正好是半斤。指对人要以诚相待，这样别人才能对你付出真心。

{例} 前寨亲家也不是外人，再说那边又刚殁了人，往后你两家还要走走跳跳。人常说，人心换人心，八两换半斤。(刘

江《太行风云》）

提示：也说"八两换半斤，人心换人心"。

【人在难处，才见真心】

指人在危难之中，才知道谁是真心帮助自己的。

｛例｝你的心我领了。唉，活了这么多年，好歹不分。"人在难处，才见真心。"以后有用得着我的地方，你尽管说吧！（王瑞玉《翻身锄奸记》）

提示：也说"人在难处见人心""人到难处才见心"。

【人在难中好救人】

好（hào）：愿意。指身处困境中的人，最能体会到别人的痛苦，愿意对同样境遇的人伸出援手。

｛例｝大山为这两个老人着起急来。俗话说："人在难中好救人。"他不顾自己还正在难里，却决心要搭救两个老人的性命。（鲍昌《庚子风云》）

【谁要求没有缺点的朋友，谁就没有朋友】

每个人都有缺点，朋友也不例外。指对朋友要宽容，不能苛求。

｛例｝是人都有缺点。你对人太苛求，我敢断定，你很难找个朋友！有一句谚语是这样说的："谁要求没有缺点的朋友，谁就没有朋友。"（刊）

【水至清则无鱼，人至察则无徒】

至：极点。察：明察。徒：众，众人。水太清澈了，河里的鱼会因为没有食物而无法生存；人太精明了，人们对他存有戒心，身边就没有愿意交往的朋友。指对人对事要宽容大度，不可求全责备。

｛例｝不要太挑剔，不要求全。水至清则无鱼，人至察则无徒。金无足赤，人无完人。图像无完美，图像至清则看不成。（王蒙《调试》）

提示：此谚出自《汉书·东方朔传》："'水至清则无鱼，人至察则无徒。'冕而前旒，所以蔽明；黄扩充耳，所以塞聪。明有所不见，聪有所不闻。举大德，舍小过，无求备于一人之义也。"宋·李攸《宋朝事实》卷一六也有用例："吕蒙正曰：'水至清则无鱼，人至察则无徒。小人情伪，在君子岂不知之，若以大度兼容，则万事兼得。'"也作"水至清则无鱼，政至察则众乖""水清无鱼，人察无徒""水至清则无鱼，人至清则无徒""水清无大鱼"。

【甜馍馍冷吃也甜，知心人恼了也好】

指真正的好朋友，即使偶有矛盾，也不会影响彼此的感情。

{例}弟妹，你是不是跟木弟生气了？木生这人你还不了解？有嘴没心，他认准的事儿，十头牛也拉不回来。常言说："甜馍馍冷吃也甜，知心人恼了也好。"消消气就没事了。（张运明《朋友之间》）

【为人结交须知己，不是知己莫与谈】

指交朋友应该结交能说心里话的，不要与不能交心的人深谈。

{例}玉郎说："各人自有心腹事，可与人言无二三。"长老便说道："为人结交须知己，不是知己莫与谈，我也不必问相公的心事，只是你终日愁闷，如何是好？"（《霞笺记》）

【相交满天下，知音有几人】

结交的人很多，但却没有几个是知己。指人生最难得的是知心朋友。

{例}我是从李卫那来，叫问着你先生好，翠儿和你两位夫人处得好，凡百事情都照料，请先生不必萦心——田中丞心里闷，牢骚无处泄，相交满天下，知音有几人？你甭往心里去……（二月河《雍正皇帝·雕弓天狼》）

提示：也说"朋友满天下，知心有几人""朋友遍天下，知己能几人""天下交游皆好友，知心能有几多人""相交满天下，知心能几人"。

【宴笑友朋多，患难知交少】

指能在一起吃喝玩乐的人很多，但能共患难的知心朋友却很少。

{例}李端的心里陡然一凉，潸潸然几乎落下辛酸的泪来。爸爸在走红时，他们能这样吗？古语说的，"宴笑友朋多，患难知交少"，总结了几千年的毫无二致的世道人情呀！（王波《女秘书去毛家湾》）

【要作好人，须寻好友；引酵若酸，那得甜酒】

酵：酵母，用作酿酒、发面、制酱等。那得：哪得。要做好人，就一定要交好朋友；坏朋友就像酸酵一样对人产生不好的影响。指朋友对一个人的影响很大。

{例}若是贤友，愈多愈好，只恐人才难得，知人实难耳。语云：要作好人，须寻好友；引酵若酸，那得甜酒。（明·高攀龙《高子遗书·家训》）

提示：也说"要成好人，须交好友；引酵若酸，那得甜酒"。

【一回生，二回熟，三回四回是朋友】

指人经常接触，很容易产生感情，成为朋友。

{例}一回生，二回熟，三回四回是朋友。案子已经破了，他的嫌疑也否了，可以坐在一起喝酒了。（刘爱平《危险年龄》）

提示：也说"一回生，二回熟，三回就热乎成一家人""一回生，二回熟，三回四回自己屋"。

【一死一生，乃知交情；一贫一富，乃知交态；一贵一贱，交情乃见】

乃：才。交态：世态人情。指经历了生与死或贫与富、贵与贱的变化，才能知道哪些人是真情，哪些人是假意。

{例}下邽翟公有言，始

翟公为廷尉，宾客阗门；及废，门外可设雀罗。翟公复为廷尉，宾客欲往，翟公乃大署其门曰："一死一生，乃知交情；一贫一富，乃知交态；一贵一贱，交情乃见。"（《史记·汲郑列传》）

提示：也说"一贵一贱，交情乃见；一死一生，乃见交情""一富一贫，乃见交情；一贵一贱，交情乃见""一贵一贱，交情乃见；一生一死，乃见交情""一死一生，乃知交情；一贫一富，乃知交态；一贵一贱，交情乃见；一浮一没，交情乃出"。

【友情浓于酒】

朋友的情谊，比烈酒更浓厚、更醇香。指真诚的友情最暖人心。

{例}人们说："友情浓于酒"，我这次才明白它的意义，我缺乏海量，因此我经常陶醉，重要的感觉就是心里暖和，心情舒畅。（巴金《友谊》）

【有饭送给亲人，有话说给知音】

指在亲人有困难时，要伸手相助；心里有话要说给能够理解的人听。

{例}那年闹了秋收斗争，更了割头税，人们也扬了一下子头，直了一下腰。俗话说："有饭送给亲人，有话说给知音。"（梁斌《播火记》）

【有没见面的朋友，没有没见面的冤家】

友谊可以通过各种渠道建立；但从未谋面的人，不可能成为仇人。指做人要小心谨慎，尽量不与人结怨。

{例}朋友，送你一句金玉良言："有没见面的朋友，没有没见面的冤家！"我罗通不愿与人结仇，你能在夜半三更闯进帅帐刺杀元帅，我看也非等闲之辈。（石印红等《罗通扫北》）

提示：也说"人有没见面的交情，没有没见面的冤家""只有没见面的朋友，哪来没见面的冤家"。

【欲结其人，不如先结其心】

指想要结交一个人，要先打动他的心。

｛例｝古人说得好，欲结其人，不如先结其心。……着他制造一顶时样的盘螭束发金冠，送去与那俞公子，可不酬了他赠马之情，却不是好的。（《鼓掌绝尘》）

【知己到来言不尽】

指知心朋友聚到一起有说不完的话。

｛例｝百官执杯把盏。西伯量大，有百杯之饮，正所谓知己到来言不尽，彼此更觉绸缪，一时便不能舍。（《封神演义》）

【知己莫如友】

指最了解自己的是知心朋友。

｛例｝哎呀呀，都说知己莫如友，你还不知道我的心思么？（叶文玲《故土的眷恋》）

【只有千年的朋友，没有千年的伙计】

伙计：一起经商的合伙人。指朋友之间讲的是情谊，经得住时间的考验；合伙人是暂时利益的合作者，交往不会持久。

｛例｝后会有期。我们交个朋友，老话："只有千年的朋友，没有千年的伙计。"（胡考《上海滩》）

九、上级下属

【矮檐前少不得头弯】

檐（yán）：房檐，屋顶伸出屋墙外的部分。比喻在别人的管辖、制约之下，就要学会低头忍耐。

{例}〔哭皇天〕自古那人胯下能兴汉，矮檐前少不得头弯。则这硬蚕书冷似无烟炭，赊雁塔远似望夫山。休道长宵不旦死心熬，终得个鲇鱼上竹竿。（明·王辰玉《郁轮袍》）

【矮檐之下出头难】

出头：本指露出顶端，转指从困境走出来。比喻在别人的管辖制约之下，想出头很难。

{例}师兄啊！自古道：不怕官来只怕管，矮檐之下出头难。牙根咬碎拳头软，权且饶他这一番。（田汉《林冲》）

【伴君如伴虎】

伴：陪伴，侍奉。君：皇帝，也指有权势的人。指陪伴皇帝如同待在老虎身边一样危险。也指在暴虐的主人身边做事，随时都会有杀身之祸。

{例}李空山和祁瑞丰都丢了官，这虽然是他们自己的过错，可是多少也有点"伴君如伴虎"的意味在内。（老舍《四世同堂》）

提示：也说"伴驾如伴虎""伴君犹如伴虎狼""陪君如陪虎"。

【伴上龙王吃贺雨】

比喻跟上什么人就沾什么光。

{例}就算加倍记上，我也挣不够我那份口粮！伴上龙王吃贺雨，我还不是全凭咱农业社！（张石山《单身汉的乐趣·高村四老汉》）

【背靠大树好乘凉】

比喻依靠有权势的人或势力，就可以得到较好的庇护。

{例}听李区长说话之间,徐魁闪过一个念头:背靠大树好乘凉——先利用区长一时,能混过这一关就混过去。(肖驰《决战之前》)

【兵强悉由将勇】

悉:全,完全。士兵有战斗力靠的是将领的勇敢。指优秀的指挥员才能带出勇敢的士兵。

{例}梅曰:"好一位大姊!言词典雅。从来兵强悉由将勇,益知姊姊多才。"(清·李春荣《水石缘》)

【兵是将之威,将是兵之胆】

指作战时士兵勇猛,将领就会大显威风;而将领英勇有谋略,士兵才能所向无敌。

{例}"兵是将之威,将是兵之胆",罗雷的两千大队和赤福延达的这些残兵败将一看他往下败,哪还敢在此停留,也随着他往四下奔逃。(段少舫等《朱元璋演义》)

提示:也说"兵是将的威,将是兵的胆""将是兵中胆""将是军中胆"。

【兵松松一个,将松松一窝】

松:松散,无能。指士兵松散无能,只是个人行为,而将领散漫无能,会影响整个军队的战斗力。

{例}用马本斋自己的话来说严是爱,松是害,特别是对班长以上的干部的要求,更加严格。他常说:"兵松松一个,将松松一窝。"(马国超等《马本斋》)

提示:也说"兵松松一个,将松松一伙""兵松一个,将松一伙""兵熊熊一个,将熊熊一窝"。

【兵随将令草随风】

如同草必然随着风摇动一样,士兵必须要听从将领的命令。指士兵或下级要绝对服从将领或上级的部署和安排。

{例}这才叫兵随将令草随风,一声令下如山倒。一万精兵列开阵式,排列在桥前。(单田

芳等《明英烈》）

提示：也说"兵随将转草随风""兵听将令，马听锣声""兵随将走，将跟帅行""风吹草动，兵随将转"。

【兵无将而不动，蛇无头而不行】

指士兵没有将领指挥就无法行动，就如同蛇没有头不能爬行一样。

｛例｝各镇诸侯合兵在此，正是兵无将而不动，蛇无头而不行，郑公既移檄剿贼，就请做个盟主。（明·孟称舜《英雄成败》）

提示：也说"蛇无头而不行，兵无将而不动""蛇无头不行，兵无将自乱"。

【兵无强弱，将有巧拙】

兵：军队。军队没有强弱之分，将帅却有愚智之别。指军队的胜败取决于将帅是否有谋略、智慧和魄力。

｛例｝古语有之："兵无强弱，将有巧拙。"故选将当以智略为本，勇力为末。今朝廷用人，类取将门子弟及死事之家，彼皆庸人，岂足当阃外之任！（《纲鉴易知录》）

【兵无主自乱】

指在战场上失去主帅，士兵就会溃不成军。

｛例｝呼延明一枪将黄天化刺于马下，前心流血而死。常言道："兵无主自乱。"众兵丁哭爹喊娘，四下奔逃。（郝艳芳等《小将呼延庆》）

【兵有头，将有主】

士兵和将领都有各自的头领。比喻处理问题首先要抓住关键的人。

｛例｝尤胖子却不怎么惊慌，依然安坐不动，他不答辩工人的责问，反而扮起笑脸说："各位先到外边等一等，我正和你们王厂长商谈。兵有头，将有主嘛！"（黄日强《夺粮记》）

【兵在精而不在多，将在谋而不在勇】

精：训练有素，战斗力强。谋：谋略。指士兵贵在战斗力强，不在于人数的多少，将帅贵在有谋略而不在于打仗是否勇猛。

｛例｝兵在精而不在多，将在谋而不在勇。左有陈享，右有张旭，后有曹良臣，三千兵拼死攻击，打得元兵四散奔溃。（《英烈传》）

提示：语本《宋史·兵志八》："景祐元年（1034年），三司使程琳上疏，论：'兵在精不在众……如此，则疆场无事，而国用有余矣。'"也说"兵贵精而不贵多，将在谋而不在勇""兵不在多而在精，将不在勇而在谋""将在谋而不在勇，兵在精而不在多"。

【兵在勇，将在谋】

指士兵贵在勇敢，将帅贵在有谋略。

｛例｝兵法有云：兵在勇，将在谋。定要好好谋划一番，方不负封疆大吏的威名。（岳啸《武当山传奇》）

【伯乐一顾，马价十倍】

伯乐：相传是秦穆公时的人，擅长相马。顾：看。只要被伯乐看上一眼，马的身价就会提高十倍。比喻受到有名望的人提携，人的地位就会有所提高。

｛例｝你毕竟是此道中有体面的，我虽说不通，也该还记得有个"伯乐一顾，马价十倍"的话。万望贤弟念老耄无路之人，不惜屈尊。（《歧路灯》）

【不聪不明不能王，不瞽不聋不能公】

聪：听觉灵敏。明：视力好。瞽（gǔ）：瞎。公：家里主事的长辈。指耳聪目明才能为王，会装瞎装聋，宽容晚辈才能管好家事。

｛例｝两贵不相事，两贱不相使。家富则疏族，家贫则兄弟离。不聪不明不能王，不瞽不聋不能公。（《慎子·君人》）

提示：也说"不聪不明，不

能为王；不瞽不聋，不能为公"。

【不怕官，只怕管】

指不怕官大，就怕自己的顶头上司。多指顶头上司不能得罪。

{例}他今日发迹，得做殿帅府太尉，正待要报仇，我不想正属他管。自古道："不怕官，只怕管。"俺如何与他争得？（《水浒传》）

提示：也说"不怕县官，就怕现管""不怕官，就怕管""不怕你官，只怕你管"。

【不怕人多心不齐，只要有人扛大旗】

指只要有威望的人站出来领头，众人就会响应。

{例}"不怕人多心不齐，只要有人扛大旗。"你们举出个头来闹嘛！旗子，就打咱们大将军的也成。（蒋和森《风萧萧》）

【不认其子看其父，不知其主观其奴】

指从儿子的身上可以看到父亲的影子，从奴仆的言行中可以反映出主人的做派。

{例}常言道：不认其子看其父，不知其主观其奴。下人如此，主人总不会好到哪里。因此，凌起石断定霍锦标确不会是好人。（贺原《邪派高手》）

提示：也说"不知其子观其父，不知其人视其友"。

【臣不傲君，子不傲父】

傲：傲慢无礼。指臣子对君王、儿子对父亲都要谦恭有礼。

{例}俺爸，嘿，你不知道，那阵子来了，摔盆子掼碗……你叫我怎么办？"臣不傲君，子不傲父"啊！（柳青《创业史》）

【臣不奏，职之过】

奏：臣下对帝王陈述意见或说明事情。指做臣子若不据实向皇帝奏明，就犯了失职的错误。

{例}古语云：臣不奏，职之过。既食君禄，理当报效。也算不全大胆，明早面君，必奏大人今日之事。（《施公案》）

【臣急去君，子急去父】

去：离去。指出于无奈，臣子也会离开君王，儿子也会离开父亲。

{例}周则天内宴甚乐，河内王懿宗忽然起奏曰："臣急去君，子急去父。"则天大惊，引问之，对曰："臣封物，承前府家自征，近敕州县征送，太有损折。"（唐·张鷟《朝野佥载》）

【臣正君邪，国患难治】

指臣子正直而君主品行不端，国家的忧患就难以治理。

{例}臣闻"君如腹心，臣如手足"，心正则手足正，心不正则手足歪邪。古语有云：臣正君邪，国患难治。杜元铣乃治世之忠良，陛下若斩元铣而废先王之大臣，听艳妃之言，有伤国家之梁栋。（《封神演义》）

【臣子吵架，皇帝作主】

指下属发生矛盾，上司要出面解决。

{例}"臣子吵架，皇帝作主。"陈秘书把这件事请示重庆的国民党中央，只等蒋介石点头。（欧阳文彬等《在密密的书林里》）

【吃人家的饭，看人家的脸；端人家的碗，受人家的管】

指受雇于人，就要服从人家的管束和支配。

{例}凤姐知道："吃人家的饭，看人家的脸；端人家的碗，受人家的管。"因此既在"矮檐下"，就得耐着委屈"低下头"。（张孟良《儿女风尘记》）

提示：也说"吃人家碗半，被人家使唤""吃谁家的饭归谁家管""端人碗，归人管""拿人钱，受人管"。

【出兵不由将】

出兵：冲出去的士兵。指在战场上冲锋的士兵，很难听从指挥。也指下属一旦采取行动，上级很难约束。

{例}说起一个"杀"字儿来，正叫做是"出兵不由将"，

一涌而出。人多马众，将勇兵强，黄草坡前，摇旗呐喊，把个老星忽剌一裹裹在垓心里面。（《三宝太监西洋记》）

【船有好舵手，不怕浪头高】

比喻有了好的带头人，再大的困难、风险也不怕。

{例}"秦大哥，你只管放心，咱毛主席领导的队伍，士气是扑不灭的火焰，截不断的泉源，是什么样的敌人也打不垮的！"秦海城点点头："是啊！船有好舵手，不怕浪头高！"（郭澄清《大刀记》）

【船载万斤，掌舵一人】

比喻不论干什么事，都需要好的带头人。

{例}我活了六十多岁，还没见过你这样好的人！你不能走，"船载万斤，掌舵一人"，雷山人离不开你啊！（罗旋《南国烽烟》）

提示：也说"船载千斤，掌舵一人""船上千斤，掌舵一人""船在江中，掌舵一人"。

【大将无能，累死三军】

三军：全军。指挥官没有才能、没有谋略，全军将士都会跟着倒霉。也指领导没有能力，群众就跟着受苦。

{例}俗话说："大将无能，累死三军。"不论是一个地方，一个部门，还是一个单位，总希望把深孚众望的将才选出来，尽可能避免启用平庸的人物。（报）

提示：宋·普济《五灯会元·天圣皓泰禅师》："安吉州天圣皓泰禅师，到琅邪，邪问：'埋兵掉斗，未是作家。匹马单枪，便请相见。'师指邪曰：'将头不猛，带累三军。'"也说"将帅无能，累及三军""将帅无才，累死三军""主将无能，累死千军""主将无能，累死三军"。

【大石头离不了小石头支，唱红生离不了打旗的】

大事物也需要小事物的支

撑,唱主角的离不开唱配角的配合。指当领导的不可能离开群众的支持。

{例}"大石头离不了小石头支,唱红生离不了打旗的。"这出戏也有诸位一份。(岳啸《武当山传奇》)

【大树不摇,乌巢自安】

乌巢:乌鸦的巢穴。比喻靠山根基牢固,随从心里才踏实。

{例}虽然如此,但毕竟还是大树不摇,乌巢自安。依我之见,咱们还是亲自进城走一趟。(王厚选《古城青史》)

【大树底下好乘凉】

树大,遮阴的面积就大,也就更方便人们乘凉。常比喻依靠强大的势力,就好办事。

{例}两个肩膀抬个口,每日则是吃他家的,便好道这大树底下好乘凉,一日不识羞,十日不忍饿,把这羞脸揣在怀里,我还过去。(元·无名氏《刘弘嫁婢》)

提示:也说"大树底下好遮阴"。

【大树之下,草不沾霜】

比喻在有权势人的庇护下,弱者才不会受到伤害。

{例}大树之下,草不沾霜。奴家求庇于李大公大婆,庄家有甚出豁?(宋·无名氏《张协状元》)

【带兵如带虎】

带领士兵就像带着老虎一样,担惊受怕。也指领导群众不容易。

{例}有句老话叫"带兵如带虎",我看,带工人比带兵困难得多。(刊)

【当差不自由,自由不当差】

当差(chāi):旧时指给官府或有钱人当仆人。指给人当差就要受管制或约束,不能自由行动。

{例}唉,回来也好,常言说,"当差不自由,自由不当差",成天扛枪打仗,也够玄

的。（马国超等《马本斋》）

提示：也说"当差不自在，自在不当差""当差不自由，官身不由己""官差不自由""为人不当差，当差不自在"。

【当差的官面上看气，行船的看风势使篷】

篷：船帆。下级官吏要看上司的脸色办事，就像行船要看风向使帆一样。也指办事要根据形势的变化而变化。

{例}常言道："当差的官面上看气，行船的看风势使篷。"若是韩通今日见了匡胤，破口大骂，喝令上前，这些军士自然要来帮助，各要见功。今见自家元帅满口哀求，只要留些体面，就知道他是韩通的上风了。（《飞龙全传》）

【店房也有个主人，庙里也有个住持】

指不论干什么，都要有一个领头负责的人。

{例}平儿笑道："姑娘说的那里话？我竟没话答言了。"宝钗道："这才是正理。店房也有个主人，庙里也有个住持。虽不是大事，到底告诉一声，便是园里坐更上夜的人知道添了他两个，也好关门候户的了。"（《红楼梦》）

【愤兵难敌，死将难当】

指愤怒的士兵、不怕死的将军无人能抵挡。

{例}自古道："愤兵难敌，死将难当。"马超兄弟见大仇未报，先伤了一员大将，舍死忘生杀入曹营。（周大荒《反三国志演义》）

【风有风头，雨有雨头】

指不管干什么事都需要有带头人。

{例}俗话说："风有风头，雨有雨头。"这股分队风，由谁来挑头呢？（侯树槐《高山春水》）

【蜂蚁也有君臣，虎狼也有父子】

指就像昆虫、禽兽也有君臣之分、父子之义一样，有人类的地方就会有忠孝礼仪。

｛例｝狄官人，君亲师一样的，岂不闻"蜂蚁也有君臣，虎狼也有父子"。人间暴戾无如兽，他父子也相救。真个是：兽心人面人难托，倒不如兽面人心兽可投。（明·陈玉阳《义犬》）

提示：也说"虎狼有父子，蜂蚁有君臣"。

【各人的兵马各人带】

指自己的队伍要自己带领。也指自己的孩子也要自己带。

｛例｝大姐，俗话说："各人的兵马各人带。"她妈图清净，把她扔给我。（李纳《姑母》）

【跟着大树得乘凉，跟着太阳得沾光】

比喻跟着有本领、有实力的人做事，就能得到好处。

｛例｝现在，我告诉你们一个真理，跟着大树得乘凉，跟着太阳得沾光，你们大伙跟上我，至少是一群秃子跟上月亮。（李英儒《野火春风斗古城》）

【国一日不可无君，家一日不可无主】

指一个国家、一个家庭不能没有主事的人。

｛例｝"国一日不可无君，家一日不可无主。"晁头领是归天去了，山寨中事业，岂可无主？（《水浒传》）

提示：也说"朝中不可一日无君，营中不可一日无帅""国不可一日无王，家不可一日无主""家不可一日无主，国不可一日无君""天不可一日无日，国不可一日无君"。

【河水靠流，人群靠头】

指好的领导是事业取得成功的关键。

｛例｝要我看也不赖。河水靠流，人群靠头，我们有个好村长，可是个好样的啦。（浩然《金光大道》）

【火车跑得快，全凭车头带】

比喻领导的带头作用非常重要。

{例}火车跑得快，全凭车头带。我们当干部的首先要把劲鼓足，才能很好地率领群众前进啊！（柯尤慕·图尔迪《克孜勒山下》）

提示：也说"火车跑得快，全靠车头带""火车跑得快，就靠车头带"。

【家奴犯罪，罪坐家主】

坐：定罪。指家中的奴仆犯了罪，主人也要承担责任。

{例}老爷，小人乔三有家主。常言说家奴犯罪，罪坐家主。叩求青天老爷，察覆盆之冤。（《施公案》）

提示：也说"家人犯法，罪归家主""家人犯法，罪及家长"。

【家无二主，国无二王】

指一个家庭或一个国家不能有两个当家作主的人。

{例}一家子一位奶奶罢了，有这们些奶奶呀？少鼻子没眼睛的都成了奶奶，叫那全鼻子全眼的可做甚么呢？"家无二主，国无二王"。（《醒世姻缘传》）

提示：也说"家无二主，国无二君""天无二日，土无二王""天无二日，人无二主""天无二日，国无二主"。

【家有千口，主事一人】

指一个家庭或一个团队里不管有多少人，当家主事的只能是一个人。

{例}可不是家有千口，主事一人。家内人没了，不告太太，还告谁去？（《廿载繁华梦》）| 老曹，家有千口，主事一人，可不敢再拖啦！（聂海《靠山堡》）

提示：也说"村有千口，主事一人""家有千百口，主事在一人""千口吃饭，主事一人""千军万马，主事一人"。

【家有诤子，不败其家；国有诤臣，不亡其国】

诤：直言劝告。指一个家庭中有能直言的儿子，这个家庭就不会败落；一个国家有直言规劝君主的大臣，这个国家就不会灭亡。

{例}"倔儿不败家！"康熙听到这里，突然心头一震，想起当年苏麻喇姑也说过这样的话"家有诤子，不败其家；国有诤臣，不亡其国"。（二月河《康熙大帝》）

提示：也说"君有诤臣，不亡其国；父有诤子，不亡其家""君有诤臣，不至于亡国；父有诤子，不至于亡家"。

【将不激，兵不发】

将：将领。激：激将，用刺激性的话或反面的话鼓动人去做（某事）。指将领不用言语去激发士兵，当兵的不会奋勇当先。也指人经常在别人的言语刺激下才会激发斗志。

{例}信里头对马大棒子要多放几支冷箭儿！特别是要伏一笔马大棒子对小姐心怀叵测；这就叫"将不激，兵不发"！（何岳《三军过后》）

【将红红一片，兵精精一个】

将领有才干，可以带动整个军队；士兵有能力，只是个人行为。指军队的动力在将领。

{例}俗话说："将红红一片，兵精精一个。"戚继光又打了一连串的胜仗，把倭寇都给收拾净了。（董均伦等《戚继光下棋》）

【将相不和，成不了大事】

指文官和武将不团结，就难以处理好国家大事。

{例}俗语说："将相不和，成不了大事。"文丞相又远在他方，有些事，我不便当着圣面讲，怕引起将军误会。（陆昭环《末代江山》）

【将在外，君命有所不受】

指在外领兵作战的将帅，在特殊情况下，可以不听命于君主，自行处理一些军务。也指奉命出外办事，可根据情况处理一些特殊的事情。

｛例｝你不用多说了，将在外，君命有所不受，谁要你管？〔副〕好好，说得有趣。（明·范希哲《偷甲记》）｜老太太笑道："老太爷，你不是常说，'将在外，君命有所不受'吗？反正是管不了，随他们去吧。"（张恨水《魍魉世界》）

提示：语出《史记·孙子吴起列传》："孙子曰：'臣既已受命为将，将在军，君命有所不受。'遂斩队长二人以徇。"也说"将在位，君命有所不受""将在外，君命不受""将在外，不由帅"。

【军不斩不齐，将不严不整】

指没有严明的军纪，部队行动就不会统一齐整。

｛例｝"军不斩不齐，将不严不整。"令字旗催报先锋，帅字旗为军中眼目。（元·无名氏《延安府》）

提示：也说"兵不斩，将不齐""军不斩不齐"。

【君不正，臣投外国；父不正，子奔他乡】

国君无道，臣可以投靠他国；父亲道德败坏，儿子可以离家出走。指要想臣子和子女忠诚、孝顺，为君为父的首先品行要端正。

｛例｝我王岂不闻古人云："君不正，臣投外国；父不正，子奔他乡。"我王失其政事，不想褒州筑坛拜将之时。（《清平山堂话本·张子房慕道记》）

提示：也说"君不正，臣投外国；父不慈，子奔他乡""君不君，臣远投异国；父不父，子走奔他乡"。

【君父之仇，不共戴天】

不共戴天：不能在同一个天底下生活。指杀父弑君之仇，是最大的仇恨，一定要报。

｛例｝吾闻"君父之仇，不共戴天"，你都督既有赴难之

心，我岂无入援之念。（明·吴邱瑞《运甓记》）

【君如腹心，臣如手足】

君王就像人的心脏，臣子就像人的手足。指君王掌控臣子，臣子受命于君王。

｛例｝臣闻"君如腹心，臣如手足"，心正则手足正，心不正则手足歪邪。古语有云：臣正君邪，国患难治。杜元铣乃治世之忠良，陛下若斩元铣而废先王之大臣，听艳妃之言，有伤国家之梁栋。（《封神演义》）

【靠着大树有柴烧，靠着大河有水吃】

比喻倚仗某种资源或某种权势就能便利地得到好处。

｛例｝那时候，舅家穷得揭不开锅盖。别人劝他，既然有个前辈在城里做大官，"靠着大树有柴烧，靠着大河有水吃"，何不靠着他？但舅舅硬是不去。（伍爱芳《舅家》）

【老将会兵机】

老将熟悉用兵的谋略，善于掌握用兵的时机。

｛例｝你倚仗血气方刚有雄势，你可也便休提。则我这不剌剌趁日追风骑，乌油甲密砌，点钢枪锋利，岂不闻老将会兵机。（元·无名氏《小尉迟》）

【老猫不在家，耗子上房笆】

比喻管事的人不在，手下的人就不守规矩。

｛例｝叔叔和婶母都赴宴去了，咱俩可以毫无拘束地开怀畅饮，这叫老猫不在家，耗子上房笆。走吧，咱们两个耗子去闹上一场吧。（陈玙《夜幕下的哈尔滨》）

提示：也说"老猫不在家，耗子上屋爬""猫不在家，耗子造了反""猫儿一去，老鼠唱戏"。

【良鸟恋旧林，良臣怀故主】

好鸟眷恋旧日栖息之地，贤良的臣子怀念以前的君主。指有情义之人对以前的人或物总是怀有深厚的感情。

{例}吾闻良鸟恋旧林,良臣怀故主。魏王虽不能用足下,然父母之邦,足下安得无情?(《东周列国志》)

【良禽择木而栖,良臣择主而事】

指贤能的臣子要选择英明的君主效力,就像好的鸟儿要挑合适的树木上栖息一样。

{例}眼下康熙与吴三桂在岳州已经打红了眼,成了两败俱伤之势。福建耿精忠虽不是真正降清,可他没有兵,也是枉然!三处人马,惟有我未损丝毫。呃——自古以来良禽择木而栖,良臣择主而事,先生你有意吗?(二月河《康熙大帝》)

提示:也说"飞鸟择林而栖,良马择主而行""高鸟相良木而栖,贤臣择明主而佐""良臣择主而仕,良禽择木而栖""灵禽相良木而栖,贤臣择明主而佐""贤士择主而事,良禽择木而栖""忠臣择主而侍,好鸟择木而栖"。

【两国交锋,各为其主】

指双方交战都是为了各自国家的君主的利益。

{例}狄青,自古两国交锋,各为其主。我哥哥吃了狼主俸禄,必要与狼主出力。(《五虎平西》)

提示:也说"两国交战,各为其主""两国交兵,各为其主""两国相争,各为其主""两国相争,各保其主"。

【龙头不摆,龙尾难甩】

比喻领导不带头,群众不知该怎么做。

{例}"龙头不摆,龙尾难甩。"……地委、行署领导经过深入调查,认真比较,选中了十个基础雄厚、经营有方、具有我区经济特色的乡镇企业,以它们为"龙头",带动我区农村经济大发展。(段平《"扬"起"龙头""甩"动"龙尾"》)

提示:也说"干部不领,水牛掉井"。

【龙头往哪摆，龙尾往哪甩】

比喻首领怎么做，底下人自然会跟着来。

｛例｝哎，龙头往哪摆，龙尾往哪甩。你当干部的这么泡，社员还干不干活？（王玉龙《清泉曲》）

提示：也说"龙头往哪面摆，龙尾往哪面甩""龙头怎样摆，龙身怎样甩"。

【明君知臣，明父知子】

指君主贤明才能对臣子知人善任，父亲明理才能了解儿子的品行。

｛例｝吾闻"明君知臣，明父知子"，父既捐命，不封诸子，何可言也？（唐·赵蕤《长短经·惧诫》）

【谋之欲众，断之欲独】

指商量事情时需要群策群力，做出决断时却只需要一个人拿主意。

｛例｝古语云："疑则勿任，任则勿疑。"又曰："谋之欲众，断之欲独。"陛下既以宰相任之，岂可以亲其细而不图其大者乎。（《金史·陈规列传》）

【鸟无头不飞，龙无头不行】

比喻不管干什么事情，都要有个领头人才能进行。

｛例｝乡亲们，我不行了，我是来交旗拜将的。"鸟无头不飞，龙无头不行。"挑选好头雁好带路。（张笑天《永宁碑》）

提示：也说"龙无头不走，鹰无头不飞""马无头不行，鸟无翅不飞""鸟无头不飞，鱼无头不游""蛇无头不行，鸟无首不飞""羊无头不走，雁无头不飞"。

【千锤打锣，一锤定音】

比喻大家意见不一致时，主事人有决定权。

｛例｝争论固然好。可是，照这么个争法，争到驴年也争不出名堂来！千锤打锣，一锤定音。队长你就决定了吧！（郭澄清《大刀记》）

提示：也说"千声锣鼓，

一锤定音""千锤击鼓,一锤定音""千人打鼓,一槌定音""千人拉弦,一人定音"。

【千军易得,一将难求】

招募士兵容易,选拔一个优秀的将领却很难。指能带兵打仗的将领或独当一面的人才很少。

{例}俗话说,千军易得,一将难求。莫看黑虎年轻,十二瞿二也不抵他一个。想他目下身处绝境,如能被救出来,他能不感恩戴德?(赵本夫《刀客和女人》)

提示:也说"百将易得,一帅难求""千军万马容易得,一员虎将最难求""三军易得,一将难求""要得千军易,偏求一将难""一将难求,千军易得"。

【强兵门下无羸卒,养虎山中有大虫】

羸(léi):瘦弱。大虫:老虎。作风强悍的军队里没有懦弱的士兵,深山老林中有凶悍的老虎。比喻能打胜仗的群体中,个个都是好汉。

{例}正是强兵门下无羸卒,养虎山中有大虫。国王看见这个南兵人物精健,武艺熟娴,口里只是叫:"不敢!不敢!"连辞酒力不胜,拜谢而去。(《三宝太监西洋记》)

【强将不言兵弱】

指有能力的领导从不说下属能力差。

{例}领导者应该善于相机向下属灌注"你行"的精神激素。要实现"强将手下无弱兵",很重要的就在于"强将不言兵弱"。(梁国藩等《领导语言艺术实用全书》)

【强将手下无弱兵】

本领高强的将领手下没有懦弱的士兵。泛指领头人能力高强,手下人一定不会很差。

{例}强将手下无弱兵。有了这样好的连首长,那今后就等着多杀敌人,多立功吧!(金敬

迈《欧阳海之歌》）

提示：此语宋元时就已流行，宋·苏轼《题连公壁》："俗语云：'强将下，无弱兵'，真可信。"也说"霸国无贫主，强将无弱兵""良将手里无弱兵，死人身边有活鬼""强将手下无弱兵，帅才身边无草包""强将无弱兵，强祖无弱孙"。

【群雁依头雁，头羊领群羊】

比喻众人做事要依靠领头人的带领。

｛例｝凌雪晴知道，她此刻的精神状态，关系到游击队全体和浦东区所有的工农基层干部，也关系着敌我双方的生死存亡。"群雁依头雁，头羊领群羊。"（李英儒《女游击队长》）

【人来投主，鸟来投林】

人有困难时会投奔主人，就像鸟倦了要到树林栖息一样。指人在难中盼望得到援手。

｛例｝我们新来这里做买卖，人面上不熟。自古道："人来投主，鸟来投林。"难得这样贤主人，我们序了年庚结为兄弟如何？（《二刻拍案惊奇》）

提示：也说"鸟来投林，人来投主""鸟来投林，人来投人""人来求主，鸟来投林""人来投人，鸟来投林"。

【人无头不走，鸟无头不飞】

指任何一个团队都要有组织领导者才能行动起来。

｛例｝朱老星的话激动了他，无论如何也得干了。俗话说："人无头不走，鸟无头不飞"，这暴动收缴枪支，只有他走在头里，人们才会跟上。（梁斌《播火记》）

提示：也说"人无头不走，雁无头不飞""人无头不行，鸟无翅不腾""人无头不走，鸟无翅不飞"。

【杀兵不如惩将】

指处罚士兵，不如严惩将领更有威慑力。

｛例｝他正想杀几个人以

儆众,这时,一名千总带着两名士兵慢悠悠地走来,腰间挂着几只野鸡、斑鸠之类的猎物。向荣想:"杀兵不如惩将。"脸一沉,杀气腾腾地盯着那个千总。(顾汶光等《天国恨》)

【山中无老虎,猴子称霸王】

比喻一个地方缺少厉害的人物,弱者也可以称霸。也比喻某一领域没有能力强的人,差一点儿的也可以充任高手。

{例}你知道,我的医术,在咱这一带,小有名气——唉,也是山中无老虎,猴子称霸王罢了。孔秀才家有病情,都找我去看,吃我铺子的药。(冯德英《山菊花》)

提示:也说"山中无猛虎,猴子称霸王""山上无老虎,猴子称大王""山中无好汉,猢狲称霸王""山中无虎猴称王"。

【上边梁正下边直】

比喻领导作风正派,下属自然不会乱来。

{例}星星跟着月亮,谷子跟着高粱,上边梁正下边直。你掰着手教吧,俺们一定好好学习。(李英儒《还我河山》)

【上不紧,则下慢】

指上级对公事抓得不紧,下级就会懈怠拖延。

{例}"非是何涛怠慢官府,实出于无奈。"府尹喝道."胡说!上不紧,则下慢。"(《水浒传》)

提示:也说"上不紧,下不追"。

【上梁不正下梁歪】

上梁:房屋的主梁。下梁:主梁下面的分支短梁。主梁不正,下梁必然歪斜。比喻上边的人品行不端正,下面的人自然不会好。

{例}好哇,这才是一槌打在点子上!俗话说,上梁不正下梁歪,历代皇帝都是把天下当成自家私产,作威作福。(姚雪垠《李自成》)

提示：晋·杨泉《物理论》："上不正，下参差。"又见唐·马总《意林·物理论》："语曰：'上不正，下参差。'古者所以不欺其民也。"胡祖德《沪谚》上卷："'上不正，下参差'，言上行下效，捷于影响也。"也说"上梁不整下梁差""上梁不正底梁歪""上梁不正下梁歪，中梁不正房子塌下来""上梁不正下梁歪，根子不好葫芦赖"。

【上命差遣，盖不由己】

指执行上级的命令，由不得自己做主。多用于应付人的托词。

｛例｝老夫人，上命差遣，盖不由己。我直从朝门外拆起，多少王侯宰相家，连片拆了，单单拆的你这一家儿也？（元·无名氏《谢金吾》）

提示：也说"上命官差，事不由己""上命公差，概不由己""上人差遣，概不由己""上命官差，身不由己"。

【上求材，臣残木；上求鱼，臣干谷】

上：皇上。残：砍伐。干：抽干。皇上要木材，臣子就会砍伐树林；皇上想吃鱼，臣子就会把鱼塘的水抽干捕鱼。指上面喜欢什么，下属就会不顾一切地想尽办法去索求。

｛例｝楚王亡其猿，而林木为之残；宋君亡其珠，池中鱼为之殚。故泽失火而林忧。上求材，臣残木；上求鱼，臣干谷。上求楫而下致船。上言若丝，下言若纶。（汉·刘安《淮南子·说山训》）

【上人不好，下人不要】

好（hào）：喜欢。指上面不喜欢的，下面的人便不会去干。

｛例｝俗谚云："上人不好，下人不要。"因懿公偏好那鹤，凡献鹤者皆有重赏。弋人百方罗致，都来进献。（《东周列国志》）

【上有样，下跟帮】

跟帮：跟着学。指上边做出

样子，下边就会效仿。

{例} 那好，请打开都城十三门，让我们的家眷出城，大家都来一个"破釜沉舟"！俗语说得好："上有样，下跟帮。"（胡山源等《南明演义》）

【艄公不摇橹，误了一船人】

艄公：木船上掌舵驶船的人。橹：使木船前进的工具，比桨长大。掌舵的人不操作，船就不会行走。比喻领导不行动，工作就无法进行。

{例} 我已经五十多岁了，还能干几年？千锤击鼓，一锣定音。艄公不摇橹，误了一船人啊！（农第《木槿花》）

提示：也说"艄公自己避风浪，毁了江中一船人"。

【蛇无头不行，人无位不尊】

指人没有职权，就没有地位，就像蛇没有头就动不了一样。

{例} "蛇无头不行，人无位不尊"，二哥须登了王位，方好发号施令。（《钟馗传——平鬼传》）

【树大有枯枝】

比喻团体机构庞大，难免会出不好的人或事。

{例} 俗话说的，树大有枯枝，一国之大，自然是有好的有坏的，何必一棍打一船呢？（梁启超《新中国未来记》）

提示：也说"树大有枯枝，族大有乞儿"。

【树倒猢狲散】

猢狲：猴子。比喻有权势的人物一旦倒台，依附的人便马上离散。

{例} 常言"月满则亏，水满则溢"，又道是"登高必跌重"。如今我们家赫赫扬扬，已将百载，一日倘或乐极悲生，若应了那句"树倒猢狲散"的俗语，岂不虚称了一世的诗书旧族了！（《红楼梦》）

提示：也说"树倒猢狲散，墙倒众人掀""树倒猢狲散，兵无主自乱"。

【头雁顶住风,群雁跟着冲】

头雁:比喻带头人。比喻带头的能顶住压力,群众就会跟着一起行动。

{例}头雁顶住风,群雁跟着冲,强将手下无弱兵。冷铁冰在窑门找到掩体之处,带头守住窑门口,大家也都找到了简单武器,分守住窑洞内部。(李英儒《上一代人》)

【头雁引路雁群随】

指有带头人领路,大伙儿就会紧跟着前行。

{例}咋办?你问我还不如问你自己。好姐姐,你说咋干我跟着就是了,头雁引路雁群随呀。(张笑天《永宁碑》)

【修屋靠梁,蜂子靠王】

比喻家庭或团队,靠的是有权威、有能力的人作领头人,就像蜂群靠的是蜂王一样。

{例}爹支撑这个门面也不容易呢。幸亏还有你爷爷在世,有你爷爷掌着。修屋靠梁,蜂子靠王,你爷爷就是这梁,就是这王。(吴飞舸《泪土》)

【阎王好见,小鬼难挡】

比喻首领好说话,手下具体办事的人却很难对付。

{例}俗语说道:"阎王好见,小鬼难挡。"谁是阎王?坐在堂上能打得人,枷得人,那个官儿就是阎王。(《活地狱》)

提示:也说"大王好见,小鬼难当""阎王爷好见,小鬼难搪""阎王好说,小鬼难缠""阎罗王容易见,小鬼子难理缠"。

【阎王好作,小鬼难当】

比喻不负责任的领导好当,说说空话就可以了,但办理具体事情的人不好操作,很为难。

{例}既不多给官面上惹麻烦,又让大家都过得去。真的吧假的吧,这总得算(巡警)点本事。而作警官的呢,就连这点本事似乎也不必有。"阎王好作,小鬼难当",诚然!(老舍《我这一辈子》)

【雁有头雁，羊有头羊】

比喻凡事都要有领头的。

{例} 羊无头不走，雁无头不飞。雁有头雁，羊有头羊。咱们生产队家大业大的，没个好领头的，能成么？（肖英俊《山村风雨》）

【一朝天子一朝臣】

天子：皇帝。旧时皇帝登基，总要重新任用一批官员。泛指新领导上台，总会启用或重用一批自己人。

{例} 中国旧式的交替是"一朝天子一朝臣"，跟着严先生已经来了不少的新教职员。（郭沫若《反正前后》）

提示：也说"一朝天子一朝臣，一个主子一个规""一朝天子一朝臣，一个将军一个令"。

【一个山头一只虎】

指一个地区或一个团队只能有一个领头人物。

{例} 一个山头一只虎。也亏了顺义村的张公瑾做了主人，就是叔宝有书投他，不曾相会

的。（《隋史遗文》）

【一将无谋，累死千军】

指将帅要是没有智谋、能力，就会招致全军失败。

{例} 他如热锅上的蚂蚁，急得在帐内团团直转，但想不出一个退兵的好主意。真是"一将无谋，累死千军"，虽有十万大军，却没克敌制胜的好法子。（刘林仙等《薛仁贵征东》）

提示：也说"一将无谋，累死千军；一帅无谋，挫丧万师""一将无能，累死千军""一将无能，万命俱亡"。

【一鸟入林，百鸟压音】

比喻一个有权威的人出现，众人便立即安静下来。

{例} 一鸟入林，百鸟压音，桑家父子出场一亮相，不必大呼小叫抢生意，四外几个场子的看客就扭过了脸，转过了身子。（刘绍棠《草莽》）

提示：也说"一鸟进山，百鸟无声""一雀入林，百鸟压

音""一鸟入林百鸟静""一鹞入林,百鸟噤声"。

【有其君者,必有其臣;有其臣者,必有其君】

有什么样的君主,就会有什么样的臣子;有什么样的臣子,就会有什么样的君主。指君臣能相互影响。

｛例｝吾闻"有其君者,必有其臣;有其臣者,必有其君",以从行诸子观之,晋公子必能光复晋国。(《东周列国志》)

提示:也说"有是君,必有是臣"。

【掌舵的心不慌,乘船的才稳当】

比喻在危险时刻或紧要关头,带头人能沉得住气,众人才不至于慌乱。

｛例｝你是全组掌舵的。俗话说:"掌舵的心不慌,乘船的才稳当。"你一慌,大伙才急了。关键是你。(姜树茂《渔港之春》)

【针往哪儿钻,线往哪儿穿】

针扎到哪儿,线就能穿过哪儿。比喻领路人走到哪儿,群众就会跟到哪儿。

｛例｝"这话有道理,"长脸娘们儿表示赞同,"针往哪儿钻,线往哪儿穿;老鸡不上灶,小鸡不乱跳。葛茂源那老头子,自个就不地道。"(韩志君等《辘轳·女人和井》)

【知子莫若父,知臣莫若君】

知:了解。莫如:不如。指最了解儿子的是父亲,最了解臣子的是国君。

｛例｝"夫知子莫若父,知臣莫若君。"盖父子之间,否臧易辨,龆龀之际,性习已彰。若能鉴其神明,遗其外饰,窥其好美之意,观以成人之风,自迩察遐,材将焉遁。(《册府元龟·帝王部·知子》)

提示:也说"择臣莫如君,择子莫如父""择子莫如父,择臣莫如君""知臣莫若君,知子莫若父""知臣莫如君,知子莫如亲"。

十、团结合作

【不怕单，就怕连】

连：串连、联合。指一个人的力量有限，众人团结起来就会有力量。

{例}尽管是这样，老师，您还得经常派人来跟我们通通气。"不怕单，就怕连"——洋人和官府，大概最怕的是这个。（鲍昌《庚子风云》）

【不怕虎生三只口，只怕人怀两样心】

指敌人强大并不可怕，而自己的人不一心是最可怕的。

{例}下午农会分大组召开的雇贫中农团结辟谣会上的热烈情绪，一直保持着："嗨，任它狗儿怎样叫，不误马儿走大道！""不怕虎生三只口，只怕人怀两样心！"（孔厥《新儿女英雄续传》）

提示：也说"不怕虎生三个口，最怕人怀两样心""不怕虎长三张嘴，就怕人有二条心""不怕虎生三眼，就怕人起二心"。

【不怕老虎狠，单怕老虎成群】

比喻如果坏人结成了团伙就会带来大的危害。

{例}人常说：不怕老虎狠，单怕老虎成群！这些家伙搞成一气了，来势这么凶，地方上少不了又要受苦受害。（柯蓝等《风满潇湘》）

【船帮船，水帮水】

指自己人应该向着或帮助自己人。

{例}自古道："船帮船，水帮水。"吃了官家饭，总讲官家话。你总顶好七十二个壮丁，不留一个，一个个上你圈套。（巴人《乡长先生》）

【船靠板凑，人靠人捧】

修造木船靠的是木板，人有威信靠的是众人的拥戴。指没有大家的拥护，什么也干不成。

{例}积几十年的经验，他懂得，得人心者存，失人心者亡。拿他的话说，就是：船靠板凑，人靠人捧，一个好汉三个帮。（胡正言《海盗》）

【大伙心齐，泰山能移】

指只要大家共同努力，什么事情都能做到。

{例}咱们千万要记住，不怕天，不怕地，就怕咱们心不齐。只要大伙心齐，泰山能移。（肖驰《决战之前》）

提示：也说"大伙拧成一股绳，做起事来力无穷"。

【单蜂酿不成蜜，独龙治不了水】

比喻靠个人的力量是很难办成大事的。

{例}仗要靠大家来打，只有将士相而没有车马炮兵卒，就组不成一盘棋。"单蜂酿不成蜜，独龙治不了水"，人世间的万事万物都必须由这个道理管着。（郭明伦等《铁血丹青》）

【单丝不成线，孤木不成林】

丝：蚕丝，比线细。木：树。一根丝合不成线，一棵树成不了林。比喻个人的力量有限，办不成大事。

{例}日本鬼子打到家门上了，这是亡国灭种的时候，咱们得先组织起来。单丝不成线，孤木不成林，人多势力大，才好打鬼子。（梁斌《烽烟图》）

提示：也说"单丝不成线，孤掌拍不响""孤树不成林，单丝不成线""孤树不成林，独木不成桥"。

【单者易折，众则难摧】

折（shé）：断。摧：摧垮，摧毁。比喻势力单薄的容易被挫败，众人团结一心就很难被摧垮。

{例}你们都试过了，一支箭很容易折断，二十支箭捆在一起，谁也折不断。这说明

一个道理："单者易折，众则难摧。"……只有团结一心，齐心协力，才能有力量！（高峰《保护孩子的自信，托起孩子的梦想》）

提示：也说"一箭易断，百箭难折"。

【稻多打出米来，人多讲出理来】

稻谷种得多，打出来的米就多，人聚集得多，主意、办法就多。指做事要依靠大家，多听取大家的意见。

{例}有事要多和战士们商量，俗话说，"稻多打出米来，人多讲出理来"，战士们有经验，有主意有办法，有了困难和大家商量，总是可以解决的。（黎汝清《万山红遍》）

提示：也说"人多讲出理来，谷多舂出米来""人多讲出理，田多长出米"。

【地和生百草，人和万事好】

土地温暖通和，百草就会生长；大家相处和睦，事情就都好办。指天地万物，人生诸事，和谐通达最为重要。

{例}继英啊，你是后辈子，让着点不就好了？"地和生百草，人和万事好"啊！（刘汉勋等《在地层深处》）

【断木用胶粘，人心以诚连】

胶可以把断木粘起来，真诚可以把人心聚在一起。指要把人们团结在一起，必须以诚相待。

{例}常言说得好："断木用胶粘，人心以诚连。"以后，倘有用小弟之处，只要哥哥一声召唤，洒家就是肝脑涂地，也在所不辞。（赵博《花和尚演义》）

【多个人，多个胆】

多一个人就增加一分胆气。指有人陪伴或大家聚在一起，胆量就大。

{例}一个人孤孤单单，人多就有商有量，俗话说："多个人，多个胆。"（黄谷柳《虾球传》）

【多一个人多一分力量】

增加一个人就增加一分力量。指人越多力量就越大。

｛例｝杨先生：大哥应把这份儿家，归并到家里去，正式纳小；假若新嫂子是可以造就之材，也就编入咱们的妇女部队里去，多一个人多一分力量。（老舍《残雾》）

提示：也说"多一只蛤蟆多四两力"。

【二人同心，粪土成金】

指两个人齐心共同努力，再困难的事情也能办成。

｛例｝玉香院如何能轻易放走郑玉莺这棵摇钱树？可是俗话说得好，二人同心，粪土成金；郑玉莺又认得的人多，面子大，私蓄丰厚，加上她绝顶聪明，不上一个月，赎身、出嫁的事就都办成了。（凌力《星星草》）

提示：《周易·系辞上》："子曰：君子之道，或出或处，或默或语。二人同心，其利断金。同心之言，如臭如兰。"也说"二人合心，黄土成金""二人同心，其利断金""两人一条心，黄土变成金""两人同心，其利断金"。

【富攀富，穷帮穷】

攀：跟地位高的人结亲或拉关系。指富人结交的是有钱人，穷人帮助的是受苦人。

｛例｝高家和郭家都是从河南林县逃荒要饭上来的。俗话说："富攀富，穷帮穷。"两家上辈人就相处得好。（崔巍等《爱与恨》）

提示：也说"富帮富，穷帮穷""穷帮穷，富帮富""穷帮穷，富帮富，麦糠不能做豆腐"。

【赶贼少不了三二人，打虎离不开亲兄弟】

指遇到坏人或情况危急时，需要大家出手相助，团结一致才能取胜。

｛例｝人常说："赶贼少不了三二人，打虎离不开亲兄弟。"由于豹子三声撼天动地的

怒吼,有些正在附近庄稼地里做活儿的人,闻声赶来了。(张恩忠《龙岗战火》)

【胳膊总是要往里弯】

比喻自己人总是要向着、维护自己人的。

{例}胳膊总是要往里弯。要是咱的粮食叫外地外村人借走,咱村上的人们那可更受辖制了。(刘江《太行风云》)

提示:也说"打断胳臂往里曲""胳膊肘儿往里拐""折了膀子往里弯"。

【公众马,公众骑】

指公共财物或大家的利益,应该由众人分享。

{例}李支书和我一样,认为公众马,公众骑,如今,油茶以社为单位分配,下村要吃一点亏,将来分菜油,上村就要吃亏了,上村油菜种得多一些。(周立波《山乡巨变》)

提示:也说"大家驴,大家骑""大家的马儿大家骑"。

【官向官,民向民,穷人向的是穷人】

向:偏向,袒护。指同类或同阶层的人总是会互相帮助,互相袒护的。

{例}官向官,民向民,穷人向的是穷人。天军捻子联一起,杀完官军救百姓。(凌力《星星草》)

提示:也说"富向富,贫向贫,当官的向那有钱人""官向官,民向民,和尚向的是出家人"。

【光鼓槌子打不响】

没有鼓,只有一个鼓槌子是敲不响鼓的。比喻没有别人配合,一个人难以成事。

{例}韩老六的家里人,磕头的,五亲六眷,三老四少,都在场里吹胡子,瞪眼睛,大伙谁还敢说话,我个人说说顶啥用?光鼓槌子打不响。(周立波《暴风骤雨》)

提示:也说"光一个鼓槌打不响"。

【合心的喜鹊能捉鹿】

比喻只要团结一心，弱小者也能产生巨大的能量。

｛例｝韩桑杰光剥削蒙古人，抢蒙古人吗？他把汉人也抢个精光！闹革命还分什么蒙汉？有句蒙古谚语，"合心的喜鹊能捉鹿"，想想吧。（孟庆增《不愿做奴隶的人》）

提示：也说"合群的喜鹊能擒鹿，齐心的蚂蚁能吃虎""合群的蚂蚁能捉蝴蝶""合心的喜鹊能捉住老虎"。

【火大无湿柴】

火大了，湿柴也能烧着。比喻团结起来力量大，什么困难都能克服。

｛例｝俗话说：火大无湿柴。同志们，我们多一把柴，火就多一些，旺一些！火势越大，看得越远！（柳杞《长城烟尘》）

提示：也说"火大没湿柴"。

【烂麻拧成绳，力量大千斤】

比喻个人能力虽然有限，但只要大家团结起来，就能产生无穷的力量。

｛例｝嘿，烂麻拧成绳，力量大千斤，不要说我们还是人民战士！（杜鹏程《保卫延安》）

提示：也说"烂麻搓成绳儿，也能拉千斤""碎麻拧成绳，能提千斤鼎"。

【廊庙之材非一木之枝，帝王之功非一士之略】

廊庙：朝廷的宫殿。材：木材，泛指材料。士：古代官员。略：谋略。一棵树的枝干是建不成宫殿的，一个大臣的才华和谋略是不能帮帝王统治天下的。比喻要成就一番事业，靠的是众人的智慧和力量。

｛例｝赞曰：高祖以征伐定天下，而缙绅之徒骋其知辩，并成大业。语曰："廊庙之材非一木之枝，帝王之功非一士之略。"信哉！（《汉书·郦陆朱刘叔孙列传》）

提示：语出《慎子·知忠》："故廊庙之材，盖非一木之枝也；粹白之裘，盖非一狐之皮也。"

【篱笆牢靠要钉桩，冤家打赢要人帮】

指人不管干什么都离不开别人的帮助和支持。

{例}诺阿浦木梭，你们怎么不能跟阿侯家走一条路？俗话说："篱笆牢靠要钉桩，冤家打赢要人帮。""朋友越多越好，冤家越少越好。""没有家族是孤独，没有亲戚是寡人。"你忘记这些话了？（李乔《破晓的山野》）

【两人一般心，有钱堪买金；一人一般心，无钱堪买针】

堪：可，能。般：样，种。指两人齐心合力，什么困难都能克服；各人怀揣自己的小心思，事情就很难办成。

{例}远水难救近火，远亲不如近邻。两人一般心，有钱堪买金；一人一般心，无钱堪买针。力微休负重，言轻莫劝人。（《增广贤文》）

【芦草根盘根，穷人心连心】

指穷人命运相同，在生活中会互相怜惜，互相关心。

{例}芦草根盘根，穷人心连心。你想，你给刘家大院放羊，我也给他家放过羊。给地主家放羊的苦处，我都尝过。那天粉团子李萃香打你，想扣你的工钱，我要不把你看成亲兄弟，怎能去夺粉团子手里的鞭子呢？（肖驰《决战之前》）

【芦柴成把硬】

芦柴：芦苇的茎。捆在一起，结成把子的芦苇才坚硬不易折断。比喻人团结起来才有力量。

{例}办法只有一个，芦柴成把硬，大家齐心和地主老财们斗，凭着穷哥们齐心，就能破他们的庄圩，夺他们的枪和粮食。（陈允豪《马家荡》）

提示：也说"芦柴成把硬，独木不成林"。

【没有烧饭的头陀，就没有念经的和尚】

头陀：指行脚乞食的和尚。没有做饭的和尚，念经的和尚就吃不上饭。指干事情总会有不同的分工，他们之间因互相依赖而存在。

｛例｝"敲锣卖糖，各干一行，营长。"于头仍然乐呵呵地说，"都看地图就能把北洋军看跑呀？这就叫：没有烧饭的头陀，就没有念经的和尚。"（陈立德《前驱》）

【莫三人而迷】

莫：没有。三：概数，泛指多。没有三个人一起合计就会感到迷惑。指遇事要和大家商量，才不会困惑。

｛例｝晏子聘鲁，哀公问曰："语曰：'莫三人而迷'。今寡人与一国虑之，鲁不免于乱，何也？"晏子曰："古之所谓'莫三人而迷'者，一人失之，二人得之，三人足以为众矣，故曰'莫三人而迷。'"（《韩非子·内储说上》）

提示：语出《晏子春秋·内篇问下》：晏子聘于鲁，鲁昭公问焉："吾闻之：'莫三人而迷。'今吾以鲁一国迷，虑之不免于乱，何也？"

【牡丹虽好，还要绿叶扶持】

牡丹虽然雍容高贵，没有绿叶的衬托，也显不出它的艳丽。比喻再有才华的人也需要众人的帮助和扶持。

｛例｝夫人，你这幅梅花，画便画得好，只是有花无叶太冷静些。岂不闻古语道："牡丹虽好，还要绿叶扶持。"为什么不画些叶子，点缀点缀？（清·李渔《意中缘》）

提示：也说"好花还需绿叶扶持""荷花虽好，也要绿叶扶持""红花虽好，也仗绿叶扶持衬映""花须叶衬，佛要金装""牡丹虽好，全仗绿叶扶持"。

【鸟要合群，人要齐心】

指像鸟有群体就有了依靠一

样，众人齐心协力就能战胜任何困难。

{例} 奴隶们都来求他想办法，要他领大伙去跟那迢迢干。阿真说："鸟要合群，人要齐心。只要大家齐心，那就好办了。"（刊）

【宁失一人喜，不结千人怨】

指宁愿得罪一个人，也不要与众人结怨。

{例} 虽然你有东府靠背，还怕谁出你的花样？不知俗语说得好："宁失一人喜，不结千人怨。"他等遇便即发，所谓"明枪易躲，暗箭难防"。（《绘芳录》）

【宁与千人好，不与一人仇】

指应该与所有的人和睦相处，不要与任何人结仇怨。

{例} 你这是何苦？这么杀来杀去，哪有个完哪？常言道："宁与千人好，不与一人仇。"（高云览《小城春秋》）

提示：也说"宁和千人好，莫和一人仇"。

【朋柴火焰大，人多主意高】

朋柴：堆起来的柴。指柴多火焰就大，人多智慧就多，就能想出好主意。

{例} 一个人的智慧和认识是有限的，俗话说，"朋柴火焰大，人多主意多"，这件事儿必须发动群众好好讨论一下，请大家出计献策。（曾辉《八月雪》）

提示：也说"人多主意好，柴多火焰高""人多主意高"。

【千根骨子撑把伞】

伞是靠多根伞骨才能撑开的。比喻事情要靠众人团结一致才能办成。

{例} 不过，话说回来，如海跟我一样，是个粗胚，只会撑船、放鸭、捞鱼、盘泥巴，从来没当过干部。"千根骨子撑把伞"，凡事要靠大家抬举。（方之《出山》）

【千斤担子万人挑】

指事情再多再难办，只要大家齐心协力，就能办好。

{例} 他忽然想起一句老话："千斤担子力人挑！"顿时心中一闪，眼前一亮，对，向弟兄们领教领教。（岳啸《武当山传奇》）

【穷见穷心里疼，穷不帮穷谁帮穷】

指命运相同的人，总是互相同情，互相帮助。

{例} 门大爷的一句口头语儿，也在他的耳边响起来："糠能吃，菜能吃，气不能吃；吃让人，喝让人，理不让人！"接着，又是雏大爷的声音："穷见穷心里疼，穷不帮穷谁帮穷？"（郭澄清《大刀记》）

提示：也说"穷不怜穷让谁怜"。

【拳头朝外打，胳膊往里弯】

指要分清内外，有了矛盾，要一致对外，对自己人要宽容、爱护。

{例} 古话说，"拳头朝外打，胳膊往里弯"，偏你不识这个理。不但要娶翠妹仔，还参加什么拜上帝会。（顾汶光等《天国恨》）

提示：也说"拳头朝外打，胳膊肘朝里拐"。

【人不辞路，虎不辞山】

辞：告别，这里指离开。人外出离不开道路，虎藏身离不开深山。指人出门离不开别人帮助。

{例} "人不辞路，虎不辞山。"一辈子说不定谁用着谁。一口剩的，用不着道三谢四的。吃饱了，天亮以前，你还能赶十多里路。（张皖《三姊妹》）

【人到一万，无边无岸；人到十万，彻地连天】

一万个人聚在一起，看不到边际；十万个人聚在一起，更是声势浩大。指人多力量就大，声势也就浩大壮观。

{例} 常言说："人到一万，无边无岸；人到十万，彻地连天。"这十万人马真是铺天盖地一般，旌旗飘摆，遮住日光，

刀枪把人照得眼睛都睁不开了。（单田芳等《燕王扫北》）

提示：也说"兵过千，没有边；兵过万，没有沿""人有一万，无边无沿；人有十万，彻地连天""人上一万，无边无岸""人马一万，无边无沿"。

【人多不怯力气重】

指人多力量大，不用担心活儿重，费力气。

﹛例﹜田保霖便又盘算了，人多不怯力气重，只要政府能帮咱，咱就好好地干一番事业吧，也不枉在世一场。（丁玲《田保霖》）

提示：也说"人多移山分量轻"。

【人多出韩信】

韩信：汉初杰出的军事家，善于领兵打仗，被刘邦拜为大将。指人多了人才就多，众人中就会有像韩信那样的英才。

﹛例﹜不能单看几个先进的积极分子。发动群众，越广泛越好，打江山不怕人多。老百姓说："人多出韩信。"（周立波《暴风骤雨》）

提示：也说"人多出孔明""人多出圣人"。

【人多出智慧】

指人多主意就多，就能想出好的办法。

﹛例﹜常言道："人多出智慧。"张天杰再有主意，也架不住这么多人圈弄啊！（单田芳《燕王剑侠》）

提示：也说"人多点子多""人多主意好""人多智谋多"。

【人多好干活儿】

指人手多了，效率就高，事情就容易办好。

﹛例﹜俗话说："人多好干活儿。"仅用了两天时间，就把洞里的东西运光了。那太好了，人多好办事，咱们一块去。（单田芳等《百年风云》）

提示：也说"兵多好打仗，人多好做活""人多好作活""人多好办事"。

【人多力量大，柴多火焰高】

指大家团结起来就有力量，就像柴多燃烧起来火焰就高一样。

{例}祝永康道："……只有组织起来，我们才有力量抗拒一切灾害，改造自然环境，创造新的世界。"何老九在旁称赞道："老祝正好说到俺心里来了。不是一句古话吗？'人多力量大，柴多火焰高。'"（陈登科《风雷》）

提示：也说"人多力量大"。

【人多人强，狗多咬死狼】

指人多力量就大，就像狗多了也能咬死恶狼一样。

{例}齐心合力，老虎也能逮住，若还孤家寡人，叫你去捉一只兔子也捉不到……有句俗话："人多人强，狗多咬死狼。"（陆地《瀑布》）

提示：也说"人多人强，蚁多咬死象""人多为强，狗多为王"。

【人多嗓子响】

人多了声音就大，就有气势。指人多了说出来的话就容易引起重视。

{例}韩云程拉着郭鹏一道去。他们路过总办公室。遇到会计主任勇复基，韩云程拉他一道去，人多嗓子响，好提起徐总经理注意。（周而复《上海的早晨》）

【人怕齐心，虎怕成群】

指大家齐心合力，就会产生巨大的威力。

{例}俗话说："人怕齐心，虎怕成群。"起手闹事，第一先要人多。真要是几千口人一齐站出来，再有人登高一呼，那可就算是成啦！（鲍昌《庚子风云》）

提示：也说"人怕心齐，虎怕成群"。

【人上一百，必有奇谋】

指人多主意多，总会有人想出好办法。

{例}老僧忙中无计。有道

是:"人上一百,必有奇谋。"何不问问两廊僧俗人等。(田汉《西厢记》)

【人抬人高,水抬船高】

指只要受到大家的拥护,威信自然就会提高,就像水涨起来船也会顺着水高起来一样。

｛例｝比起从前来,是好得多了。承蒙三朋四友的帮助,人抬人高,水抬船高,我混得很好。(杨杰《牡丹血》)

提示:也说"人抬人无价宝,水抬水万丈高""人抬人高,自尊自贵""人抬人高,自尊自卫"。

【人心齐,泰山移】

泰山:五岳之首,在山东省境内。指大家齐心协力,就能凝聚成巨大的力量,什么难事都能办成。

｛例｝常言说:"人心齐,泰山移。"只要百姓奋起打洋鬼子,洋鬼子就不敢为所欲为了。(辛大明《鸦片战争演义》)

提示:也说"大伙儿心齐,泰山能移""人心齐,山可移""人心齐,海可填,山可移"。

【人众者胜天,天定亦能破人】

天定:指天道有常。人多力量就大,能改变一些自然现象;但天道有常,也不能尽遂人愿。指人与自然和谐相处才是正确的选择。

｛例｝申包胥亡于山中,使人谓子胥曰:"子之报仇,其以甚乎!吾闻之,人众者胜天,天定亦能破人。今子故平王之臣,亲北面而事之,今至于戮死人。此岂其无天道之极乎!"(《史记·伍子胥列传》)

提示:也说"人众者胜天,天定亦胜人"。

【三个臭皮匠,赛过一个诸葛亮】

皮匠:旧时称修鞋或制鞋的工人。原指三个皮匠的主意合起来能顶一个诸葛亮。后指人多智谋多,能想出好办法。

｛例｝每个战斗小组都开

诸葛亮会,取"三个臭皮匠,赛过一个诸葛亮"之意。(周恩来《关于和平谈判问题的报告》)

提示:诸葛亮:字孔明,三国蜀汉人,时称卧龙。刘备三顾茅庐请他出山,后拜其为丞相。他神机妙算,足智多谋,才华超群。也说"三个臭皮匠,顶个诸葛亮""三个缝鞋匠,顶个诸葛亮""三个巧皮匠,顶个诸葛亮""三个小皮匠,顶一个诸葛亮"。

【伤一个人容易,为一个人难】

为(wéi):为人,与他人友好交往。指伤害一个人容易,团结一个人并得到他的信任却很难。

{例}我是说,活一辈子,伤一个人容易,为一个人可难。当干部的呢,千万留神,别把路子走绝了。(浩然《艳阳天》)

【十人十心,无财市针;十人一心,有财市金】

市:买。大家不齐心,连一根针也买不起;大家齐了心,就能置买金银。指众人齐心,事业就兴旺,若不齐心,什么也干不成。

{例}顺则和,和则富。谚云:"十人十心,无财市针;十人一心,有财市金。"此语屡验。(宋·杨简《杨氏易传·离下巽上》)

提示:也说"十人一心,有财买金;十人十心,无钱买针"。

【手大不遮天】

手掌再大也遮不住天。比喻一个人再有能力也不可能控制或包揽一切。

{例}各位,常言说"手大不遮天"。由我兄弟破阵,那可担当不起。(单田芳等《大明英烈传》)

提示:也说"手大遮不住天""手大捂不过天来"。

【树不成林怕大风】

比喻个人的力量是有限的,不团结起来就难以抵抗灾祸。

{例}难道……就要各顾各,不合伙开荒,同走一条发家门路吗?"树不成林怕大风",

这是老前辈留下的黄金话。（王杏元《绿竹村风云》）

【树多不怕狂风】

比喻大家团结起来，就能战胜邪恶势力。

｛例｝有句老话说："树多不怕狂风""合心的喜鹊能捉住老虎"。咱们这些属民，只要抱成团，就不怕如虎的昏君。（刘恩铭《努尔哈赤传奇》）

【炭多火红，人多势勇】

指众人团结起来就能形成强大的势力。

｛例｝对了！炭多火红，人多势勇，算它那乡公所是生铁铸的也能把它烘熔。（里汗《新绿林传》）

【同舟要共济，万难化为夷】

济：渡河。夷：平安。指只要同心协力，就能战胜各种灾难，化险为夷。

｛例｝别客气了！现在我们同穿一条裤，我们在哪里你就在哪里。你们的渔谣不就这么

说吗："同舟要共济，万难化为夷。"（郑秉谦《碧海缘》）

【土帮土成墙，人帮人成王】

比喻人们互相帮助就能产生巨大的力量，就能干成一番事业。

｛例｝嘻！嘻！这还不是全靠朋友们帮衬拉把？俗话说：土帮土成墙，人帮人成王。没有你们，咱老丁还不是个抢镢头的？（崔巍等《爱与恨》）

提示：语出唐·李百药《北齐书·尉景传》："景有果下马，文襄求之，景不与，曰：'土相扶为墙，人相扶为王。'一马亦不得畜而索也。"也说"泥帮泥成墙，穷帮穷成王""土帮土成墙，水帮水成浪""土帮土成墙，穷帮穷成王""土靠土成墙，人靠人成王"。

【五人团结赛猛虎，十人团结一条龙，百人团结像泰山】

指只有团结起来，才能显示力量的强大。团结的人越多，力量越大。

｛例｝俗话说："五人团结赛猛虎，十人团结一条龙，百人团结像泰山。"我们今天一百多个工友如果团结起来，就像泰山一样推不倒！（刘章仪《铁魂》）

【协力山成玉，同心土变金】

比喻众人团结一致，共同努力，就能成就一番事业。

｛例｝你在物力上帮了人家，人家在人力上帮了你，人力多没坏处，人多了好做活，合起来干，这叫做协力。俗话说："协力山成玉，同心土变金。"（李英儒《女游击队长》）

【心齐的群牛，不怕虎恶】

比喻只要大家齐心，什么强敌也能战胜。

｛例｝"心齐的群牛，不怕虎恶。"薛工程师笑着说，"听说，咱们炼钢铁任务增多啦？"（扎拉嘎胡《草原雾》）

【心齐力量大，人多主意巧】

指众人一条心，就会产生巨大的力量，就会拿出好的办法。

｛例｝矿工们便三个一群，五个一堆，悄悄议论开了。真个是"心齐力量大，人多主意巧"，不一会儿，一个比较完整的方案就凑出来了。（潘金谊《石龙岗》）

【星多天空亮，人多智谋广】

指人多了就能想出好主意，就像星星多了能照亮夜空一样。

｛例｝赵钱孙李大家出主意，周吴郑王一起来商量。星多天空亮，人多智谋广嘛。有什么问题大家研究解决。（刘彦林《春风得意》）

【雁怕离群，人怕单干】

大雁离群飞不远，一个人的力量毕竟单薄。指做事情不能只靠自己，要依靠大家的力量。

｛例｝他们从生产、生活和社会活动的实际经验中，认识到"一人难担千斤担""雁怕离群，人怕单干"。（刊）

【一个好汉三个帮，一个篱笆三个桩】

三：概数，表示多。桩：楔入地中的桩柱。指再有才华的人也需要别人的帮助，就像扎篱笆需要打很多木桩一样。

｛例｝常听人们说这样一些话："一个好汉三个帮，一个篱笆三个桩""人心齐，泰山移"。人们生活在这个世界上，必须作为一个社会的人而存在。这就注定了他不可能独立于人群之外，不可能不与人相处、合作。（成满平《合作才能取胜》）

提示：也说"一个好汉三人帮，一根屋柱三个桩""一个篱笆要打三个桩，一个好汉要有三个帮""一道篱笆三个桩，一个好汉三个帮""一个篱笆三个桩，好汉也要众人帮"。

【一个人挡不住老虎，五个人能打死老虎】

指人多力量大，容易办成事。

｛例｝江涛叉开腿，横着腰，抡起拳头，兴冲冲地说："一个人挡不住老虎，五个人能打死老虎。十个人遮不住太阳，人多了能遮黑了天。"（梁斌《红旗谱》）

【一个人浑身是铁，也打不了几根钉】

比喻一个人即使才华出众，能力也是有限的。

｛例｝高二佬点着头说："对。一个人哪怕浑身是铁，也打不了几根钉。"（张行《武陵山下》）

提示：也说"一个人浑身是铁能碾多少钉""一个人浑身是铁，能搓多少根钉""纵然是块铁，下炉能打得几根钉"。

【一根单丝难成线，千根万根拧成绳】

比喻一个人力量有限；大家团结起来，就能形成气候，增强力量。

｛例｝俗话说："一根单丝难成线，千根万根拧成绳。"如

今我们农会,就是要把千千万万的单丝拧成一根力担千斤的粗绳。(黎汝清《万山红遍》)

【一根筷子容易折,拧成的麻绳拉不断】

比喻一个人的能力或力量有限,大家团结起来就会产生无穷的力量。

｛例｝"一根筷子容易折,拧成的麻绳拉不断",这是很浅显的道理。可是,人们要真的而不是假的认识它,往往要走遥远的路。(王宗仁《历史,在北平拐弯》)

提示:也说"一根筷子容易断,拧成的麻绳拉不断""一根竹竿容易弯,一把筷子折断难""一条竹竿容易弯,三缕线纱拉断难""一箭易断,百箭难折"。

【一根木头做不成梁,一块砖头砌不成墙】

比喻靠一个人的力量难成大事。

｛例｝林家祥听说没有找到小龙,失望地重重地叹了一口气说:"一根木头做不成梁,一块砖头砌不成墙啊!"(杨明《二龙传》)

提示:也说"一块砖头难砌墙,一根木头难盖房""一根木头架不起梁,单枪匹马成不了王"。

【一花不是春,独木不成林】

一朵花开不是春天,一棵树木不成树林。比喻单凭个人力量,难成大事。

｛例｝"一花不是春,独木不成林。"张春自己富起来了,也没有忘了乡亲;让全村人都富起来,这才是他的心愿。(报)

提示:也说"一木不成林,一花不成春""一叶不成夏,独木不成林"。

【一龙难戏千江水,一虎难登万重山】

指再能干的人,单凭自己的力量也办不成大事。

｛例｝常言说:"一龙难戏千江水,一虎难登万重山。"那么

多的清兵，别说打了，就是伸头叫他杀，他也杀不完。（刊）

提示：也说"一龙不能治水""一匹马扬不起灰尘"。

【一人打铁锤不响，两人打铁响叮当】

指一个人做事不易成功，人多就有力量，事情才能做好。

{例}唉什么呀？有什么为难，我给你出出主意："一人打铁锤不响，两人打铁响叮当。"（戈明《求骗记》）

【一人计短，二人计长】

短：欠缺。长：周全。一个人的主意不周全，大家一起谋划就圆满了。

{例}常言道得好：一人计短，二人计长。咱们十个人，不，十一个人，静下来细细想想，主意儿就更加多了。（金庸《鹿鼎记》）

提示：也说"一人计短，众人计长""一人不赶二人智，三人出个大见识""一人不如二人计，三人肚里唱本戏""一人不及二人计，三人出个好主意"。

【一人难称百人心】

指每个人都有自己的想法，一个人的能力有限，所做的事情或所出的主意很难使大家都满意。

{例}嘿，反正我知道……再卖力也落不下好。一人难称百人心，何况我们这一二百人的大机关！（叶文玲《谁是"研究所所长"》）

提示：也说"一人难合百人意""一人难从众人愿""一人难结万人缘"。

【一人难担千斤担】

指一个人力量有限，难以承担重大的责任。

{例}他们从生产、生活和社会活动的实际经验中，认识到"一人难担千斤担""雁怕离群，人怕单干"。（刊）

【一人气力担一担，众人力量搬倒山】

指一人的力量有限，只能做一点小事；大家团结起来就会产生巨大的能量，可以做成大事。

｛例｝一人气力担一担，众人力量搬倒山，穷人到处有，只要四方八面人们齐上手，就不愁打倒它官府衙门。（刘江《太行风云》）

提示：也说"一人孤单单，众人能移山"。

【一人一把土，堆起万丈山】

指个人的力量有限，但大家一齐努力，就能办成大事。

｛例｝常言说：一人一把土，堆起万丈山。这样日日听，年年听，把个普天下的事儿，都记到蒲松龄的肚里去了。（钟琪《蒲松龄写〈聊斋〉》）

【一人走过一条线，两人走出一条路】

指单独行动不会产生影响，大家一齐行动才会干出一番事业。

｛例｝一人走过一条线，两人走出一条路。她这个柳伞村的柴禾妞子，沿着柳景庄的脚印走，偏要为柳伞村贫下中农争口气。（刘绍棠《柳伞》）

【蚁多蝼死象，好汉怕人多】

蝼（lóu）：方言，叮。蚂蚁多了能把大象咬死，人多了也能制住英雄好汉。指一个人再有本事，也对付不了众人。

｛例｝俗语说："蚁多蝼死象，好汉怕人多。"我看这是会无好会，你明知了，何必再去？（贺原《邪派高手》）

提示：也说"蚁多可以抬象，蝗飞可以蔽天"。

【有鸡就有蛋】

有了母鸡，就有鸡蛋。比喻只要保存好基础，力量总会壮大，以后就会有大的发展。

｛例｝西路军的失败，使徐向前愧悔交加，长期余痛在心。当他回到延安，毛泽东接见了他，并没有责备他，只是说，

留得青山在，不怕没柴烧，你能回来就好，有鸡就有蛋。（张帆《长城内外》）

提示：也说"有了鸡婆不愁蛋"。

【只要桨花齐，不怕浪花急】

桨：划船的木桨。只要划桨的劲往一处使，再大的风浪也不怕。比喻众人齐心协力，就能战胜任何艰难险阻。

{例}你们能在想不通的情况下，执行了指挥员的命令。有句俗语道："只要桨花齐，不怕浪花急。"（郭澄清《大刀记》）

【只要人手多，牌楼抬过河】

牌楼：一种装饰性建筑物，多建于街市要冲或名胜处。只要人多，连高大的牌楼也能抬过河去。指人多力量大，团结起来好办事。

{例}周威信低声道："对付这些绿林盗贼，不用讲什么江湖规矩，大伙儿来个一拥而上。江湖上有言道：'只要人手多，牌楼抬过河。'"（金庸《鸳鸯刀》）

提示：也说"只要人手多，牌坊搬过河"。

【众擎易举，独力难成】

擎（qíng）：举起；向上托。指大家团结合作、齐心协力，才能办成大事。

{例}自古道众擎易举，独力难成。烦你们众人大家攒凑攒凑，替我担上一肩。我到任之后，就设法出来还你。（《十二楼·归正楼》）

提示：也说"独力难成，众擎易举""众擎易举，独力难支"。

【众人划桨开大船】

许多人一起划桨，再大的船也能启动。比喻众人齐心协力就能办成大事。

{例}有句话说得好："众人划桨开大船"。一个公司的发展，不是靠某个人的力量，而是一个团队的力量，一种精神凝聚的力量。（孙蕾《众人划桨开大

船——筹备五周年庆典活动的真实感受》)

【众人拾柴火焰高】

人多力量就大,智谋就高。指大家齐心协力,就会产生巨大的能量。

｛例｝全政治部同志,每个人都给我抓了一撮青稞粉,真是"众人拾柴火焰高。"一人一撮就是二斤多。(马忆湘《朝阳花》)

提示：也说 "大家捧柴火焰高""众人捧柴火焰高""众人捡柴火焰高"。

【众人是圣人】

圣人：古时指品德高尚、才智出众的人。指人多出智慧,能想出好主意。

｛例｝咱们这些老实人,都没有多经过事,办起事来似乎有点困难,不过众人是圣人,遇事多开会多讨论,什么困难都挡不住咱们,因为大家出主意,容易公正,总比过去那些凭着个人小聪明办事公道得多。(赵树理《穷苦人要学当家》)

提示：也说"人多出圣人""人多是圣人"。

【众人一条心,黄土变成金】

指大家齐心协力,就能创造奇迹。

｛例｝一根竹竿容易弯,一把筷子折断难。只要我们齐心,紧紧抱成一团,众人一条心,黄土变成金,那就摔不乱,打不碎。(伍杰《山路崎岖》)

提示：也说"大伙一条心,黄土变成金""大家齐了心,黄土变成金""三人同一心,黄土变成金""万众一条心,黄土变成金""众人齐了心,黄土变成金"。

【众心成城,众口铄金】

铄(shuò)：熔化。众人同心,就能结成坚固的城墙；众口一词,就有熔化金属的力量。指众人团结起来便所向无敌。

｛例｝民所曹好,鲜其不济也；其所曹恶,鲜其不废也。

故谚曰:"众心成城,众口铄金。"(《国语·周语下》)

提示:也说"众志成城,众语成经""众口铄金,积毁销骨""众口铄金,积言毁骨"。

【主意出在百人口,田地一步收三斗】

指大家一起动脑筋,就会有好的办法,就能取得好的收获。

{例}银花第一个开口说:"杨书记,下步怎么搞,今晚还要请你来出主意呀!""好哇,'主意出在百人口,田地一步收三斗'!来,一边吃,一边谈。"(王杏元《绿竹村风云》)

十一、聚散往来

【百年聚合,终有一别】

指相聚的时间再长,也有分别的一天。

〖例〗她眼见福临神色又变,赶忙笑着解释说:"百年聚合,终有一别。皇上一向旷达,难道还看不透?如果这样,又怎能参禅?"(凌力《少年天子》)

【办酒容易请客难,请客容易款客难】

指置办酒席容易,请到尊贵的客人却很难,要使客人满意则更难。

〖例〗南都中,闾巷中常谚往往有粗俚而可味者,如曰:"办酒容易请客难,请客容易款客难。"(明·顾起元《客座赘语》)

提示:也说"备席容易请客难""设摊子容易请客难""治席容易请客难"。

【宝剑卖与烈士,红粉赠与佳人】

烈士:壮士,指勇敢的人。

佳人:美女。指珍贵的物品要送给与它相配或需要的人。

〖例〗岂不闻宝剑卖与烈士,红粉赠与佳人?以先生之才,怕不进取功名易如拾芥。但恐礼物微鲜,不足供长途之费耳。(元·无名氏《冻苏秦》)

提示:也说"宝剑必付烈士,奇方必付良医""宝剑赠与烈士,红粉送与佳人""红粉赠佳人,宝剑赠壮士""红粉送佳人,宝剑赠侠士"。

【不来由客,来时由主】

来不来由客人决定,既然来了就要听从主人的安排。

〖例〗董超道:"不来由客,来时由主。既到这里且吃了他的,看他如何。"(《平妖传》)

【怠慢亲爹，不能怠慢远客】

怠慢：冷淡。指对远来的客人一定要热情周到，不能慢待。

{例} 听说你不舒服，又没吃晚饭，我特意给你炒了几个爽口的小菜。我伲乡里有句俗话："怠慢亲爹，不能怠慢远客。"（刘建安《珍珠女·珍珠湖》）

【得意客来情不厌，知心人到话相投】

指对能谈得来的客人不会感到厌倦，有说不完的话。

{例} 说话之间，你一钟，我一盏，不觉坐到三更天气，方才宿歇。正是：得意客来情不厌，知心人到话相投。（《金瓶梅》）

提示：也说"得意友来情不厌，知心人至话相投""合意客来心不厌，知音人听话偏长"。

【东家不饮客不餐】

东家：指主人。主人不端酒杯，客人就不能动筷子。指做客时应守规矩、懂礼貌。

{例} 老话说得好："东家不饮客不餐。"我开头，你接着，听我的啊！（刊）

【东家置酒客制令】

置酒：准备酒席。制令：制定行酒的游戏规则。主人置办酒席，客人制定行酒令。指酒席上主客应该各司其职。

{例}〔周瑜云〕接了盏者。玄德公，你出一个酒令，俺横饮几杯咱。〔刘末云〕小官不敢。〔周瑜云〕便好道东家置酒客制令。（元·无名氏《黄鹤楼》）

【棍棒不打上门客】

指对到家里来的客人不能粗暴无礼。

{例} 正当他忐忑不安，来回乱转时陈毅同志已经只身进入院内。纪振纲心中好生奇怪：怎么只来他一个？心想：棍棒不打上门客，陈毅既然来了，就先接到客厅再说。（汤钟音《立马智兔山》）

【过门都是客】

指来到家里的人都是客人,要以礼相待。

｛例｝徐炳华笑道:"过门都是客,你来了东涌就称你嫂子,就像西涌也要把桂珍唤作嫂子一样。我倒巴望我们把蛇窝改好,你把西涌的好姑娘,多串几个到东涌作嫂子。"(陈残云《香飘四季》)

提示:也说"上门是客""进门都是客"。

【过日子不可不省,请客人不得不费】

指平时过日子要节俭,但请客时要大方。

｛例｝有句老话讲,过日子不可不省,请客人不能不费。人都要面子,人活脸树活皮。(张石山《母系家谱·三件小遗品》)

【好店不留久客】

再好的旅店,也不可能留着客人长久居住。指客人在酒店旅馆只是短暂停留,不会长久。

｛例｝人常说:"好店不留久客。"咱住上一宿就上路了。于是,他们就住进了这家简陋的小店。(丁工《周总理的故事》)

【好狗不咬上门客】

懂事的狗都知道不咬上门来的客人,何况是人。指对客人应该有礼貌,不能粗暴失礼。

｛例｝"爸,人说好狗不咬上门客哩,人家双喜来咱家……"芳芳的话还没说完,队长便劈脸把手中的烟锅子向她抛了过来,吓得她忙一挫身,烟锅打在锅台的瓷碗上,碗顿时碎作两半。(高鸿《那人,那狗》)

提示:也说"狗不咬上门客"。

【好汉不打上门客】

指优秀的男子对上门表示友好的人不会无礼相待。

｛例｝"好汉不打上门客",金先生肯上门,肯来我们家,就是看得起我们,妈要你

同对待朋友、对待战友一样对待他。（徐朝夫《最后一枪·战俘》）

提示：也说"好汉不得罪上门客"。

【好看千里客，万里去传名】

指热情招待远来的客人，客人会把你的好名声传到很远的地方。

｛例｝谢东君多蒙高谊，未尝还自惭无地。奈盘缠使尽来多日，古人云：好看千里客，万里去传名。望君家好看千里。〔合〕须知，出身有期，这早晚千金报伊。（明·张四维《双烈记》）

提示：也说"好看千里客，万里要传名"。

【好客不如无】

好客：尊贵知礼的客人。指待客麻烦，即使是尊贵知礼的客人来，也不如没人来省事。

｛例｝常言道好客不如无，抢出去又何如，我心中意气怎消除？你是窨付，负与何辜，既为官怎脸上无羞辱？(元·白仁甫《墙头马上》)

【好客主人多】

指客人知礼尊贵，愿意结交和接待的人就多。

｛例｝俗话说："好客主人多。"周庸佑是广东数一数二的富户，自然招呼周到。（《廿载繁华梦》）

【好留不如好散】

指既然不能和睦相处，不如趁关系没搞僵早点儿分手。

｛例｝既然你有意出去自己干，哥哥我不拦你。鸟都是往高枝上飞的嘛！我就有一点要求：常言说"好留不如好散"，咱们都是一个村的人，你要出去开饭店，我支持，就是不要也卖牛肉面，一同行就是冤家。（李準《黄河东流去》）

【好雨天留客】

好雨：大雨。大雨天，客人

出行困难，是老天在挽留客人。这是主人或店家常用的客套话。

　　{例} 秋痕笑道："我却喜欢好雨天留客；我叫他们熬些桂圆汤，给你作点心，好吗？"（《花月痕》）

【壶中有酒好留客】

　　比喻条件优越才能吸引、留住人才。

　　{例} 你可别小看我们这个小山沟。六七年前这里还是光秃秃，现在，一片绿油油的果树林，人均收入七千元，一些大学毕业生也来落户了，这就是人常说的："壶中有酒好留客"呗！（刊）

　　提示：也说"壶中无酒难留客"。

【见客如为客，轻人还自轻】

　　指接待客人时，要站在客人的角度思考问题，慢待别人也等于轻视了自己。

　　{例} 分明见刘沛公濯双足，觑当阳君没半星。直气的咱不邓邓按不住雷霆，眼睁睁慢打回合，气扑扑重淹咥挣，不由咱不怒从心上起，恶向胆边生，却不道见客如为客，轻人还自轻。（元·无名氏《气英布》）

【锦堂客至三杯酒，茅舍人来一盏茶】

　　指来客身份不同，接待的规格也有所不同。

　　{例} 常言道："锦堂客至三杯酒，茅舍人来一盏茶。"偌大一个尚书官船，岂无杯酒待客？侍儿准备筵席者。（明·沈君庸《鞭歌妓》）

【久处令人贱】

　　指长期寄居在别人家里，会被人厌烦、看不起。

　　{例} 玄成此言，殊似有理。但雄信把我看小了，这叫做"久处令人贱"。（《隋史遗文》）

　　提示：也说"久住令人贱""客久主生厌"。

【客不修店，官不修衙】

　　指旅客和当官的都不会维修所住的旅店和衙门，因为都是短期停留。

　　｛例｝有人说客不修店，官不修衙。可是邓世昌到一处修一处。（刊）

【客不序少长】

　　少（shào）：少年。长（zhǎng）：长辈。指客人之间可以不按年龄大小排次序。

　　｛例｝从来客不序少长，然而客无定处。本家则以邻家为客，本邑则以外邑为客，本郡则以外郡为客，本省则以外省为客。（《玉支玑》）

【客不压主】

　　指客人即使地位再高，也不能压制主人。

　　｛例｝"你们先出去呀，请客人进来坐。""不！'客不压主'！"贺达摇着两只手说，"你们正吃得好好的，哪能我们一来就停了。"（冯骥才《走进暴风雨》）

　　提示：也说"客不欺主"。

【客不走主不安】

　　客人不走，主人就不能安宁。指有客人来访，总会给主人增添麻烦。

　　｛例｝倒不是心疼客人吃喝，现在就是物价再高，吃喝又能花多少，主要是这个精力感到力不从心，都说是"客不走主不安"，还真是那么回事。（网《客不走主不安》）

【客大欺店，店大欺客】

　　指客户和商家之间谁有实力，谁就会占主动。也比喻交易双方谁有权势谁就有主动权。

　　｛例｝阿桂深以为然，接着傅恒话茬说道："从来客大欺店，店大欺客。主佃也是一样，都是良莠不齐善恶不等。业主强横，就鱼肉一方，佃户强横，抗租赖债欺侮业主的也尽有的。"（二月河《乾隆皇帝·日落长河》）

　　提示：也说"客大压店，

店大压客""客大欺行,行大欺客"。

【客去主人安】

指客人离开,主人也就可以安下心来做自己的事。

{例}席终,香茗水果侍候,客人靠在椅子上剔牙,这时候应该是客去主人安了。但是不,大家雅兴不浅,谈锋尚健,谁也不愿首先告辞,致败人意。(梁实秋《请客》)

提示:也说"客走主人安"。

【客随主人约】

随:顺从。约:邀请。指客人要接受、顺从主人的邀请和安排。

{例}反正你请客,客随主人约,是不是?(老舍《赵子曰》)

【礼让一寸,得礼一尺】

指对别人谦让,就会得到别人的尊重、礼让。

{例}里谚曰:"礼让一寸,得礼一尺。"斯合经之要矣。(三国魏·曹操《礼让令》)

【礼衰则客去】

衰:不足。指主人慢待了客人,客人就会离开。

{例}他又不是娃子家,难道看不出人的嘴脸。古语说得好,"礼衰则客去"。你们的嘴脸,就是有些难看。(《麟儿报》)

提示:也说"礼貌衰则去之"。

【礼下于人,必有所求】

指对别人谦卑送礼,一定是想寻求别人的帮助。

{例}常言道:礼下于人,必有所求。公子行此大礼,在下甚不敢当,却不知公子有何吩咐。(金庸《天龙八部》)

提示:语出《左传·昭公二十五年》"将求于人,则先下之。理之善物也"。也说"礼下于人,必有所图"。

【慢人者,人亦慢之】

慢:怠慢。指怠慢别人的人,也会受到别人的怠慢。

{例} 吾闻"慢人者，人亦慢之"。君先慢我，乃不自责而责我耶？（《东周列国志》）

【能叫人等客，不叫客等人】

能：宁可。指主人等客人是应该的，让客人等主人就不合适了。

{例} 老白说："今儿个也就没有什么人！"陈柱子说："有事没事常在行！能叫人等客，不叫客等人。"（李準《黄河东流去》）

【强宾不压主】

宾：宾客，客人。指宾客再尊贵、再有地位，也不能越过主人。

{例} 布乃佯笑曰："量吕布一勇夫，何能作州牧乎？"玄德又让。陈宫曰："'强宾不压主'，请使君勿疑。"玄德方止。（《三国演义》）

提示：也说"强宾不夺主""强宾不敢夺主"。

【晴天留人情，雨天好借伞】

比喻平时和大家搞好关系，困难时就比较容易开口求人了。

{例} 反正是：晴天留人情，雨天好借伞——以后我若是有个为难遭窄的，也好请他们二位前来搭救。（奚青《望婚崖》）

【请得巧不如碰得巧】

指无论用什么好办法邀请客人，都不如客人凑巧来到。

{例} 俗话说："请得巧不如碰得巧。"待我吩咐把残肴撤去，重开宴席，与唐大侠把盏。（陈祖基《五颗宝珠》）

【请君试看筵中酒，杯杯只敬有钱人】

嘲讽世人势利，大多爱巴结攀附权贵。

{例} 再者，众人顺情吃好酒，将酒劝人，终无恶意。请君试看筵中酒，杯杯只敬有钱人。（《飞跎全传》）

【请客吃酒要量家当】

指设宴请客要根据自己的经济情况决定。泛指做事要根据自己的能力安排。

{例} 晁老儿要收他为妾。晁夫人道:"请客吃酒要量家当。你自己忖量,这个我也不好主你的事。"(《醒世姻缘传》)

【请客容易等客难】

邀请客人比较容易,长时间等客人的时候就觉得难熬了。指所邀请的客人久久不来,就会使主人感到难堪。

{例} 俗话说:"请客容易等客难。"等到中午,妹婿还没到。(康新民等《官高不自高》)

【人情不在厚薄】

指人的情意在真心,不在于送礼多少。

{例} 那奸贼看了礼单,笑道:"我儿,这个官是穷官。俗话说的好:人情不在厚薄。看老夫的情面,不与他计较,照此全收了吧,好生接进官厅待面。"(《二度梅全传》)

【人情当使不当悭】

悭(qiān):吝啬。指在人情往来时应该大方,不能吝啬。

{例} 母亲可将此鸡烹熟以待客官,或者异日得客官提拔,还更好哩!古人云:人情当使不当悭。(《大明正德皇游江南传》)

【日长无好饭,客长无笑脸】

日子久了,不可能天天吃好的;客人住得时间长了,主人就不高兴了。指随着时间的延长,人的热情就会消退。

{例} 俗话说:"日长无好饭,客长无笑脸。"时间一长,社员们因繁重的劳动,沉重的家务,自己也够辛苦的了,对知识青年也就顾不得那么多了。(余子沉《商鼎》)

【山有木,工则度之;宾有礼,主则择之】

度(duó):估量。山上有木材,工匠就会量材使用;宾客有礼貌,主人就会优先接待。

{例} 君与滕君,辱在寡

人。周谚有之曰:"山有木,工则度之;宾有礼,主则择之。"周之宗室,异姓为后。(《左传·隐公十一年》)

提示:也说"山有木,工则度之"。

【送君千里,终有一别】

指送得再远,也要分手。常用来劝阻送行人。

{例}武行者道:"我送哥哥一程了却回来。"宋江道:"不须如此。自古道:送君千里,终有一别。兄弟,你只顾自己前程万里。"(《水浒传》)

提示:也说"送君千里,终须一别""送君千里终须别""送人千里,也有一别""相送千里,终须一别"。

【先敬其宾,后敬其主】

指款待客人时,应先敬宾客,后敬主人。

{例}且住,先见那官人长老怪,先见长老官人怪,我红娘自有道理。自古道:"先敬其宾,后敬其主"。(明·李景云《南西厢》)

【相请不如偶遇】

指偶然相遇,比专门邀请更有情趣,更令人高兴。

{例}俗话说:"相请不如偶遇。"今晚名师高徒,欢聚一堂,舒心畅怀,还有幸看到铁头大师的醉八仙拳,太难得了。(李栋等《武林传奇》)

【新客终无新主人】

指即使来的是新客人,主家也要像老主人对待老客人一样热情款待。

{例}从古至今说得好,新客终无新主人。莫道贫家无管待,迎接里面告茶汤。(《富贵孝义传》)

【行客拜坐客】

指远来的客人要先来拜见当地的朋友或先到的客人。

{例}你哪一天到的,怎么不来看我?你我在天津都是客。

俗语说："行客拜坐客"，你不先来看我，是你不对。（高阳《慈禧全传·胭脂井》）

【一宾不烦二主】

烦：麻烦。一位客人不该麻烦两位主人。指一件事不该麻烦众多的人。

｛例｝既然这样，一宾不烦二主，县长那里目前只能拿出这一百串；而经常费、开办费、宣传费需款孔殷，不知二位可否再垫上一笔，等县府款拨来再如数奉偿！（杨纤如《伞》）

提示：也说"一客不烦二主""一客不烦两家""一客不烦两主""一客弗烦两主""一事不烦二主""一事不劳二驾"。

【有宾不可无主】

指有客人来，主人就该相陪。

｛例｝晚宴初陈，世民邀杨氏入席，杨氏尚有难色，侍女又从旁怂恿，谓有宾不可无主，乃相对而坐，由侍女斟上酒来。（蔡东藩《唐史演义》）

【有促客，无促主】

有匆忙来的客人，没有慌忙应对的主人。指客人再仓促，主人也要从容款待。

｛例｝俗云："有促客，无促主。"（明·张存绅《增定雅俗稽言》）

【有酒不打上门客】

指在酒宴上，对前来的客人不能无礼。

｛例｝嫂：呵呀满喜！人常说：有酒不打上门客。今天只谈友谊，不谈婚事！（郭一峰《满喜相亲》）

【有礼不打上门客】

指守规矩懂礼仪的人不能粗暴对待上门的客人。

｛例｝韩裁缝沉稳地笑笑："咱俩一对一，你不是我的对手；拾掇你不用枪，只用一把剪子就够了。"白孝文也强撑面皮："有礼不打上门客，你走吧！下次再这样我就不客气。"（陈忠实《白鹿原》）

【有理不打上门客】

指即使有理,也不能粗暴对待主动上门的客人。

{例}王才坚信韩玄子待客,是不会拒绝他的。自古"有理不打上门客",何况同村邻居,无冤无仇。(贾平凹《腊月·五月》)

提示:也说"有手不打上门客"。

【在家不会迎宾客,出门方知少故人】

故人:老朋友。指在家对客人冷淡,出门在外才体会到没有朋友的难处。

{例}俗话说:"在家不会迎宾客,出门方知少故人。"到了我这里,就是到了家,伤不养好,我是不会放你走的。(王岭群《黑网下的星光》)

提示:也说"在家不会迎宾客,出外方知少主人""在家让客三圈椅,出外方知少主人"。

【站客难答对】

来客不坐下,态度就可能不够友好,主人常常不好应对。指客人进门要热情接待,请人坐下,再商量事情。

{例}"李先生,请坐!"王亚平也欠起身子摆摆手说:"坐啊,李先生,俗话说,站客难答对。"(华永正《蓝色档案》)

提示:也说"立客难打发""站客难打发"。

【主不吃,客不饮】

主人不动筷子,客人不会先吃。指宴席间客人不应先于主人饮酒吃饭,这是起码的礼貌。

{例}今日紫芝妹妹在母舅府上也有半主之分。俗语说的:主不吃,客不饮。就请先出一令,行过之后,如天时尚早,或者众人再出一令,也未为不可。(《镜花缘》)

提示:也说"主不请,客不饮""主不喝,客不饮""主不斟,客不饮"。

【主不饮,客不欢】

宴席上主人若不喝酒,客人

便喝得不痛快。指待客时主人应该热情陪伴客人。

{例}刘老便去拿酒，顷刻之间，送上几壶酒来。常大爷道："主不饮，客不欢。"（《五美缘全传》）

【主人让客三千里】

指主人在客人面前要谦逊、礼让。

{例}兴信装作虔诚地说："我想听听你的意见。"石山说："还是先听你的。主人让客三千里嘛！"（乡村《黄毛丫头》）

【主贤客来勤】

勤：次数多。指主人贤良，客人就会经常上门。

{例}有好些人坐在这里好像是不预备走似的，我简直陪不过来。那是因为"主贤客来勤"。肖云顺口说出这句俗语来。（丁玲《一九三〇年春上海》）

提示：也说"主雅客来勤"。

【妆未梳成不见客，不到火候不揭锅】

女子还没有梳妆好就不能见客人，饭还没有煮熟不能揭开锅盖。比喻时机不成熟，不能发表意见或采取行动。

{例}记者们……问金明："您的高见如何？"金明笑道："中国有句谚语：'妆未梳成不见客，不到火候不揭锅。'现在我无可奉告。"（叶永烈《球场外的间谍案》）

【尊客之前不叱狗】

尊客：尊贵的客人。叱（chì）：责骂。在客人面前骂狗，是一种失礼的表现。指当着客人的面不可训斥人，以免引起不必要的误会。

{例}亚杰站着想了一想，点着头笑道："此话不错，有客在坐，纵然老太爷要骂，'尊客之前不叱狗'，也许骂得和缓一点。"（张恨水《魍魉世界》）

提示：也说"尊客面前不叱狗"。

十二、矛盾斗争

【兵来将挡,水来土掩】

掩:盖住。比喻根据实际情况采取相应的对策。也指针锋相对,毫不退让。

{例}自古说:兵来将挡,水来土掩。官兵虽然勇猛,我山中好汉,也不差池,何不多差几员能征惯战的人,与他拼个你死我活?(明·范希哲《偷甲记》)

提示:也说"兵来将迎,水来土堰""兵来将挡,水来土屯""军来将敌,水来土堰""水来土掩,兵来将挡""水来土掩,将到兵迎"。

【不除稂莠,难种嘉禾】

除:去掉。稂莠(láng yǒu):稂和莠都是生长在田间像禾苗的杂草。比喻坏人。嘉禾:苗壮的禾苗。不除去杂草,就种不好庄稼。比喻不除去坏人,就不能安居乐业。

{例}自古有言:不除稂莠,难种嘉禾。欲斩盗源,先除盗党。臣请万岁,先将李荣春、田大修二人速行正法。不但除了贼盗的羽翼,而且众百姓们亦知畏法自新,仍为盛世之良民。(《天豹图》)

【菜里虫,菜里死】

菜里的虫子,最终还是死在菜里。比喻做某种危险事情的人,最终不会有好结果。

{例}菜里虫,菜里死。犯法事做不得,朝廷的王法森严,我们家业颇富,洗手罢。(《绿牡丹全传》)

提示:也说"菜里虫菜里死,玩刀人刀下亡"。

【吃鱼先拿头】

比喻处理问题要抓住主要矛盾或人物。

{例}干部是打出来的!不是藏出来的!这么着:吃鱼先拿

头,咱村何大拿现在就是鱼头,到了这时候就得镇压!(刘流《烈火金钢》)

提示:也说"拿鱼先拿头,刨树要刨根"。

【仇人相见,分外眼红】

分外:格外,特别。指仇人相见时,心里更加愤怒,恨不得马上动手。

{例}黄凤仙看见金角大仙,正是:仇人相见,分外眼红,照头就还他一下锦缠头。(《三宝太监西洋记》)

提示:也说"仇人相见,分外眼明""仇人厮见,分外眼睁""仇人相见眼睛红"。

【仇人相见竞偏多】

竞:竞争,争斗。指仇人见面难免会发生争斗。

{例}则怕都知小哥撞将来,这孩儿我救出地网与天罗。这的是仇人相见竞偏多。小哥你害别人荣自己,假若是神天害你却如何?(明·无名氏《认金梳》)

【仇有源,树有根】

源:源头。指双方结仇是有根源的。

{例}王二虎上前一步,继续说道:"仇有源,树有根,我王二虎平白杀过人没有?"老孟被问得哑口无言,大张着嘴说不出话来。(李晓明等《平原枪声》)

【出头的椽子先烂】

椽(chuán)子:放在檩上架屋顶的木条。露在房檐外头的椽子,经过风吹日晒雨淋,最先腐烂。比喻凡事爱出头或领头的人最容易遭打击,受伤害。

{例}还有一些人,心里寻思着,韩老六是该斗争的,但何必自己张嘴抬手呢?"出头的椽子先烂""慢慢看势头"。(周立波《暴风骤雨》)

提示:也说"出头椽子遭风雨""出头椽子先遭难""露头的椽子先烂"。

【船头船尾有时会碰着】

指大家在一起相处,总会有

矛盾，要相互忍让。

　　{例}"乡亲，俺们三百年前都是一个祖宗！"老黄忠说，"大家担待些儿吧，俗语说，船头船尾有时会碰着，能'放点'，就放过，别赶尽杀绝哇！"（高云览《小城春秋》）

【打狗要用擒虎力】

　　比喻即使对付弱敌也要拿出足够的力量，不能掉以轻心。

　　{例}志强兄弟思虑得有道理。常说，打狗要用擒虎力！（古立高《隆冬》）

　　提示：也说"打狗如打狼"。

【打虎还防虎伤人】

　　比喻打击敌人的同时，也要防备敌人的反击。

　　{例}我们此行是对付一大股地方恶势力，对头有黑帮，还有适应于他们的党政力量，法律、习惯保护着他们，要防个"打虎还防虎伤人"哩。（欧阳平《雾都血雨》）

【打虎要力，捉猴要智】

　　打虎靠的是力气，捉猴凭的是智谋。比喻对付不同的对手要采取不同的策略。

　　{例}俗话说："打虎要力，捉猴要智。"他只能采取鸭子踩水暗使劲的策略，巧妙而隐蔽地利用他人之力来达到加油的目的。（刘彦林《三月潮》）

【打起来没好拳，骂起来没好言】

　　指双方一旦争斗起来，很难控制情绪，就会说出过激的话。

　　{例}人常说："打起来没好拳，骂起来没好言"，俺说了两句气话，春芳她们就认真了。（陈登科《风雷》）

　　提示：也说"打仗没好手，吵架没好口""骂人无好口，打人无好手""厮打没好手，厮骂没好口""相骂无好言，相打无好拳"。

【打人不打脸，骂人不揭短】

　　指即使争吵、动手，也要给人留面子，不要揭人的短处，以免伤人太重。

{例}人常说:"打人不打脸,骂人不揭短。"这一个耳光子,可把三喜的火气激起来了。(路一《赤夜》)

提示:也说"打人怕打脸,骂人怕揭短""揭人不揭短,打人休打脸""伤人不伤脸,揭人不揭短"。

【打人三日忧,骂人三日羞】

三:概数,表示多。指打人、骂人之后,自己也会感到担忧和羞愧。劝人处理问题要理智、冷静。

{例}常言说:"打人三日忧,骂人三日羞",关相云在中华照相馆闹了一场,却有些后悔。(李準《黄河东流去》)

【打人先下手】

指双方争斗时,先动手的往往会占先机。也指凡事先动手的,成功获胜的把握大。

{例}一枝桃心中暗道:"他是黄三太的儿子,飞镖必是精纯。我谢虎虽不怕,但只是一件,俗语说得好,'先下手为强,后下手遭殃'。又道:'打人先下手'。我何不照着俗语而行,先给他个连珠镖吃吃,叫他知道我谢某的厉害。"(《施公案》)

【打人要打急,杀人怕杀绝】

指向对手进攻时动作要迅猛,但消灭对手时不要赶尽杀绝。

{例}要办此时办,就趁方魁不在家,得个先着,将这口气出过之后,仍是往福建的好。古人云:"打人要打急,杀人怕杀绝。"你将方魁的家小送命,他回来与你怎肯干休?(《乾隆巡幸江南记》)

【打人一拳,防人一脚】

指攻击他人时,要防备他人反击和报复。

{例}那人忙中有错,忘了打人一拳,防人一脚,只听"啪",面上早已着了石子,"哎哟"了一声,顾不得救他的伙计,负痛逃命去了。(《小五

义》）

提示：也说"打人家一拳，防人家一脚""踏人一脚，须防一拳"。

【打蛇不死反被蛇咬】

打蛇如果不打死，蛇会反过来咬人一口。指不彻底除掉恶人，就会留下祸患。

{例}"打蛇不死反被蛇咬"，留着这个汪登高总归是个祸害，不如除掉了事。（郭明伦等《铁血丹青》）

提示：也说"打蛇不死惹蛇毒""打蛇不死，反被其害""打蛇不死，后患无穷""打蛇不死终为害"。

【打蛇要打七寸】

七寸：蛇的致命处，在蛇嘴后约七寸的地方。打蛇要打在七寸上，才能将蛇打死。比喻打击敌人就要击中其要害。也比喻办事要抓住关键环节。

{例}敌人的要点是一大片，但攻克能置敌人于死地的只有三处：杨村、白塘口、军粮城。"打蛇要打七寸"，全纵队集中了精锐兵力，形成拳头，专打"七寸"。（王宗仁《历史，在北平拐弯》）

提示：也说"打蛇须打七寸里"。

【打死胆大的，吓住胆小的】

指惩治了胆大的，胆小的自然也就老实了。

{例}常说：打死胆大的，吓住胆小的。要是凿了何大拿，不光是解文华这个胆小鬼，别的坏蛋们也不敢动了。（刘流《烈火金钢》）

【打要打金刚，压要压霸王】

金刚：佛祖的侍从力士。霸王：西楚霸王项羽，力大无穷。指挑战时要选最强的做对手，出击时要瞄准最厉害的出手。

{例}老三嘞，古话说得好："打要打金刚，压要压霸王。"有本事莫欺堂客，威风拿出去摆！（刊）

【当场不让步，举手不留情】

指双方一旦动手交锋，互相都不会留情、让步。

｛例｝这二人蹭蹭跳跃，闪转的忽上忽下，行高就矮，就叫当场不让步，举手不留情。(《续小五义》)

提示：也说"厮杀不让步，举手不留情""抬手不让步，举手不留情""武场不留情，举手不认人"。

【敌不可假，时不可失】

假：借。这里指给机会。指对敌人不可宽纵，处理问题要抓住有利时机。

｛例｝〔全〕歇乃上书说秦昭王曰："……臣闻之，敌不可假，时不可失。臣恐韩、魏卑辞除患而实欲欺大国也。"(《史记·春申君列传》)

【丢了拐杖就受狗的气】

丢了棍子，狗就会来咬。指手里没有武器或主动权，就要受他人的欺辱。

｛例｝七官道："打得我好，我带你说哩！"印月道："你看，'丢了拐杖就受狗的气'，你不去我自家去。"(《梼杌闲评》)

提示：也说"丢了棍受狗欺"。

【独虎好擒，众怒难犯】

一只老虎容易擒拿，触犯了众怒难以平息。指不要触犯众怒。

｛例｝吴知州眼见群情激愤，骨头都发寒呐！他深知"独虎好擒，众怒难犯"，不支吾几句，怕是混不过关去。(岳啸《武当山传奇》)

【独虎架不住群狼】

比喻武艺再高的个人也招架不住一群人的攻击。

｛例｝常言道："独虎架不住群狼。"这些人，刀刀、剑剑、枪枪，奔雷雄的致命处。(刘浩鹏《洪武剑侠图》)

提示：也说"独虎战不过群狼""猛虎架不住群狼""猛兽不如群狐""一虎难敌群狼"。

【对恶狗用棍子，对强盗用刀子】

　　指对付恶人，就要采取强硬手段。

　　{例}"对恶狗用棍子，对强盗用刀子。"不抗日，日子没法过；不拉队伍，就没法杀鬼子。（马国超等《马本斋》）

【恶狗害怕棍揍，恶狼害怕猎枪】

　　指坏人害怕正义，要敢于和坏人斗争。

　　{例}遇到坏人，首先不要胆怯。谚语说："恶狗害怕棍揍，恶狼害怕猎枪。"你硬它就软，你软它就横。一定要在气势上压倒坏人。（芭新《教孩子学会自卫》）

　　提示：也说"恶狗怕揍，恶人怕斗"。

【恶虎难斗肚里蛇】

　　再凶恶的老虎对钻进自己肚里的蛇也毫无办法。比喻打入自己内部的敌人最难对付。

　　{例}常言道："恶虎难斗肚里蛇。"只有打进他们的心脏里边去，这是一招最好的棋子，包赢不输。（李六如《六十年的变迁》）

【恶马恶人骑】

　　指恶人自有更厉害的人来降服他。

　　{例}张二堂是蛮不讲理的滚刀肉，就怕打架拼命的光棍汉赵云山，赵云山让他往东他就不敢往西，这是恶马恶人骑。（报）

　　提示：也说"恶狗必遭恶棍"。

【恩人相见，分外眼明；仇人相见，分外眼睁】

　　指见了恩人十分高兴，见了仇人非常愤怒。

　　{例}王俊果然摇摇摆摆独自一人踱过岭来。世名正是恩人相见，分外眼明；仇人相见，分外眼睁。看得明白，飕的钻将出来，"还我父亲命来！"（《二刻拍案惊奇》）

　　提示：也说"恩人相见，分外眼清；仇人相见，分外眼红"。

【二虎不能同山，两雄不能并立】

指两个强者不能在同一个势力范围内共存。

{例} 石公子不甘心居我张某之下么？好办！二虎不能同山，两雄不能并立。到时候我与他角力角智，成者为王，败者为寇。（顾汶光等《天国恨》）

提示：也说"二雄不并栖""两雄不俱立""两雄不并栖""两雄不并立，两贤不并世"。

【二马同槽，不能相容】

两匹公马拴在一个槽上，肯定会互相撕咬。比喻两个有个性或厉害的人在一起相处或共事，互相很难包容。

{例} 隆儿才坐下，端起酒来，忽听马棚内闹将起来，原来二马同槽，不能相容，互踢起蹶来。（《红楼梦》）

提示：也说"二马同槽，不能没有风波""二马不同槽"。

【放虎归山，必有后患】

比喻放走强敌，会带来无穷的祸患。

{例} 郝村副一听，马上也想起巴三虎过去一连串的罪恶事实，若不弄死，放虎归山，必有后患。（马烽等《吕梁英雄传》）

提示：也说"放虎归山，必成大害""放虎归山，自留祸根""放虎归山，终是后患""放虎归山，久后伤人""开笼放虎，后患无穷"。

【放虎容易擒虎难】

比喻放走敌人容易，要想再捉住就困难了。

{例} 你怎么把龙涛放了？俗话说，放虎容易擒虎难。他们一走，你拿什么救爹呢？（龚昌盛《沉浮》）

提示：也说"放虎容易捉虎难""放虎归山擒虎难""放老虎容易捉老虎难"。

【风大伴墙走】

刮大风时靠着墙走可以减少伤害。比喻对手厉害，应学会避开其锋芒。

{例} 老高！风大伴墙走。人家兵多，又是一色的快枪，我们只好避避他的锐气！（柯蓝等《风满潇湘》）

【逢强智取，遇弱活擒】

遇强敌要靠智谋去取胜，遇弱敌就要捉活的。指根据对手的情况采用灵活的手段，方能制胜。

{例} 蒋爷一想，不敢和他交手，净跑也无益于事。常言一句说的好："逢强智取，遇弱活擒"，忽然想起一个主意来。（《小五义》）

提示：也说"敌强用智，敌弱用势""逢强者智取，遇弱者力敌"。

【伏虎容易捉虎难】

伏：降服。降服老虎容易但想捉老虎却很难。比喻惩治坏人容易，想捉住坏人却不易。

{例} 知府唯唯而退，回到府中，将小柬拆开，只见上面写的道：伏虎容易捉虎难，幸勿轻轻使归山。（《大红袍全传》）

【胳膊扭不过大腿】

比喻弱者无法战胜强者。

{例} 拿我来说，和沙漠斗来斗去，什么法子没想过？什么罪没受过？流了泪又流了汗，流了汗又流血！临了，还是胳膊扭不过大腿。（杜鹏程《瀚海新歌》）

提示：也说"胳臂扤不过大腿""胳臂犟不过大腿""胳膊拗不过大腿""脚跟拗不过大腿"。

【好手不敌双拳，双拳难敌四手】

指一人打不过两人，人少难敌人多。

{例} 行者见两兄弟遭擒，自家独力难撑，正是：好手不敌双拳，双拳难敌四手。（《西游记》）

提示：也说"好手不敌双拳，双拳不如四手""好汉打不过人多，三拳难敌四手""好汉难敌双拳，双拳难敌四手""好手难敌双拳，独虎架不住群狼"。

【狠菩萨也怕恶鬼】

菩萨再狠也狠不过恶鬼。比喻再厉害的人也害怕凶恶的人。

｛例｝"狠菩萨也怕恶鬼",余福海心下先自怯了二三分。(熊尚志《古老的紫铜锣》)

【虎不与狮斗,兵不和匪争】

指不要和比自己强势的对手争斗。

｛例｝局长,老话讲:"虎不与狮斗,兵不和匪争。"这太保阿书人多势众,得罪了他们,恐怕局长的老家骆家大院就是他们报复的目标。(姚自豪等《特殊身份的警官》)

【虎狼当路,不治狐狸;先除大害,小害自已】

自已(yǐ):自己消失。比喻大敌当前,应先对付主要的敌人;清除了大的祸乱,小的祸乱自然平息。

｛例｝太和六年,明帝遣平州刺史田豫乘海渡,幽州刺史王雄陆道,并攻辽东。蒋济谏曰:"凡非相吞之国,不侵叛之臣,不宜轻伐。伐之而不制,是驱使为贼。故曰:'虎狼当路,不治狐狸;先除大害,小害自已'。"(《三国志·魏书·蒋济传》)

提示:也说"虎狼当道,不治狐狸;先除大害,小害自已"。

【虎怕人,人怕虎】

人和老虎对峙,双方都害怕。比喻敌对双方遭遇,彼此都很紧张。

｛例｝再说这铁丘坟,三思为何不杀进来?有道是"虎怕人,人怕虎"。(《说唐三传》)

【虎无伤人意,人有伤虎心】

比喻人与人相处,你不想害人,坏人却要害你。

｛例｝师父讲便讲得有理,只是人面不同,有如其心。我以善待人,人却不以好待我。俗语说得好:"虎无伤人意,人有伤虎心。"(《东游记》)

【鸡蛋碰不过石头】

比喻弱者斗不过强者。

{例}有几个年轻后生说:"怎办?搬上走嘛!管他巡查不巡查,走了再说。"有几个老汉说:"不行,鸡蛋碰不过石头,要硬搬吃亏呀!"(马烽等《吕梁英雄传》)

提示:也说"蚂蚁拱不倒泰山""盘子盛不过大碗,鸡蛋碰不过石头"。

【来者不善,善者不来】

善:善意。指对来自对手或敌方的人要特别警惕,这些人往往不怀好意。

{例}这石大麻子来者不善,善者不来。他来文的咱来文的对,他来武的咱来武的迎。(崔复生《太行志》)

提示:也说"善者不来,来者不善"。

【浪再大,压不住鱼打挺;云再厚,裹不住炸雷声】

比喻对手势力再强大也压不住奋起抗争的人。

{例}哈哈,浪再大,压不住鱼打挺;云再厚,裹不住炸雷声。神枪手面前还有什么大胆的虎敢拦道?(柳炳仁《玉树琼花》)

提示:也说"浪再大,总在船底下;山再高,总在脚底下"。

【两虎相斗,必有一伤】

比喻强者之间争斗,必然会有一方受到损伤。

{例}魏延曰:"就主公之前,当面比试,赢得的便去,如何?"黄忠遂趋步下阶,便叫小校:"将刀来!"玄德急止之曰:"不可!吾今提兵取川,全仗汝二人之力。今两虎相斗,必有一伤。须误了我大事。吾与你二人劝解,休得争论。"(《三国演义》)

提示:《国策·秦策二》记载:齐国攻打楚国,秦王想出兵助齐,纵横家陈轸以两虎相争做比喻,建议等待两败俱伤之后再兴兵:"虎者戾虫,人者甘饵也。今两虎争人而斗，小者必死，大者必伤。子侍伤虎而刺之，则是一举而兼两虎也。"也说"二虎相争，必有一伤""二虎相角，必有一伤""两虎相争，必有一伤""两硬相击，必有一伤""龙虎相斗，必有一伤"。

【两军相逢勇者胜】

勇：勇猛，勇敢。指两军交战，总是敢打敢拼的一方获得胜利。

｛例｝两军相逢勇者胜！坚决打过河去，把敌人赶开！（李晓明等《风扫残云》）｜在军人面前，没有什么值得畏惧的东西。兵法要诀：两军相逢勇者胜；置于死地而后生。（林经嘉《急流》）

提示：也说"两军相争勇者胜""两强相遇，勇者为胜""两强相遇，智勇者胜""两军交战，气盛者胜"。

【两强斗胜，各有所失】

指两个强势的人或两种强大的势力争斗，双方都会有损失。

｛例｝武清县大能人一怒之下，跟她在市场上展开针锋相对的竞争，两强斗胜，各有所失，便宜了坐山观虎斗的通州小青年儿。（刘绍棠《敬柳亭说书》）

【龙居浅水遭虾戏，虎落平阳被犬欺】

戏：戏弄。平阳：平川。龙到了浅水里，小虾也敢戏耍它；老虎到了平地上，连狗都敢欺侮它。比喻强者处于困境时，会被弱者戏弄、欺侮。

｛例｝谈资：蜀人杜渭江朝绅令麻城，居官执法，不敢干以私。一日宴乡绅，梅西野倡令，要拆字入俗语二句……杜又云："单其也是其，加点也是淇，除却淇边点，加欠便为欺。俗语云：龙居浅水遭虾戏，虎落平阳被犬欺。"（明·冯梦龙《古今谭概》）

提示：也说"龙居浅水遭虾戏，虎落深坑被犬欺""龙逢浅水遭虾戏，凤入深林被雀欺""龙游沟壑遭虾戏，凤入牢笼被马欺""龙游浅水遭虾弄，凤入深林被雀欺""龙游浅水遭虾戏，虎落深坑被犬欺"。

【马勺哪有不碰锅沿儿的】

比喻人在一起生活、相处，难免会有摩擦、有矛盾。

｛例｝咱们一师之徒，同窗学艺，亲如兄弟，闹一点小别扭，算什么大事？俗话说："马勺哪有不碰锅沿儿的？"（残墨《翡翠塔传奇》）

提示：也说"碟碗也有磕碰时""马勺没有不碰锅沿儿的""谁家的菜勺不碰锅帮""铁勺没有不碰锅沿儿的"。

【明枪好躲，暗箭难防】

明处的打来枪好躲避，暗处射来的箭却难以提防。指公开的敌人容易对付，暗藏的敌人很难防备。

｛例｝哎呀，话可不能那样说。古人说：明枪好躲，暗箭难防。徐队长不是也有枪吗？还不是被人弄得死活不明？再说历史上，有多少英雄好汉不是死在内奸的手里？（王瑞玉《翻身锄奸记》）

提示：也说"明枪易躲，暗箭难防""明刀好让，暗弩难躲""明敌好挡，家贼难防""千把明枪容易躲，一枝暗箭最难防"。

【嫩草怕霜霜怕日，恶人自有恶人磨】

磨：整治，折磨。嫩草怕霜，霜怕太阳；凶恶的人自有比他更厉害的人去制服他。

｛例｝那陈敬济……由着杨二风牵爹娘，骂父母，拿大砖砸门，只是鼻口内不敢出气儿。又况且打了官司出来，梦条绳蛇也害怕，只得含忍过了。正是嫩草怕霜霜怕日，恶人自有恶人磨。（《金瓶梅》）

提示：也说"草怕严霜霜怕日，恶人自有恶人磨""恶人自有恶人磨，撞着冤家没奈何""铜盆撞了铁扫帚，恶人自有恶人磨"。

【能狼难敌众犬】

狼再厉害也打不过众多的

狗。比喻武艺再出众，也难敌过众多的对手。

{例} 我这一进庙去，若论武艺，他们总有二三十人，要说擒住我，料亦费事，只是个能狼难敌众犬。（《施公案》）

提示：也说"能狼不敌众犬，好汉架不住人多""能狼安敌众犬，好汉难打人多""强狼难胜众犬，好汉抵不住人多""强狼难挡众犬，好汉架不住人多"。

【牛大压不死虱子】

牛虽然大，却对虱子无可奈何。指制服对手要根据实际情况，单凭力量大或势力强不一定能战胜对手。

{例} 且慢，行军作战光有一身牛力还不够。俗话说，牛大压不死虱子。（杨书案《九月菊》）

【枪打出头鸟】

比喻带头的人会最先受到打击。

{例} 张嘉祥睁开眼睛，才发现潘三在一旁，连忙问道："说说你的高见，老潘。俗话说枪打出头鸟，李沅发败亡，三省清兵便会冲着老子来。"（顾汶光等《天国恨》）

提示：也说"枪打露头鸟""枪打出头鸟，雨淋出檐椽"。

【强兵不压主】

强兵：力量强大的势力。指外来的势力再强大，也压不倒当地的主人。

{例} 强兵不压主嘛！不管怎么说，这是你的家，你不坐这像话吗？快坐下吧。（单田芳《大明风流谱》）

【强龙不压地头蛇】

强龙：比喻权势强大的人。地头蛇：比喻当地的恶人或恶势力。指外来的势力再强大，也难制服当地的恶人或恶势力。

{例} 如果硬是驳了他们的面子，别看你手里握有兵权，到时候他给你来个哑巴亏就够呛的，强龙不压地头蛇嘛！不管

怎么说，决不可得罪地方势力。（徐本夫《特别行动》）

提示：也说"毒龙难斗地头蛇""恶龙不敌地头蛇""恶龙难斗地头蛇""来龙斗不过地头蛇""强龙不斗地头蛇""强龙难敌地头蛇""强龙难压地头蛇"。

【强贼怕弱主】

贼再厉害，也害怕弱小的主人。指邪不敌正。

{例}在我们驻地之外，他们设的警戒够多的了。从来是强贼怕弱主，而不是强主怕弱贼。（王振学《陈老总在拉萨》）

【强中自有强中手，恶人须用恶人磨】

磨：折磨、制服。指强者当中还有更强的人，恶人需要有比他手段更狠的人才能制服。

{例}砀山县衙派件作到店一验，验明被黑熊咬死的，正是砀山城外山寺里，那两个劫掠张家家小的贼僧。这正是：强中自有强中手，恶人须用恶人磨。（杨书案《九月菊》）

提示：也说"强中更有强中手，恶人终被恶人磨""强中更有强中手，恶人自有恶人磨""强中更遇强中手，恶人须服恶人磨"。

【拳头硬的是大哥】

指谁实力强，谁就可以称霸。

{例}端纳知道，在中国，没有强大的军事力量作后盾，任何政治人物都是政客式的傀儡。"拳头硬的是大哥"，端纳在笔记本上写着这句极为普遍又极为深刻的中国民谚。（黎汝清《湘江之战》）

提示：也说"拳头大，做大哥""拳头大是哥哥，个头壮是强梁"。

【劝君莫逞强梁性，恐怕强中更有强】

强梁：强横，强暴。奉劝人不要逞强耍横，世上还有更厉害的人能制服你。

{例} 忠信哭叫曰:"大哥饶于咯,算我怕你咯,算你赢我咯。"所谓劝君莫逞强梁性,恐怕强中更有强。(《俗语倾谈》)

【劝君莫要作冤仇,狭路相逢难躲避】

奉劝世人不要与人结仇,免得今后相遇时遭报复。

{例} 苗早入这林子内去,方才走得十余步,则见一个大汉,浑身血污,手里搦着一条朴刀,在林子里等他,便是那吃他坏了性命底孝顺尹宗在这里相遇。所谓是:劝君莫要作冤仇,狭路相逢难躲避。(《警世通言》)

【柔能胜刚,弱能胜强】

指遇事采取柔和的手段,反而能使强硬的对手折服。

{例} 自古道:"柔能胜刚,弱能胜强。"火母因为火性不除,故此不能结成正果。你怎么也是这等火性呢!(《三宝太监西洋记》)

提示:语本《后汉书·臧宫传》:"柔能制刚,弱能制强。"也说"柔弱胜刚强""柔能制刚,弱能制强""柔能制刚,弱能胜强""柔能制刚,柔能制强"。

【肉炒熟,人吵生】

肉经过翻炒会由生变熟,人经常吵闹却会疏远、陌生。指争吵伤害人的情感,使之产生矛盾。

{例} 逃出之后,对于往哪里去,今后该怎么办,却又意见分歧,相争不下。"肉炒熟,人吵生",吵来吵去,两人之间便积起了疙瘩。(肖玉《战鼓催春》)

【软的怕硬的,硬的怕愣的,愣的怕不要命的】

指人要是豁出性命去争斗,便无人敢敌。

{例} 俗话说:"软的怕硬的,硬的怕愣的,愣的怕不要命的。"夏侯老太太横下一条心,豁出去了,她也就什么都不怕了。(姜元溪等《鲁中奇险传》)

提示：也说"横的怕硬的，硬的怕愣的，愣的怕不要命的""软的怕硬的，硬的怕横的，横的怕不要命的""软的怕硬的，硬的怕横的，横的怕愣的，愣的怕不要命的""软的怕硬的，硬的怕不要命的"。

【软绳可以捆硬柴】

绳子虽软却能捆住硬柴。比喻制服强硬的对手，有时候需要用温和的手段。

｛例｝和风细雨式的批评帮助，往往比急风暴雨式的更能使人接受，更有效应。俗话说："软绳可以捆硬柴"，这话有一定道理。（张家港《多一点"南风效应"》）

提示：也说"软柴可捆硬柴""硬柴要用软柴捆"。

【蛇吃蛇，比长短】

指蛇和蛇争斗，总是大蛇吃掉小蛇。比喻两种势力或两个人争斗，总是强的战胜弱的。

｛例｝到荡边一打听，知道荡里混事的大大小小几十批人，各立门户，各不相容。"蛇吃蛇，比长短"，也是常有的事。（陈允豪《马家荡》）

【射人先射马，擒贼先擒王】

射骑手，先要射他的马；抓贼寇，先抓其首领。指打击敌人要先打击为首的。也比喻处理问题要抓住主要方面。

｛例｝因为京帅乃系政治上一个最紧要的机关，又是平民公敌所在，论起射人先射马，擒贼先擒王，正应该在那里着手。（《东欧女豪杰》）

提示：语出唐·杜甫《前出塞》诗："挽弓当挽强，用箭当用长。射人先射马，擒贼先擒王。"也说"打蛇先打头，擒贼先擒王""打虎先打头，擒贼先擒王""擒龙先擒首，擒贼先擒王""射人须射马，擒贼须擒王"。

【什么虫啃什么木头】

不同的树木，有不同的虫子啃噬它。比喻不管什么样的人都有相应的人能够制服他。

{例} 俗话说："什么虫啃什么木头""一物降一物"。这吴永昌那股大大咧咧的劲儿，简直是全师闻名，就是在师长和师政委跟前，他也嬉皮笑脸毫无拘束；惟有李文勇一板脸儿，他可就慌了手脚。（肖玉《战鼓催春》）

提示：也说"什么虫儿凿什么木头""什么虫爱拱什么木头"。

【树怕软藤缠】

软藤能把树缠死。比喻强硬的对手也会被柔和的手段制服。

{例} 它根往下扎，枝往上长，不怕热，不怕冷，总是越长越大。可那葛藤把它紧紧一缠，它就长不上去啦，这叫"树怕软藤缠"哪！（胡恒山等《诸葛亮拜师》）

【双拳不打笑面，饿虎不吃伏肉】

伏肉：动物尸体。再厉害的人也不打笑脸相迎的人；饿虎不吃动物的尸体。指对表示客气、友好的人不能无理。

{例} 自古道："双拳不打笑面，饿虎不吃伏肉。"令妹死在耿宅，产后血崩，系是天命，与这濮太公何干？他老老大大提着茶与你们吃，何等好意，兄恃强将碗击碎，是何道理？（《禅真后史》）

提示：也说"强拳不打笑脸"。

【双雄不并立，二虎不相容】

两个强者共处一地，必然会发生争斗。指一个地方容不得两个想称霸的强者。

{例} 二哥，常言说："双雄不并立，二虎不相容。"今天两员虎将相碰，你看会怎样啊？（陈荫荣等《兴唐传》）

提示：也说"一林不两虎""一渊不两蛟""一穴不容二虎""一山不藏二虎""一山不容二虎"。

【孙悟空本事大，跳不出如来佛的手掌】

《西游记》七回描写，孙悟

空一个跟头十万八千里，却翻不出如来佛的手掌心。指一个人的本领再大，也有更强的人能制服他。

｛例｝俗语说得好："树大不能撑着天""人老不能过百年""孙悟空本事大，跳不出如来佛的手掌""勺子再大也盛不过小盆"。（曲波《林海雪原》）

提示：也说"孙悟空翻千个跟头，还在如来佛手掌心""孙猴子七十二变，也逃不出如来佛的手心""孙猴子再厉害也跳不出如来佛的掌心""孙悟空一跟头打十万八千里，却跳不出如来佛的手心"。

【五个指头按不住十只飞雀】

比喻有限的力量对付不了众多的对手。

｛例｝不少地方老百姓倒先动手干起来了：收民团，打汉奸，收武器，打警防队，抄白面馆，杀日本浪人的，都有。东一股，西一股，来了个遍地开花。鬼子派出了骑兵、宪兵，带着伪军、警防队想要弹压，可是五个指头按不住十只飞雀。（王火《血染春秋》）

【瞎闯过不了五关】

过五关：《三国演义》二七回描写，关羽护送刘备的两位夫人，通过曹操的五道关口（东岭关、洛阳、汜水关、荥阳、黄河渡口），斩杀了曹操六员大将。指想渡过难关，不能靠鲁莽蛮干。

｛例｝"程刚说得对！瞎闯过不了五关。"老战士赵老忠立即表示赞同，说，"咱们大伙都动动心劲。俗话说，三个臭皮匠，顶个诸葛亮嘛！"（王厚选《古城青史》）

【先下手为强，后下手遭殃】

指双方争斗，先动手的占主动，具有一定优势；后动手陷于被动，免不了吃亏受害。

｛例｝那常言说，先下手为强，后下手遭殃，我们要在大火冒烟的时候扑灭它！（黎汝清《叶秋红》）

提示：也说"先下手强，后下手殃""先下手为强，慢下手遭殃""先下手者为强，后下手者遭殃""早下手为强，迟下手有殃"。

【先则制人，后则为人所制】

制人：控制他人。为人所制：被别人控制。指提早行动，就可以控制对方；落于他人之后，就会被动挨打。

｛例｝秦二世元年七月，陈涉等起大泽中。其九月，会稽守通谓梁曰："江西皆反，此亦天亡秦之时也。吾闻先则制人，后则为人所制。吾欲发兵，使公及桓楚将。"（《史记·项羽本纪》）

【降龙自有降龙手，捉鬼还得捉鬼人】

降：制伏。指要制服什么样的对手，就要起用比他更厉害的人才。

｛例｝这就叫："降龙自有降龙手，捉鬼还得捉鬼人。"凭商山二鬼这样的恶魔，他能被我降服？（家文等《独臂武松》）

提示：也说"有龙就有擒龙汉，有虎就有打虎郎"。

【小鬼斗不过阎王】

小鬼：鬼神的差役；阎王：佛教称管地狱的神。比喻没有权势的斗不过有权势的。

｛例｝方永泰说："我认了。"八爷爷说："我不认。"方永泰说："不认又怎么样？胳膊拧不过大腿，小鬼斗不过阎王。"（李晓明等《破晓记》）

提示：也说"小鬼难与阎罗斗"。

【小鲫鱼翻不了火轮船】

火轮船：指轮船。小鲫鱼撞不翻大轮船。比喻小的力量，无法和实力强大的力量对抗。

｛例｝昨天二刁蛋向我请假，当时我就想，这小东西很刁，时刻得警惕他，不能轻易让他外出。可又一想，他毕竟是个孩子，小鲫鱼翻不了火轮船。（姜树茂《渔岛怒潮》）

【薰莸原异器，冰炭不同炉】

薰（xūn）：香草。莸（yóu）：臭草。香草和臭草不能放在同一个容器里；冰块和火炭不能放在同一个炉子里。比喻不是同一类型的人无法共处。

｛例｝罗灿等顶面却不过情，也只得将手一拱道："沈世见请了，有偏了。"说罢，坐下来饮酒，并不同他交谈，正是：自古薰莸原异器，从来冰炭不同炉。（《粉妆楼》）

提示：也说"薰臭不同器，邪正不两立"。

【牙跟舌头还有不和的时候】

比喻关系再亲近的人，也会产生矛盾和纠纷。

｛例｝其实，夫妻之间哪有十全十美的？常言道："牙跟舌头还有不和的时候。"何况人跟人？所以夫妻间遇事总得彼此忍让。（姚雪垠《李自成》）

提示：也说"没有舌头不碰牙的""哪有牙不和舌头碰的""牙齿还有和舌头相碰的时候"。

【牙硬磨不过舌头】

比喻柔软能克制刚强。

｛例｝难道果真如此吗？海边那个最有权威的于老鬼不屑一顾地甩了一句："牙硬磨不过舌头！"（邓刚《白海参》）

【阎王也怕拼命鬼】

比喻再厉害的恶人，也害怕豁出性命的人。也比喻只要有不怕死的精神，就能克服一切困难。

｛例｝怎么不敢？"阎王也怕拼命鬼"，反正是活不下去，跟他拼！（罗旋《南国烽烟》）｜"阎王也怕拼命鬼。"在困难与逆境面前，曹明禄算是个拼命三郎。（赛格《"深爱人"的掌舵人》）

【要破东吴兵，还得东吴人】

东吴：三国时期吴国，后被晋所灭。晋凭借的是吴将张象的计谋和力量。比喻要办成某事，必须有熟悉内情的人出手相助。

｛例｝要破东吴兵，还得东吴人。我看把这桩事情，交给全叔

好了,只要账本还在世,就出不了李家门。(刘江《太行风云》)

提示:也说"要退东吴兵,还须东吴人"。

【要想逮住狐狸,就必须比狐狸还狡猾】

比喻要制服凶狠狡猾的对手,必须要比对手更高明、更有智慧。

{例}常言说:"要想逮住狐狸,就必须比狐狸还狡猾。"敌人很狡猾,在他们刚刚偷袭之后,对我们可能暗设埋伏不会没有一点警惕。(孙念泽等《神兵》)

【要摘刺梅花,不怕把手扎】

比喻要想有所收获,就不能怕冒风险,或不惜付出代价。

{例}要摘刺梅花,不怕把手扎。我既进来了,怎能空手回去,先到你那小跨间去再说。(李英儒《还我河山》)

【一打三分低】

动手打人,是无理的表现。

指有理讲理,不用动手。

{例}众女子谢道:"师兄如若动手,等我们都来相帮打他。"道士道:"不用打!不用打!常言道:'一打三分低。'你们都跟我来。"(《西游记》)

【一堵墙挡不住四面风】

比喻势力单薄的一方,抵挡不住多方的攻击。

{例}今天一人难做两人事,一堵墙挡不住四面风!你要是有真心跟我,我在北乡还有几位要好的朋友,我们合起来。(柯蓝等《风满潇湘》)

【一个巴掌拍不响】

比喻发生纠纷或争论,双方都有责任。

{例}我们都能理解对方是一种病态,不能火上浇油。你发火,我就躲开,反正一个巴掌拍不响,一会儿就会雨过天晴。(翟剑秋《相依为伴》)

提示:也说"单面锣打不响""一只手拍不响""一个巴

掌打不响"。

【一个槽里拴不下俩叫驴】

叫驴：公驴。两个公驴拴在一个槽上，会争食咬架。比喻一个地方容不下两个要称霸的强者。

｛例｝咱们八大王很嫉恨姓李的称闯王，行事又不一般，怕他将来成大气候。俗话说，"一个槽卜拴不下俩叫驴"，就是这个道理。（姚雪垠《李自成》）

提示：也说"两匹烈马拴不到一个槽里""一个槽头拴不住两头叫驴""一张槽上拴不下两匹儿马蛋子""一个桩上不能拴两头公牛"。

【一将舍命，万将难敌】

指一个英勇的人拼出性命搏斗，就会产生众人不敌的力量。

｛例｝有这么一句古语，叫做"一将舍命，万将难敌"，他已经豁出去要跟薛仁贵拼了。（刘林仙等《薛仁贵征东》）

提示：也说"一将舍命，

万将难抵""一将拼命，万夫莫当""一人敢死，万夫难敌""一人舍命，万人难当""一人投命，足惧千夫"。

【一日纵敌，数世之患】

一旦放走敌人，就会留下永久的祸患。指对敌人绝不可轻纵。

｛例｝秦不哀吾丧而伐吾同姓，秦则无礼，何施之为？吾闻之："一日纵敌，数世之患"也。（《左传·僖公三十三年》）｜古人谚语，见于书史者甚多……"一日纵敌，数世之患。"（宋·王楙《野客丛书》）

提示：也说"一日纵敌，患在数世""一日纵敌，万世之患""一日违敌，累世为患"。

【一物降一物】

降（xiáng）：降伏。指世间的人和事物，都是互相制约的，任何人或事物，都会被另一种人和事物所制服。

｛例｝此一时，彼一时，大不同也。常言道："一物降一

物"哩。你好违了旨意？但凭高见，选用天将，勿得迟疑误事。（《西游记》）

提示：宋·张栻《答曾致虚》："若谓敬为一物，将一物治一物，非惟无益，而反有害。"也说"一物降一物，大象怕老鼠""一物降一物，蜈蚣把蛇捉""一物降一物，盐卤点豆腐"。

【一争两丑，一让两有】

丑：出丑。指一方争夺，双方都丢脸；一方谦让，两方都能得益。

{例}按宝兴首饰店打的价，这只镯子少说也得三十块大洋。但是，你我也不是外人，常言说，一争两丑，一让两有。老弟你给这个数就行了。（马国超等《马本斋》）

提示：明·吕得胜《小儿语》："一争两丑，一让两有。虞芮之闲田，亡父之白金。"

【一只碗不响，两只碗叮当】

比喻一个人不会自己跟自己闹意见，而人多了就会产生矛盾。

{例}俗语说得好："一只碗不响，两只碗叮当。"冒得官自从娶了那个二婚头，常常家里搬口舌，挑是非。（《官场现形记》）

提示：也说"一只碗不响，七只碗丁当""一只碗敲不响，两只碗响丁当"。

【遇着善人便烧香，遇着恶人便使枪】

善人：心地善良的人。指遇到好人要恭敬有礼，遇上坏人要坚决斗争。

{例}吴仁道："便信了，也没甚要紧。"穆义道："俗语说：'遇着善人便烧香，遇着恶人便使枪。'"三人讲说，不觉得走到一树密林深之处。（《东游记》）

【冤家不可做尽】

指事情不能做绝，不要把对方逼上绝路。

{例}钱竟成道："如何？

我原说不宜过分开罪,得好休时且好休,冤家不可做尽,东翁不听。现在木已成舟,无法挽回,只不知他这人度量如何,但愿回文中的讥讽之词不致惹恼了他才好。"(周楞伽《太原奇案》)

【冤家怕破脸,对头怕见红】

破脸:撕破脸,不讲情面。见红:流血。指双方到了撕破脸、打架流血的程度,说明结怨太深,很难调解。

{例}"冤家怕破脸,对头怕见红。"面前的这两个人,是扯破脸,见过红,不能两立的死对头。(杨明《二龙传》)

【冤家少结,方便多行】

指要少和人结怨,多为人提供方便。

{例}〔老旦〕天上人间,方便第一。老身青奴便是,夫人叫我监守碧莲姐,不许他些儿转动。我想起来,为人在世,冤家少结,方便多行。(明·叶宪祖《碧莲绣符》)

【冤有头,债有主】

指冤仇债务各有对头,要清算应该找当事人,与他人无关。

{例}罗选青:(怒)请你不要再说下去!"冤有头,债有主",李成华那小子该杀、该放,我姓罗的心里有本血账,谁也休想来改掉我的念头!(阳翰笙《草莽英雄》)

提示:也说"仇有头,债有主""冤各有头,债各有主""冤家自有头,还债自有主""怨有头,债有主""债各有主,冤各有头""债有主,冤有头"。

【斩草不除根,萌芽依旧发】

锄草不连根除掉,来年照样生根发芽。比喻不把对方及其流毒铲除干净,就会后患无穷。

{例}常言说的好:"斩草不除根,萌芽依旧发。"杀了他一家,恨不得把我们吞在腹内,方才快活,岂肯安心与陈四哥做夫妻?倘到人烟凑集之所,叫喊起来,众人性命,可不都送在他

的手里。(《醒世恒言》)

提示：也说"削草不除根，萌芽依旧发""斩草不除根，萌芽春再发""斩草不除根，逢春又发芽""斩草不除根，逢春当发青"。

【捉住菩萨，不怕金刚不服】

菩萨：佛教中地位次于佛的得道者。金刚：佛教称佛的侍从力士。比喻捉住领头的，底下的人自然降服。

{例}那三个苦苦的厮杀，他坐在马上端然不动，定是个贵重之人。我们只拿了他正主僧人，那三个跟随和尚，狠到那里去？俗语说得好，捉住菩萨，不怕金刚不服。(《后西游记》)

条目音序索引

矮檐前少不得头弯/168
矮檐之下出头难/168
爱亲才做亲/38
爱之深，妒之切/68
（爱之深，恨之切）
爱之愈深，责之愈切/1

白发故人稀/142
白头如新，倾盖如故/142
（白发如新，倾盖如旧|白头而新，倾盖而故|白头如新，交盖如旧）
百金买房，千金买邻/124
（百金买屋，千金买邻|百万买宅，千万买邻|千金买房，万金买邻|千金买邻，八百买舍）
百年聚合，终有一别/215
百年修得同船渡，千年修得共枕眠/38
百善孝为先/104
（百善孝当先|百行孝为首|孝为百行之先）
板斧能砍千年树，快刀难断有情丝/38
办酒容易请客难，请客容易款客难/215
（备席容易请客难|设摊子容易请客难|治席容易请客难）
半大小子，吃跑老子/1
（半桩小，吃过老|半大小子，吃死老子|半桩子，饭仓子）
半壮小子，气死老子/104
伴君如伴虎/168
（伴驾如伴虎|伴君犹如伴虎狼|陪君如陪虎）
伴上龙王吃贺雨/168
帮衬男人为光景，恩养儿女为防老/38
傍生不如傍熟/142
宝剑卖与烈士，红粉赠与佳人/215

（宝剑必付烈士，奇方必付良医|宝剑赠与烈士，红粉送与佳人|红粉赠佳人，宝剑赠壮士|红粉送佳人，宝剑赠侠士）

背靠大树好乘凉/168

表壮不如里壮/68

（里壮强如表壮）

兵来将挡，水来土掩/228

（兵来将迎，水来土堰|兵来将挡，水来土屯|军来将敌，水来土堰|水来土掩，兵来将挡|水来土掩，将到兵迎）

兵强悉由将勇/169

兵是将之威，将是兵之胆/169

（兵是将的威，将是兵的胆|将是兵的胆|将是兵中胆|将是军中胆）

兵松松一个，将松松一窝/169

（兵松松一个，将松松一伙|兵松一个，将松一伙|兵熊熊一个，将熊熊一窝）

兵随将令草随风/169

（兵随将转草随风|兵听将令，马听锣声|兵随将走，将跟帅行|风吹草动，兵随将转）

兵无将而不动，蛇无头而不行/170

（蛇无头而不行，兵无将而不动|蛇无头不行，兵无将自乱）

兵无强弱，将有巧拙/170

兵无主自乱/170

兵有头，将有主/170

兵在精而不在多，将在谋而不在勇/171

（兵贵精而不贵多，将在谋而不在勇|兵不在多而在精，将不在勇而在谋|将在谋而不在勇，兵在精而不在多）

兵在勇，将在谋/171

伯乐一顾，马价十倍/171

不痴不聋，不作阿家翁/68

（不瞎不痴聋，难为家主公|不喑不聋，不成姑公|不哑不聋，怎做得阿家翁|不痴不聋，不堪作大家翁）

不除稂莠，难种嘉禾/228

不聪不明不能王，不瞽不聋不能公/171

（不聪不明，不能为王；不瞽不聋，不能为公）

不打不成相识/142

（不打不成交|不打不相

识,不斗不相熟 | 不骂不成朋友,不打不出交情)

不当家不知柴米贵,不养儿不知父母恩/104

(不当家不知柴米贵 | 不当家不晓得柴米贵 | 不当家不知油盐贵)

不结子花休要种,无义之人不可交/143

(不结子花休要采,无义之人切莫交 | 无义之人不可交,不结果花休要种)

不来不去真亲戚/86

不来由客,来时由主/215

不念故乡生处好,受恩深处亲骨肉/124

不怕单,就怕连/192

不怕官,只怕管/172

(不怕县官,就怕现管 | 不怕官,就怕管 | 不怕你官,只怕你管)

不怕虎生三只口,只怕人怀两样心/192

(不怕虎生三个口,最怕人怀两样心 | 不怕虎长三张嘴,就怕人有二条心 | 不怕虎生三眼,就怕人起二心)

不怕老虎狠,单怕老虎成群/192

不怕人多心不齐,只要有人扛大旗/172

不怕屋漏,就怕锅漏/68

(家里有贼,注定要穷)

不认其子看其父,不知其主观其奴/172

(不知其子观其父,不知其人视其友)

不是一家人,不进一家门/39

(不是一家人,难进一穷门 | 不是一家人,不入一家门 | 不是一家人,难进一家门 | 不是一路人,不进一家门)

不是冤家不聚头/69

(不是冤家不聚会 | 不是仇人不见面,不是冤家不碰头)

不是知音话不投/143

(不是知音难共鸣)

不挑秦川地,单挑好女婿/39

不孝漫烧千束纸,亏心空爇万炉香/104

不孝有三,无后为大/105

不愿金玉富,但愿子孙贤/105

不知其君视其所使,不知其子视其所友/143

（不知其子视其友，不知其君视其左右|不知其人，观其友|不知其人，视其友）

C

菜里虫，菜里死/228

（菜里虫菜里死，玩刀人刀下亡）

茶越泡越浓，人情越交越厚/144

谗言误国，妒妇乱家/69

（汩水淖泥，破家妒妇）

长舌乱家，大斧破车/169

肠里出来肠里热/1

偿不完儿女债/1

嫦娥爱少年/39

（嫦娥也爱少年郎|自古嫦娥爱少年）

朝廷还有三门子穷亲戚/86

（皇帝也有草鞋亲|皇帝老子也有三门穷亲戚|皇帝老子还有三门穷亲|天子门下有贫亲）

臣不傲君，子不傲父/172

臣不奏，职之过/172

臣急去君，子急去父/173

臣疑其君，无不危国；妾疑其夫，无不危家/69

臣正君邪，国患难治/173

臣子吵架，皇帝作主/173

成熟的瓜要落蒂，长高的树要分桠/2

秤不离砣，公不离婆/39

（秤杆离不开秤砣，老汉离不开老婆|秤不离砣，鼓不离锣|公不离婆，秤不离砣）

吃得好，穿得好，不如两口白头老/40

吃尽味道盐好，走遍天下娘好/2

（走尽天下娘好，吃尽滋味盐好|走尽天边是娘好）

吃奶像三分/2

吃人家的饭，看人家的脸；端人家的碗，受人家的管/173

（吃人家碗半，被人家使唤|吃谁家的饭归谁家管|端人碗，归人管|拿人钱，受人管）

吃鱼先拿头/228

（拿鱼先拿头，刨树要刨根）

痴心女子负心汉/40

（痴心老婆负心汉|痴心女子

千千万，负意郎君万万千|痴心女子，反面男儿|痴心女子薄情郎|痴情女儿负义郎）

仇人相见，分外眼红/229

（仇人相见，分外眼明|仇人厮见，分外眼睁|仇人相见眼睛红）

仇人相见竟偏多/229

仇有源，树有根/229

丑不丑一合手，亲不亲当乡人/124

（丑不丑，一伙手国；亲不亲，当乡人|丑不丑，一窝手；亲不亲，一家人）

丑妻薄地家中宝/40

（丑妻、近地家中宝|家有三件宝，丑妻赖地旧皮袄|家有三件宝，丑妻薄田破棉袄|家有丑妻是个宝|近地丑妻家中宝）

出兵不由将/173

出头的橡子先烂/229

（出头橡子遭风雨|出头橡子先遭难|露头的橡子先烂）

除了栗木无好火，除了郎舅无好亲/86

（除了郎舅无好亲，亲上加亲回头亲）

船帮船，水帮水/192

船靠板凑，人靠人捧/193

船头船尾有时会碰着/229

船有好舵手，不怕浪头高/174

船载万斤，掌舵一人/174

（船载千斤，掌舵一人|船上千斤，掌舵一人|船在江中，掌舵一人）

春风满面皆朋友，欲觅知音难上难/144

慈父教孝子/105

慈母多败子，严家无格房/105

（慈母有败子，严家无格房|慈母多败儿）

村里夫妻，步步相随/41

打不断的亲，骂不断的邻/125

（割不断的亲，打不断的邻|割不断的亲，离不开的邻）

打出来的朋友，杀出来的交情/144

打打闹闹，白头到老/41

打断胳臂往里曲/70

（打断手膊子朝里弯|打折膀

子朝里弯|胳膊折了，吞在袖里）

打狗要用擒虎力/230

（打狗如打狼）

打虎还得亲兄弟，上阵须教父子兵/29

（打虎须还亲兄弟，上阵无过父子兵|打虎不过亲兄弟，上阵无如父子兵|上阵亲兄弟，打仗父子兵|上阵无过亲父子，打虎还须亲弟兄|厮杀无过父子兵|相杀无过父子兵，打虎还须亲兄弟）

打虎还防虎伤人/230

打虎要力，捉猴要智/230

打起来没好拳，骂起来没好言/230

（打仗没好手，吵架没好口|骂人无好口，打人无好手|厮打没好手，厮骂没好口|相骂无好言，相打无好拳）

打墙不如修路/144

打人不打脸，骂人不揭短/230

（打人怕打脸，骂人怕揭短|揭人不揭短，打人休打脸|伤人不伤脸，揭人不揭短）

打人三日忧，骂人三日羞/231

打人先下手/231

打人要打急，杀人怕杀绝/231

打人一拳，防人一脚/231

（打人家一拳，防人家一脚|踏人一脚，须防一拳）

打蛇不死反被蛇咬/232

（打蛇不死惹蛇毒|打蛇不死，反被其害|打蛇不死，后患无穷|打蛇不死终为害）

打蛇要打七寸/232

（打蛇须打七寸里）

打是亲，骂是爱/70

（打是惜，骂是怜|打是心疼，骂是爱|骂是喜欢打是爱）

打死不离亲兄弟/29

打死胆大的，吓住胆小的/232

打要打金刚，压要压霸王/232

打在儿身，疼在娘心/2

（打在儿身上，疼在娘心上）

大伙心齐，泰山能移/193

（大伙拧成一股绳，做起事来力无穷）

大将无能，累死三军/174

（将帅无能，累及三军|将帅无才，累死三军|主将无能，累死千军|主将无能，累死三军）

大石头离不了小石头支，唱

红生离不了打旗的/174

大事瞒不了庄乡，小事昧不了邻居/125

（大事瞒不了乡亲，小事昧不了邻居）

大树不摇，乌巢自安/175

大树底下好乘凉/175

（大树底下好遮阴）

大树之下，必有枯枝/70

大树之下，草不沾霜/175

大丈夫难免妻不贤、子不孝/105

带兵如带虎/175

怠慢亲爹，不能怠慢远客/216

单蜂酿不成蜜，独龙治不了水/193

单丝不成线，孤木不成林/193

（单丝不成线，孤掌拍不响｜孤树不成林，单丝不成线｜孤树不成林，独木不成桥）

单者易折，众则难摧/193

（一箭易断，百箭难折）

淡淡长流水，酽酽不到头/144

当差不自由，自由不当差/175

（当差不自在，自在不当差｜当差不自由，官身不由己｜官差不自由｜为人不当差，当差不自在）

当差的官面上看气，行船的看风势使篷/176

当场不让步，举手不留情/233

（厮杀不让步，举手不留情｜抬手不让步，举手不留情｜武场不留情，举手不认人）

当家才知柴米价，养儿方晓父母恩/106

（当家才知柴米贵，养儿方晓父母恩｜生儿方知父母恩｜养儿方知父母恩）

当家就是戴枷/70

当家人，恶水缸儿/71

（当家人是个恶水缸儿）

当家人疾老，近火的烧焦/71

（当家头先白）

当家三年狗也嫌/71

当面教子，背后教妻/71

（当面教子，背后劝夫｜明地里教子，暗地里教妻｜人前教子，背后劝夫）

到老方知妒妇贤/41

（到老方知妒妇功）

稻多打出米来，人多讲出理来/194

（人多讲出理来，谷多春出米来｜人多讲出埋，田多长出米）

得意夫妻欣永守，负心朋友怕重逢/145

得意客来情不厌，知心人到话相投/216

（得意友来情不厌，知心人至话相投｜合意客来心不厌，知音人听话偏长）

敌不可假，时不可失/233

地和生百草，人和万事好/194

弟兄竭力山成玉，父子同心土变金/29

（弟兄协力山成玉，手足同心土变金｜弟兄抱成一条心，黄土也能变成金｜父子协力山成玉，兄弟同心土变金）

店房也有个主人，庙里也有个住持/176

爹娘便是灵山佛，不敬爹娘敬甚人/106

爹娘亲，娘舅亲，打断骨头连着筋/86

（娘舅亲，骨肉亲，打断骨头连着筋｜娘舅亲，骨肉亲，打折骨头连着筋）

爹养儿小，儿养爹老/106

（我养你牙长，你养我牙落）

爹有娘有，不如自个儿有/2

（爹有娘有，不如自己有｜爹有妈有不如自己有，老婆汉子隔只手）

丢了拐杖就受狗的气/233

（丢了棍受狗欺）

东家不饮客不餐/216

东家置酒客制令/216

独虎好擒，众怒难犯/233

独虎架不住群狼/233

（独虎战不过群狼｜猛虎架不住群狼｜猛兽不如群狐｜一虎难敌群狼）

断木用胶粘，人心以诚连/194

对恶狗用棍子，对强盗用刀子/234

多儿多女多冤家，一儿一女一枝花/3

（多儿多女多冤家｜一儿一女一枝花｜一儿一女一枝花，多儿多女多冤家，无儿无女活菩萨｜一男一女一枝花）

多个朋友多条路，少个对头少堵墙/145

（多个朋友多条路，多个冤家多堵墙|多交个朋友多一条路，多得罪个人多一堵墙|一个朋友一条路，一个冤家一堵山）

多个人，多个胆/194

多年的交情，火炭儿热/145

多一个人多一分力量/195

（多一只蛤蟆多四两力）

恶狗害怕棍揍，恶狼害怕猎枪/234

（恶狗怕揍，恶人怕斗）

恶虎难斗肚里蛇/234

恶马恶人骑/234

（恶狗必遭恶棍）

恶子忤逆不如犬/106

恩爱不过夫妻/41

恩爱的夫妻，患难的朋友/145

恩爱重于功名/41

恩人相见，分外眼明；仇人相见，分外眼睁/234

（恩人相见，分外眼清；仇人相见，分外眼红）

儿不忘娘，物不忘本/3

儿不嫌母丑，狗不嫌家贫/107

（儿不嫌母丑，犬不嫌主贫|儿不嫌母丑，狗不厌家贫|子不嫌母丑，狗不嫌家贫|狗不嫌家贫，儿不嫌母丑）

儿大不由爹，女大不由娘/3

（儿大不由爷，女大不由娘|女大不由母，儿大不由父|崽大不由娘）

儿多不如儿少，儿少不如儿好/3

儿多尽惜，财多尽要/4

儿女多来冤业多/4

（儿女眼前冤|是儿女，眼前冤）

儿女前世修，种子隔年留/4

（种子隔年留，崽女前世修）

儿女亲，辈辈亲，打断胳膊连着筋/87

儿女手里磨性子/4

（儿女手里没脾气）

儿女最情多/5

儿是冤家女是债/5

（儿是冤孽女是愁|男是冤家女是债）

儿孙自有儿孙福，莫与儿孙

作马牛/5

（儿孙自有儿孙计，莫与儿孙作马牛|儿孙自有儿孙福，何必爷娘置马牛|儿孙自有儿孙福，莫为儿孙作远忧|儿孙自有儿孙算，枉与儿孙作马牛|儿孙自有儿孙福，莫替儿孙做马牛）

儿孝不如媳孝，子贤不如媳贤/107

（好儿子莫如好儿媳|儿子孝，不如媳妇孝|子孝不如媳孝）

儿行千里母担忧/5

（儿行千里母担忧，母行千里儿不愁）

儿要自养，谷要自种/6

（儿要亲生，谷要自种|谷要自种，儿要自养|树要根生，儿要亲生|田要冬耕，儿要亲生|田要冬耕，崽要亲生|要儿自养，要谷自种）

儿子惹祸找大人/6

（儿女做坏事，父母终有错）

儿子是老子的影子，老子是儿子的镜子/6

儿作的儿当，爷作的爷当/6

（儿作儿当，爷作爷当）

二虎不能同山，两雄不能并立/235

（二雄不并栖|两雄不俱立|两雄不并栖|两雄不并立，两贤不并世）

二马同槽，不能相容/235

（二马同槽，不能没有风波|二马不同槽）

二人同心，粪土成金/195

（二人合心，黄土成金|二人同心，其利断金|两人一条心，黄土变成金|两人同心，其利断金）

饭糊了，捂在锅里/72

（饭糊了焖在锅里）

房中无君难留娘，山中无草难养羊/42

纺花车轮是圆的，两口子打架是玩的/42

放虎归山，必有后患/235

（放虎归山，必成大害|放虎归山，自留祸根|放虎归山，终是后患|放虎归山，久后伤人|开笼放虎，后患无穷）

放虎容易擒虎难/235

（放虎容易捉虎难｜放虎归山擒虎难｜放老虎容易捉老虎难）

非宅是卜，唯邻是卜/125

分家如比户，比户如远邻，远邻不如行路人/30

愤兵难敌，死将难当/176

风大伴墙走/235

风有风头，雨有雨头/176

蜂蚁也有君臣，虎狼也有父子/177

（虎狼有父子，蜂蚁有君臣）

逢强智取，遇弱活擒/236

（敌强用智，敌弱用势｜逢强者智取，遇弱者力敌）

夫愁妻忧心相亲/42

夫妇是树，儿女是花/42

夫妇为人伦之始/42

夫妻安，合家欢/43

（夫妇和，家道成）

夫妻不和，子孙不旺/43

夫妻吵架常事，邻舍拉劝多事/43

夫妻恩爱苦也甜/43

夫妻夫妻，生死相依；夫妇夫妇，两相关顾/43

夫妻好比一杆秤，秤盘秤砣两头儿平/44

夫妻交市，莫问谁益；兄弟交憎，莫问谁直/72

（夫妻交市，莫问谁益；兄弟交争，莫问谁直）

夫妻面前不说真，说了真，打单身/44

夫妻面前莫说真，朋友面前莫说假/146

（朋友面前莫说假｜朋友面前不说假，夫妻面前不说真）

夫妻琴瑟，兄弟孔怀/44

夫妻如一体/44

夫妻是福齐/44

夫妻是一棵蔓上的瓜/45

夫妻无隔宿之仇/45

（夫妻不吵隔夜架｜夫妻没有隔夜的火｜夫妻不记隔夜仇｜夫妇之恨不隔宿｜夫妻没有隔宿怨）

夫妻一条心，黄土变成金/45

（夫妻一条心，齐力堪买金）

夫为恶，妻有咎/45

夫孝，德之本也/107

夫有出妻之礼，子无弃母之道/107

夫有千斤担,妻挑五百斤/45

伏虎容易捉虎难/236

父不慈则子不孝/108

(父不慈,子不孝)

父不慈,子必参商/108

父不记子过/6

父不忧心因子孝,家无烦恼为妻贤/108

父不正子奔他乡/108

父仇不报,枉为人子/108

父道尊,母道亲/7

父母的家当,儿一分,女一分/7

父母恩比天大/7

父母是层天/7

父母在,不远游/109

(父母在,不远行)

父兄失教,子弟不堪/7

父欲行劫,子必杀人/72

(老子偷瓜盗果,儿子杀人放火|其父盗,子必行劫)

父在没子财/8

父在,子不得自专/8

父子不和家不旺,邻里不和是非多/125

父子不同舟/8

父子上山,各人努力/8

父子同心土变金/8

(父子协力山成玉)

父子无隔宿之仇/72

父子兄弟,罪不相及/73

富对富,穷对穷,榜青的找个牧羊人/46

(穷结穷,富结富,榜青的找个租田户)

富贵不忘贫贱友,身荣敢弃糟糠妻/146

富贵不压乡里/125

富贵多士,贫贱寡友/146

富贵途人成骨肉,贫穷骨肉亦途人/87

富贵者送人以财,仁人者送人以言/146

富攀富,穷帮穷/195

(富帮富,穷帮穷|穷帮穷,富帮富|穷帮穷,富帮富,麦糠不能做豆腐)

富无良妻,贫无良驹/46

该嫁不嫁,爹娘挨骂/73

(女儿大,理当嫁,女大不

嫁人笑话）

赶贼少不了三二人，打虎离不开亲兄弟/195

胳膊扭不过大腿/236

（胳臂拧不过大腿｜胳臂擘不过大腿｜胳膊拗不过大腿｜脚跟拗不过大腿）

胳膊总是要往里弯/196

（打断胳臂往里曲｜胳膊肘儿往里拐｜折了膀子往里弯）

隔山隔水不隔亲/87

各人的兵马各人带/177

跟爷娘筷样长，跟丈夫线样长/46

跟着大树得乘凉，跟着太阳得沾光/177

公婆爱长孙，爸妈疼小儿/8

（公疼头孙，爷疼晚崽｜婆婆喜欢头孙子｜天下爹妈疼小儿｜天下老的，最疼小的｜长子不离中堂，幺儿不离爹娘）

公婆难断床帏事/73

公众马，公众骑/196

（大家驴，大家骑｜大家的马儿大家骑）

功名出于闺阁/46

功名浮虚轻似艾，夫妻恩爱重如山/46

功名富贵草头露，骨肉团圆锦上花/30

功名易，妻子难/47

狗不嫌家贫，人不嫌地薄/126

孤犊触乳，骄子骂母/109

（孤犊触乳，骄子詈母）

姑表亲，舅表亲，打断骨头连着筋/30

（姑侄亲上亲，砸断骨头连着筋｜姑舅亲，辈辈亲，打断骨头连着筋｜姥姥家才算亲，打断胳膊连着筋｜娘舅亲，骨肉亲，打折骨头连着筋｜姨家亲，姑家亲，打断骨头连着筋）

姑娘是母亲的影子/9

古今一个理，兄妹手足情/30

骨头上的筋，老婆面上的亲/87

故人何处不相逢/147

故人相见，喜上眉梢/147

瓜儿离不开秧，孩儿离不开娘/9

（瓜儿不离秧｜瓜儿不离秧，孩子不离娘）

瓜儿恋秧，孩儿恋娘/126

瓜好吃不讲老嫩，人对眼不讲丑俊/47

乖的也疼，呆的也疼/9

官大不压乡邻/126

（官大一品，不压乡党）

官向官，民向民，穷人向的是穷人/196

（富向富，贫向贫，当官的向那有钱人｜官向官，民向民，和尚向的是出家人）

官坐一品，也不可忘了当乡之人/126

惯子不孝，肥田收瘪稻/109

（惯儿不孝，惯狗爬灶）

光鼓槌子打不响/196

（光一个鼓槌打不响）

闺女打扮十七八，媳妇打扮自个儿娃/9

闺女是爹妈心头肉/10

（闺女是娘的连心肉｜女儿是娘的心头肉）

闺女是妈的小棉袄/10

（丫头是当妈的小棉袄）

贵莫贵于天子，亲莫亲于夫妇/47

棍棒不打上门客/216

棍棒底下出孝子/109

（棒下出孝子，不打不成才｜棒打出孝子，娇惯养逆儿｜棍头出孝子，娇养无义儿｜棍棒下面出孝子，拳头底下出高徒）

国清才子贵，家富小儿骄/73

（家富小儿娇）

国一日不可无君，家一日不可无主/177

（朝中不可一日无君，营中不可一日无帅｜国不可一日无王，家不可一日无主｜家不可一日无主，国不可一日无君｜天不可一日无日，国不可一日无君）

国易治，家难齐/73

过门都是客/217

（上门是客｜进门都是客）

过日子不可不省，请客人不得不费/217

孩大十八变/10

孩儿的生日，娘的难日/10

（孩生日，娘苦日）

孩子不避父母，病人不避大夫/10

孩子是娘的连心肉/11

（儿是娘的心头肉｜儿女是父母的心头肉｜孩子是娘身上的肉）

海深不为深，友情第一深/147

行业多，不涨家；儿子多，不养爷/110

好不过父母/11

好不过郎舅，亲不过夫妻/31

好葱包的好白子，好爹好娘养的好孩子/11

好店不留久客/217

好儿不擎父业/11

好儿不在多，一个顶十个/11

（好的不在多，一个顶十个｜好眼只要一只，好崽只要一个）

好儿好女眼前花/12

好夫妻也有红脸时/47

好狗不咬上门客/217

（狗不咬上门客）

好汉不打妻/47

（好男儿，不欺妻）

好汉不打上门客/217

（好汉不得罪上门客）

好汉子怕遇见老街坊/126

（好朋友怕陈街坊）

好花不断香，好囡不离娘/12

好看千里客，万里去传名/218

（好看千里客，万里要传名）

好客不如无/218

好客主人多/218

好老子不打等身儿，好娘不打盘头女/74

（好老子不管三十儿）

好留不如好散/218

好男不说嘴，好女不扯腿/4/

好墙维持好邻居/127

好亲眷，莫交财；交了财，断往来/88

（亲戚莫共财，共财莫往来｜亲戚不共财，共财再不来）

好时是他人，恶时是家人/88

好手不敌双拳，双拳难敌四手/236

（好手不敌双拳，双拳不如四手｜好汉打不过人多，三拳难敌四手｜好汉难敌双拳，双拳难敌四手｜好手难敌双拳，独虎架不住群狼）

好树上不会长出烂桃子/12

好兄弟高打墙，亲戚朋友远离乡/88

好兄弟勤算账/88

（好朋友勤清账）

好雨天留客/218

合家欢，老人安/110

合心的喜鹊能捉鹿/197

（合群的喜鹊能擒鹿，齐心的蚂蚁能吃虎｜合群的蚂蚁能捉蝴蝶｜合心的喜鹊能捉住老虎）

合意客来心不厌，知音人听话偏长/147

（合意友来情不厌，知心人至话相投）

河深海深，最深莫过父母恩/110

河水靠流，人群靠头/177

狠菩萨也怕恶鬼/237

狐死正首丘/127

（狐死必首丘｜狐死首丘，豹死首山｜狐死首丘，代马依风｜鸟飞返乡，狐死首丘）

壶中有酒好留客/219

（壶中无酒难留客）

虎不与狮斗，兵不和匪争/237

虎毒不食子/12

（大虫饿杀不吃儿｜恶虎不食子｜虎毒不食亲生子｜虎毒不吃儿｜虎恶不伤子｜狼虎虽恶，不食其子）

虎父无犬子/12

（父强子不弱｜虎门焉出犬子｜虎门无犬种）

虎狼当路，不治狐狸；先除大害，小害自已/237

（虎狼当道，不治狐狸；先除大害，小害自已）

虎狼也有父子之情/13

（虎狼知父子）

虎怕人，人怕虎/237

虎无伤人意，人有伤虎心/237

花不好，是自家栽的/74

画皮容易画骨难，交友容易交心难/147

还债容易还情难/148

换了钥匙对不上簧，夫妻还是原配的好/48

患难夫妻到白头/48

（患难夫妻百年恩）

患难见人心/148

（患难见人心，生死辨忠奸｜患难知人心）

患难朋友，艰苦夫妻/148

患难之交不可忘/148

患难之交朝朝有，酒肉朋友一世无/148

患难知朋友/149

（患难中见朋友｜患难见真交｜患难见知己｜患难见知交，烈火见真金）

皇天不负孝心人/110

黄金难买乡邻情/127

会嫁嫁对头，不会嫁嫁门楼/48

（会选的选儿郎，不会选的选田庄｜会拣的拣儿郎，不会拣的拣宅房｜会嫁的嫁儿郎，不会嫁的嫁家当）

火车跑得快，全凭车头带/178

（火车跑得快，全靠车头带｜火车跑得快，就靠车头带）

火大无湿柴/197

（火大没湿柴）

伙计好搁，知音难寻/149

鸡蛋碰不过石头/238

（蚂蚁拱不倒泰山｜盘子盛不过大碗，鸡蛋碰不过石头）

即使住在河边，也不能和鳄鱼交朋友/149

祭而丰，不如养而薄/110

家不和，外人欺/74

（家不和，被人欺｜家不和，邻里欺）

家常饭，粗布衣，知寒知暖自己的妻/48

（家常饭，粗布衣，知寒知冷自己妻｜要暖粗布衣，要好自小妻）

家丑不可外扬/74

（家丑不可外言｜家丑事不可外扬｜家丑不可外谈）

家丑家丑，家家都有/75

家倒累家，户倒累户/75

家多孝子亲安乐，国有忠臣世泰平/111

家法大不过王法/75

家和万事兴/75

（家和万事成｜家和万事安）

家火不起，野火不来/75

家家有本难念的经/76

（家家都有难唱的曲｜哪家都有难唱曲｜人人有支难唱的曲，家家都有本难念的经｜谁家

都有一本难念的经）

家里事，家里了/76

家奴犯罪，罪坐家主/178

（家人犯法，罪归家主|家人犯法，罪及家长）

家贫出孝子/111

（家贫出孝女|家贫见孝子）

家贫思贤妻/49

家穷有口锅，人穷不离窝/127

家事不必问外人/76

家私不论尊卑/76

家庭和不和，看看儿媳和公婆/77

家庭家庭，治好了家才能消停/77

家无二主，国无二王/178

（家无二主，国无二君|天无二日，土无二王|天无二日，人无二主|天无二日，国无二主）

家无贤妻，必遭横祸/77

（家有不贤良，早晚遭祸殃）

家无主，屋倒竖/77

（家无主，扫帚颠倒竖|家无主，扫帚倒竖）

家乡的山坡不嫌陡/128

家严儿学好/13

家有患难，邻里相助/128

（家有患难，邻保相助）

家有黄金，外有戥秤/128

（家有黄金外有秤，家眷邻居天天称|家有多少钱，四邻有戥盘|家有千金石，外有百杆秤|家有黄金，外有戥子）

家有千口，主事一人/178

（村有千口，主事一人|家有千百口，主事在一人|千口吃饭，主事一人|千军万马，主事一人）

家有万石粮，不如生个好儿郎/111

家有梧桐树，不愁凤凰来/49

（家有梧桐树，招得凤凰来|家有梧桐招凤凰，舱有鲜鱼招巨商）

家有贤妻必定富/49

家有贤妻，男儿不遭横事/49

（家有贤妻，男儿不做横事|家有贤妻，夫不出横祸|家有贤妻，男儿不遭横祸|家有贤妻夫祸少）

家有贤妻劝，男儿不入是非门/50

家有一老，黄金活宝/111

（家里有一老，炕头坐活宝｜家有老，是个宝｜家有一老，胜过万宝）

家有一条心，黄土变成金/77

（家有一心，堆积黄金｜家有一心，有钱买金）

家有诤子，不败其家；国有诤臣，不亡其国/179

（君有诤臣，不亡其国；父有诤子，不亡其家｜君有诤臣，不至于亡国；父有诤子，不至于亡家）

家欲兴，十个儿子一样心；家欲倾，一个儿子十条心/78

嫁出去的女儿，泼出去的水/13

（嫁出门的女儿，泼出门的水｜嫁出去的女孩儿，泼出去的水｜嫁出的闺女，泼出去的水｜嫁出去的女，卖出去的地｜泼出门的水，嫁出门的女）

见客如为客，轻人还自轻/219

姜是老的辣，夫妻是老了亲/50

将不激，兵不发/179

将红红一片，兵精精一个/179

将怕阵前失马，人怕老来丧妻/50

将相不和，成不了大事/179

将在外，君命有所不受/179

（将在位，君命有所不受｜将在外，君命不受｜将在外，不由帅）

交必择友，居必择邻/128

（居必择邻，交必择友）

交遍天下友，知心有几人/149

（交游满天下，知交有几人｜交友满天下，知心有几人｜朋友遍天下，知己能几人）

交不择人，终须有失/149

交情似水淡长浓/150

交人不疑，疑人不交/150

交人交心，浇花浇根/150

（交人交心，浇树浇根｜浇树浇根，交人交心｜浇花要浇根，交人要交心）

叫亲了的娘，住亲了的房/13

教子之法，莫叫离父；教女之法，莫叫离母/13

揭底就怕老乡亲/128

节令不到，不知冷暖；人不相处，不知厚薄/150

结得人缘好，不怕出门难/151

结交须胜己，亚己不须交/151

（结交须胜己，似我不如无）

结君子千年有义，交小人转眼无情/151

金儿银男，不如生铁老伴/50

（亲儿女不如蛮老伴）

金钱分上无父子，利害面前无兄弟/78

金窝银窝，不如自己的穷窝儿/129

（金窝银窝，比不上家乡的穷窝｜金窝银窝，不及自家的草窝｜金窝银窝，不如自己的鸡窝｜金窝窝，银窝窝，不如自个儿的土窝窝）

金乡邻，胜于银亲眷/129

（金乡邻，银亲眷）

锦堂客至三杯酒，茅舍人来一盏茶/219

尽得忠来难尽孝/112

（尽忠者不能尽孝｜尽忠者不能尽孝，尽孝者就不能尽忠｜孝义难以两全）

尽孝不如尽心/112

近人不说远话/129

经霜的甘蔗分外甜/151

敬了父母不怕天，纳了捐税不怕官/112

久别胜新婚/51

（久别当新婚｜小别胜新婚｜新婚不如久别）

久病无孝子/112

（百日床前无孝子｜百天床前无孝子｜常病无孝子｜久病床前无孝子）

久处令人贱/219

（久住令人贱｜客久主生厌）

久住邻居为一族/129

酒逢知己千杯少，话不投机半句多/152

（得遇知心千杯少，话不投机半句多｜人逢知己千盅少，话不投机半句多｜人逢知己千语少，话不投机半句多）

酒肉弟兄千个有，落难之中无一人/152

（酒肉兄弟千个有，急难之时一个无｜酒食朋友朝朝有，急难之中无一人｜酒肉弟兄多多有，落难之中半个无）

酒肉朋友短，患难夫妻长/152

舅母门上的老表亲，砸断骨头连着筋/88

伢儿不败家/78

军不斩不齐，将不严不整/180

（兵不斩，将不齐|军不斩不齐）

君不正，臣投外国；父不正，子奔他乡/180

（君不正，臣投外国；父不慈，子奔他乡|君不君，臣远投异国；父不父，子走奔他乡）

君父之仇，不共戴天/180

君如腹心，臣如手足/181

君知我则报君，友知我则报友/152

骏马却驮痴汉走，巧妻常伴拙夫眠/51

（骏马每驮痴汉走，巧妻常伴拙夫眠|骏马每驮村汉走，娇妻常伴拙夫眠|巧妇常伴拙夫眠）

靠着大树有柴烧，靠着大河有水吃/181

可怜天下父母心/14

客不修店，官不修衙/220

客不序少长/220

客不压主/220

（客不欺主）

客不走主不安/220

客大欺店，店大欺客/220

（客大压店，店大压客|客大欺行，行大欺客）

客去主人安/221

（客走主人安）

客人不断行家路，女儿不断娘家路/14

客随主人约/221

苦瓜虽苦共一藤，兄弟虽呆只一心/31

困境识朋友，烈火辨真金/153

来者不善，善者不来/238

（善者不来，来者不善）

烂麻拧成绳，力量大千斤/197

（烂麻搓成绳儿，也能拉千斤|碎麻拧成绳，能提千斤鼎）

廊庙之材非一木之枝，帝王之功非一士之略/197

浪再大，压不住鱼打挺；云再厚，裹不住炸雷声/238

（浪再大，总在船底下；山再高，总在脚底下）

老将会兵机/181

老猫不在家，耗子上房笆/181

（老猫不在家，耗子上屋爬｜猫不在家，耗子造了反｜猫儿一去，老鼠唱戏）

老婆是人家的好/51

老嫂比母，小叔比儿/31

（老嫂比母，小叔是儿｜老嫂比母，小叔似儿｜老嫂比母，大哥比父）

老乡见老乡，两眼泪汪汪/129

（老乡见老乡，眼睛泪汪汪）

老子英雄儿好汉/14

（父是英雄儿好汉）

累死十个庄稼汉，抵不上一个精明媳妇/51

黎明的回笼觉，半路的好夫妻/52

（黎明的觉，半道的妻，羊肉饼子清炖鸡）

篱笆牢靠要钉桩，冤家打赢要人帮/198

礼让一寸，得礼一尺/221

礼衰则客去/221

（礼貌衰则去之）

礼下于人，必有所求/221

（礼下于人，必有所图）

良鸟恋旧林，良臣怀故主/181

良禽择木而栖，良臣择主而事/182

（飞鸟择林而栖，良马择主而行｜高鸟相良木而栖，贤臣择明主而佐｜良臣择主而仕，良禽择木而栖｜灵禽相良木而栖，贤臣择明主而佐｜贤士择主而事，良禽择木而栖｜忠臣择主而侍，好鸟择木而栖）

梁园虽好，不是久恋之家/130

（长安虽好，不是久恋之乡｜梁园虽好，不是久恋之乡｜梁园虽好，决非久留之所｜梁园虽好，终非久居之地｜他乡虽好，终非久留之地｜扬州虽好，不是久恋之乡）

两斗皆仇，两和皆友/153

两姑之间难为妇/78

两国交锋，各为其主/182

（两国交战，各为其主｜两国交兵，各为其主｜两国相争，各为其主｜两国相争，各保其主）

两虎相斗，必有一伤/238

（二虎相争，必有一伤｜二虎相角，必有一伤｜两虎相争，必有一伤｜两硬相击，必有一伤｜龙虎相斗，必有一伤）

两军相逢勇者胜/239

（两军相争勇者胜｜两强相遇，勇者为胜｜两强相遇，智勇者胜｜两军交战，气盛者胜）

两口子打架不用劝，放下桌子就吃饭/52

两强斗胜，各有所失/239

两人一般心，有钱堪买金；一人一般心，无钱堪买针/198

邻居好，赛金宝/130

（邻居好，胜金宝｜邻居好，一片宝｜乡邻好，赛金宝）

邻居一杆秤，街坊千面镜/130

（邻居眼睛两面镜，街坊心头一杆秤）

临危望救，遇难思亲/89

六亲合一运/89

龙交龙，凤交凤，老鼠的朋友会打洞/153

（龙交龙，凤交凤，耗子的朋友会打洞｜龙交龙，凤交凤，跛脚驴配的是破槽桶）

龙居浅水遭虾戏，虎落平阳被犬欺/239

（龙居浅水遭虾戏，虎落深坑被犬欺｜龙逢浅水遭虾戏，凤入深林被雀欺｜龙游沟壑遭虾戏，凤入牢笼被马欺｜龙游浅水遭虾弄，凤入深林被雀欺｜龙游浅水遭虾戏，虎落深坑被犬欺）

龙生九种，种种有别/15

（龙生九种，九种各别｜龙生九种，种种不一｜龙生九子，秉性各异）

龙生龙，凤生凤/15

（龙生龙，凤养凤｜龙生龙种，狗生狗种｜龙生龙儿，虎生虎儿｜龙有龙种，凤有凤胎｜龙生龙，凤生凤，老鼠儿子会打洞｜龙生龙，凤生凤，老鼠养儿沿屋栋）

龙头不摆，龙尾难甩/182

（干部不领，水牛掉井）

龙头往哪摆，龙尾往哪甩/183

（龙头往哪面摆，龙尾往哪面甩｜龙头怎样摆，龙身怎样甩）

芦草根盘根，穷人心连心

芦柴成把硬/198

（芦柴成把硬，独木不成林）

鸾凤只许鸾凤配，鸳鸯只许鸳鸯对/52

（龙配龙，凤配凤，老鼠只好钻地洞｜龙配龙，凤配凤，乌龟配蛇住泥洞｜鸾凤自有鸾凤配，鸳鸯自有鸳鸯对）

马逢伯乐方知价，人遇知音自吐心/153

马渴想饮长江水，人到难处思亲朋/89

马勺哪有不碰锅沿儿的/240

（碟碗也有磕碰时｜马勺没有不碰锅沿儿的｜谁家的菜勺不碰锅帮｜铁勺没有不碰锅沿儿的）

瞒天瞒地，瞒不了隔壁邻居/131

满堂儿女还不如半路夫妻/52

（满堂儿女，抵不上个半路夫妻｜满堂儿女，当不得半席夫妻｜亲儿亲女，不如半路夫妻）

慢人者，人亦慢之/221

没舅不生，没舅不长/89

没男没女是神仙/16

（没儿没女是神仙｜无儿无女是神仙）

没娘的孩子磕墙根，没爹的孩子贵如金/16

没有好种，怎能长出好苗来/16

没有烧饭的头陀，就没有念经的和尚/199

美不美，故乡水；亲不亲，故乡人/131

（美不美，乡中水；亲不亲，故乡人｜美不美，泉中水；亲不亲，故乡邻｜亲不亲，故乡人；美不美，乡中水｜甜不甜，家乡水；亲不亲，故乡人）

美女嫦娥不如床头的黄脸婆/53

猛虎犹护子，毒蛇也爱儿/16

苗怕虫咬，儿怕娘娇/16

明君知臣，明父知子/183

明枪好躲，暗箭难防/240

（明枪易躲，暗箭难防｜明刀好让，暗弩难躲｜明敌好挡，家贼难防｜千把明枪容易躲，一枝暗箭最难防）

莫交空心苇，要交实心蕉/154

莫三人而迷/199

莫图颜色好，丑妇家中宝；休嫌官不要，夫妻直到老/53

谋之欲众，断之欲独/183

母慈悲儿孝顺，娘狠毒儿生分/113

（娘慈悲，女孝顺）

母健儿女壮/17

母子亲，胜似金/17

牡丹虽好，还要绿叶扶持/199

（好花还需绿叶扶持|荷花虽好，也要绿叶扶持|红花虽好，也仗绿叶扶持衬映|花须叶衬，佛要金装|牡丹虽好，全仗绿叶扶持）

哪个女子不怀春，哪个男子不钟情/53

（谁个少男不钟情，谁个少女不怀春）

哪里黄土不埋人/131

（何处黄土不埋人）

男大当婚，女大当嫁/53

（儿大当娶，女大当聘|男大须婚，女大必嫁|女大当嫁，男大当婚|女大出嫁，男大分家）

男儿无妻不成家/54

（没有女人不成一家|家里无妇不成家）

男人不会耕田，当不了家；女人不会做鞋，做不了媳妇/54

男人是一层天/54

男人往外走，带着娘们手/54

（汉子外面走，带着老婆两只手|男人外面走，带出女人一双手）

男肖其父，女肖其母/17

男主外，女主内/54

（男立外，女立内）

男子无妻财没主，妇女无夫身落空/55

（妇去夫无家，夫去妇无主|男无妇是家无主，妇无夫是身无主|男子少妻财没主，妇女无夫身落空）

南北一家，兄弟一堂/154

难得者兄弟，易得者田地/31

（易得者田地，难得者兄弟）

内睦者家道昌，外睦者人事

济/79

嫩草怕霜霜怕日，恶人自有恶人磨/240

（草怕严霜霜怕日，恶人自有恶人磨｜恶人自有恶人磨，撞着冤家没奈何｜铜盆撞了铁扫帚，恶人自有恶人磨）

能叫人等客，不叫客等人/222

能狼难敌众犬/240

（能狼不敌众犬，好汉架不住人多｜能狼安敌众犬，好汉难打人多｜强狼难胜众犬，好汉抵不住人多｜强狼难挡众犬，好汉架不住人多）

溺爱者不明，贪得者无厌/17

年老莫娶年少妻/55

年老之人惜子女，和尚老了爱徒弟/17

年轻的夫妻爱钉磕，年老的夫妻爱啰嗦/55

娘好囡好，秧好稻好/17

（秧好稻好，娘好囡好）

娘家的饭香，婆家的饭长/18

娘家屋住不老，亲戚饭吃不饱/89

（娘家住不老，亲戚饭吃不饱）

娘勤女不懒/18

娘想儿，流水长；儿想娘，筷子长/18

（娘想儿，长江水；儿想娘，哭一场）

鸟大出窝，女大出阁/18

鸟无头不飞，龙无头不行/183

（龙无头不走，鹰无头不飞｜马无头不行，鸟无翅不飞｜鸟无头不飞，鱼无头不游｜蛇无头不行，鸟无首不飞｜羊无头不走，雁无头不飞）

鸟要合群，人要齐心/199

宁穿朋友衣，不戏朋友妻/154

（宁穿朋友衣，不占朋友妻｜硬穿朋友衣，不占朋友妻）

宁恋本乡一捻土，莫爱他乡万两金/131

宁恼远亲，不恼近邻/132

宁失一人喜，不结千人怨/200

宁养顽子，莫养呆子/19

（宁要匪才，不要奴才）

宁养一条龙，不养十只熊/19

宁与千人好，不与一人仇/200

（宁和千人好，莫和一人仇）

宁愿夫妻常聚喝水，不当牛郎织女穿仙罗/55

宁作孤凰，不为双凤/56

牛大压不死虱子/241

牛要耕田马要骑，孩子不管要赖皮/79

女大十八变/19

（女大十八变，越变越好看|女大十八变，牡丹显红艳|女大十八变，上轿还要变一变）

女儿嫁出门，总归自家人；媳妇抬进门，还是外头人/19

女怕嫁错郎，男怕入错行/56

（男怕入错行，女怕嫁错郎）

女人是家庭的灵魂/56

女子配人，如重投娘胎/56

P

怕老婆，会发达/56

朋柴火焰大，人多主意高/200

（人多主意好，柴多火焰高|人多主意高）

朋友不打不成交，夫妻不打不算好/154

（朋友不打不成交）

朋友多的人，像草原一样辽阔；朋友少的人，像手掌一样狭窄/155

朋友归朋友，生意归生意/155

朋友来了有美酒，野兽来了有猎刀/155

（朋友来了有好酒，豺狼来了有猎枪）

朋友莫交财，交财仁义绝/155

朋友妻，不可欺/156

（朋友妻，不可戏|朋友妻，不可嬉|朋友妻，不可欺；朋友妾，不可窃）

朋友是个宝，多个朋友多条道/156

朋友万言难识知己，结怨仅须片言只语/156

朋友相交，贵在知心/156

（人之相知，贵在知心）

朋友有通财之义/156

（朋友有通财之谊）

朋友有责善之道/157

（朋友道，在责善）

朋友越多越好，冤家越少越好/157

（朋友千个少，冤家一个多

|朋友一千个不嫌多,仇人一个不嫌少|一百个朋友嫌少,一个仇人嫌多)

朋友之间不言利/157

朋友之间不言谢/158

(情真不言谢)

偏怜之子不保业,难得之妇不主家/79

骗朋友只有一次,害自己却是终身/158

贫不串亲,富不串邻/132

贫贱夫妻百事哀/57

(贫贱家庭万事哀|贫贱夫妻百事哀,富贵屋里好当家)

贫贱夫妻恩爱多/57

(贫贱夫妻百世恩)

贫贱见交情/158

(贫贱识真交,患难见真情)

贫贱亲戚离,富贵他人合/90

(富贵他人聚,贫寒亲子离|富贵有亲朋,穷困无兄弟|富贵人求合,贫穷亲不睦|富贵他人合,贫贱亲戚离)

贫贱之交不可忘,糟糠之妻不下堂/57

(贫贱之知不可忘,糟糠之妻不下堂|贫贱之交不可移,糟糠之妻不下堂|糟糠之妻不下堂,贫贱之交不可忘)

贫居闹市无人问,富在深山有远亲/90

(富在深山有远亲,穷在闹市无人问|富家山野有人瞅,贫居闹市无人问|贫居市口无人问,富在深山有远亲|贫居闹市无人问,富在深山远亲来|贫居闹市,有钢钩钩不住至亲骨肉;富在深山,有木棒打不断无义亲朋)

贫穷患难,亲戚相救;婚姻死丧,邻里相助/132

婆娘讨得强,胜过半年粮/58

婆婆口絮,媳妇耳顽/79

(姑口烦而妇耳顽|婆婆口碎,媳妇耳背|婆婆琐碎,媳妇耳顽|婆婆嘴碎,媳妇耳背)

婆媳亲,全家和/80

(婆媳和睦,全家幸福;婆媳斗,全家愁|婆媳亲,家事兴)

铺稻草,盖稻草,到底有个老头儿好/58

(铺的草,盖的草,有个老伴就是好)

Q

七岁八岁狗也嫌/80

（七岁八岁讨狗嫌｜七岁八岁，鸡狗都嫌｜七八九，厌似狗）

妻跟夫走，水随沟流/58

妻是枕边人，十事商量九事成/58

（娇妻唤做枕边灵，十事商量九事成）

妻贤夫祸少，子孝父心宽/113

（妻贤夫无祸｜妻贤夫祸少｜子孝父心宽）

千锤打锣，一锤定音/183

（千声锣鼓，一锤定音｜千锤击鼓，一锤定音｜千人打鼓，一槌定音｜千人拉弦，一人定音）

千朵桃花，一树所生/31

（千朵桃花一树儿生｜千朵鲜花一树开）

千根骨子撑把伞/200

千斤担子万人挑/200

千金难买朋友情/158

千金难买意相投/158

千金易得，知音难求/158

（千两黄金容易得，人间知己最难寻｜千金易得，知己难逢｜万两黄金好买，世上知己难求｜万两黄金容易得，知心一个也难求）

千军易得，一将难求/184

（百将易得，一帅难求｜千军万马容易得，一员虎将最难求｜三军易得，一将难求｜要得千军易，偏求一将难｜一将难求，千军易得）

千里姻缘一线牵/59

（百年眷属三生定，千里姻缘一线牵｜千里姻缘，牵于一线｜千里姻缘着线牵｜千里良缘一线牵）

千里征途靠骏马，万里难关靠亲人/90

千两黄金不卖道，十字街头送故交/159

千年治山，万年治邻/132

悭吝守财，必生败家之子/80

前三十年看父敬子，后三十年看子敬父/20

（前三十年靠父敬子，后三十年靠子敬父）

前十年看婆婆，后十年看媳

妇/113

枪打出头鸟/241

（枪打露头鸟｜枪打出头鸟，雨淋出檐椽）

强宾不压主/222

（强宾不夺主｜强宾不敢夺主）

强兵不压主/241

强兵门下无赢卒，养虎山中有大虫/184

强将不言兵弱/184

强将手下无弱兵/184

（霸国无贫主，强将无弱兵｜良将手里无弱兵，死人身边有活鬼｜强将手下无弱兵，帅才身边无草包｜强将无弱兵，强祖无弱孙）

强龙不压地头蛇/241

（毒龙难斗地头蛇｜恶龙不敌地头蛇｜恶龙难斗地头蛇｜来龙斗不过地头蛇｜强龙不斗地头蛇｜强龙难敌地头蛇｜强龙难压地头蛇）

强贼怕弱主/242

强中自有强中手，恶人须用恶人磨/242

（强中更有强中手，恶人终被恶人磨｜强中更有强中手，恶人自有恶人磨｜强中更遇强中手，恶人须服恶人磨）

强扭的瓜不甜/59

（包办的婚姻不美满，强扭的瓜儿不香甜｜强拧的瓜不甜，硬拔的苗儿不长｜强扭的瓜不甜，拉来的兵不勇）

强迫不成买卖，捆绑不成夫妻/59

（强迫不成买卖，强求不成夫妻｜强扭的瓜儿不香甜，强迫的婚事不和美）

强作的夫妻苦又咸，情愿的两口甜中甜/60

抢着不是买卖，拉着不是亲戚/91

瞧了他爹脚后跟，再瞧孩子有分寸/20

巧媳妇不怕挑剔婆/80

亲帮亲，邻帮邻，和尚维护出家人/132

（亲帮亲，邻帮邻，和尚顾的是出家人｜亲帮亲，邻帮邻，土地爷帮的是灶爷神｜亲为亲，邻为邻，关二爷为的是蒲州人｜亲帮亲，邻帮邻，富帮富，贫帮贫）

亲不过夫妻/60

（亲莫过于夫妻｜热不过火口，亲不过两口｜要热是火口，要亲是两口｜至亲莫若夫妇｜至爱莫过于夫妻）

亲不过父子/20

（亲不过父母｜亲莫亲如父子｜至亲莫如父子｜人情莫亲于父子）

亲不间疏，后不僭先/91

亲不亲，老乡亲，打断骨头连着筋/133

亲不亲，钱上分/91

亲不亲，是近邻/133

亲不亲要数娘家人/91

亲不亲，一家人，打断骨头连着筋/32

（亲连亲，亲套亲，打断胳膊连着筋｜亲不亲，砸断骨头连着筋｜一家人，心连心，打断骨头连着筋）

亲不在，才知报恩难/113

亲不择骨肉，恨不记旧仇/92

亲的掰不开，疏的贴不上/32

（亲的疏不开，疏的亲不拢）

亲故亲故，十亲九顾/92

（亲故亲故，无亲不顾｜亲向亲，故向故）

亲了按亲来，不亲按理来/92

亲了割不断，假了续不上/32

（是亲的割不掉，是假的安不牢）

亲戚不如邻/133

亲戚门外客/92

亲戚明算账，父子钱财清/92

亲戚难管家务事/93

亲戚像只梭，往来特别多/93

亲戚有难亲戚帮/93

亲戚有远近，朋友有厚薄/93

（亲戚有厚薄，朋友有远近）

亲戚远来香，隔壁高打墙/93

（亲戚要好结远方，邻居要好高打墙｜亲戚远来香，近邻高搭墙｜亲戚远来香，隔房高打墙）

亲人恼不多时，大风刮不多日/32

（大风刮不多日，亲人恼不多时｜真亲恼不了百日）

亲人恼面不恼心/33

亲是亲，财是财/94

（亲是亲，钱是钱｜亲是亲，钱财分｜亲是亲，财帛分）

亲为亲好，邻为邻安/133

（亲巴亲好，邻盼邻强｜亲望

亲好，邻望邻好）

亲向亲，故向故，三灾八难靠同族/94

亲兄弟，明算账/33

（好兄弟勤算账｜亲姐妹，明算账｜兄弟虽和勤算数｜账目清，好弟兄）

亲友亲友，烟茶菜酒/94

亲有远近，邻有里外/133

亲者割之不断，疏者续之不坚/94

亲者自亲，疏者自疏/95

青柴难烧，娇子难教/80

清茶胜酒，友谊更久/159

清官难断家务事/81

（清官断不得家务事｜清官难断家常事｜清官难断家私事｜清官难审家庭案）

清水不混浑水，穷人莫攀富亲/95

（穷人不要攀高亲）

情莫如父兄/33

情人眼里出西施/60

（情人眼内出西施｜情人眼里有西施）

晴天留人情，雨天好借伞/222

请得巧不如碰得巧/222

请君试看筵中酒，杯杯只敬有钱人/222

请客吃酒要量家当/222

请客容易等客难/223

亲家公是一世相与的/95

穷富不认亲/95

穷汉妻，半张犁/60

穷家出娇子/81

（穷汉养娇子）

穷家难舍，故土难离/134

（穷家难舍，热土难离｜穷家难舍，熟土难离｜穷家难离，熟土难舍）

穷见穷心里疼，穷不帮穷谁帮穷/201

（穷不怜穷让谁怜）

穷怕亲戚富怕贼/95

（穷怕来客，富怕来贼）

穷人的孩子早当家/113

（穷娃懂事早）

穷人有三门富亲不算穷，富人有三门穷亲不算富/96

（有三家好亲戚不算穷人｜有三门穷亲戚不算富，有三门富亲戚不算穷）

穷时不走亲戚家，饿时不进萝卜园/96

穷找穷亲，富找富邻/134

穷知亲，苦知近，又穷又苦是亲人/134

求忠臣必于孝子之门/114

（求忠臣于孝子之门|求忠臣于孝子门外）

取友必须端，休将戏谑看/159

娶妇娶贤不娶贵，择婿择人不择家/61

（择婿不择富）

娶妇易，择婿难/20

娶老婆是接财神/61

娶妻不得力一世烦恼，买卖不得时只一遭/61

娶妻娶德不娶色，交友交心不交财/160

娶媳妇是小登科/61

娶媳妇先看娘家妈/61

（种菜须好秧，择女须择娘）

娶媳由父，嫁女由母/62

拳头朝外打，胳膊往里弯/201

（拳头朝外打，胳膊肘朝里拐）

拳头硬的是大哥/242

（拳头大，做大哥|拳头大是哥哥，个头壮是强梁）

犬不弃贱主，子不扬父丑/114

犬有湿草之义，马有垂缰之恩/160

（狗有湿草义，马有垂缰志|狗有展草，马有垂缰|马有垂缰之意，羊有衔草之恩|马有垂缰之意，犬有湿草之恩）

劝和不劝离/81

劝君莫逞强梁性，恐怕强中更有强/242

劝君莫要作冤仇，狭路相逢难躲避/243

群雁依头雁，头羊领群羊/185

人不辞路，虎不辞山/201

人不离乡，鸟不离枝/134

人不亲土亲，河不亲水亲/134

（人不亲土亲，心不热血热|人不亲乡土亲，乡土不亲义气亲）

人不亲艺亲，艺不亲刀柄亲/135

（人不亲艺亲，艺不亲刀把子亲|人不亲艺亲，艺不亲祖师

爷亲）

人不知亲穷知亲，人不知近穷知近/135

（人不知亲穷知亲，心不知近苦知近|人不知近穷知近，穷人都是一家人）

人到难处显亲朋/160

（人到难处显宾朋）

人到一万，无边无岸；人到十万，彻地连天/201

（兵过千，没有边；兵过万，没有沿|人有一万，无边无沿；人有十万，彻地连天|人上一万，无边无岸|人马一万，无边无沿）

人都是往下亲/20

人对脾气，狗对毛尾/160

（人对脾气客对货，老牛对的麦秸垛）

人多不怯力气重/202

（人多移山分量轻）

人多出韩信/202

（人多出孔明|人多出圣人）

人多出智慧/202

（人多点子多|人多主意好|人多智谋多）

人多好干活儿/202

（兵多好打仗，人多好做活|人多好作活|人多好办事）

人多力量大，柴多火焰高/203

（人多力量大）

人多人强，狗多咬死狼/203

（人多人强，蚁多咬死象|人多为强，狗多为王）

人多嗓子响/203

人非草木，孰能无情/161

（人非草木，谁能无情|人非草木，岂能无情|人非草木，焉能无情）

人非知己休全托，事若亏心切莫为/161

人靠朋友树靠根，人不亲来土还亲/135

人来投主，鸟来投林/185

（鸟来投林，人来投主|鸟来投林，人来投人|人来求主，鸟来投林|人来投人，鸟来投林）

人挪活，树挪死/135

（人离原地活，树离原地死）

人怕齐心，虎怕成群/203

（人怕心齐，虎怕成群）

人亲骨头香/33

（人亲骨肉香）

人情不在厚薄/223

人情当使不当悭/223

人情若好吃水也甜，人情不好吃酒也嫌/161

（人好水也甜，不好蜜也酸|人好水也甜，花好月也圆|人亲水也甜）

人情若像初相识，到底终无怨恨心/161

（人心若比初相识，到底终无怨恨心|人情若是初相识，到老终无怨恨心|人情常比初交日，到底终无怨恨心）

人穷情义不穷/162

人上一百，必有奇谋/203

人生百行，孝悌为先/114

（人生百行，孝道为先）

人生得一知己，死而无憾/162

（得一知己，虽死不憾|得一知己，死可无恨|人生得一知己，死而无恨）

人生莫大于孝/114

人生难得一知己/162

（人生难得遇知音|人生难得唯知己）

人抬人高，水抬船高/204

（人抬人无价宝，水抬水万丈高|人抬人高，自尊自贵|人抬人高，自尊自卫）

人无头不走，鸟无头不飞/185

（人无头不走，雁无头不飞|人无头不行，鸟无翅不腾|人无头不走，鸟无翅不飞）

人心换人心，八两换半斤/162

（八两换半斤，人心换人心）

人心齐，泰山移/204

（大伙儿心齐，泰山能移|人心齐，山可移|人心齐，海可填，山可移）

人有养父之孝，鹊有反哺之恩/114

人在难处，才见真心/163

（人在难处见人心|人到难处才见心）

人在难中好救人/163

人众者胜天，天定亦能破人/204

（人众者胜天，天定亦胜人）

日长无好饭，客长无笑脸/223

日亲日近，日远日疏/96

（日远日疏，日亲日近|日

近日亲,日远日疏)

柔能胜刚,弱能胜强/243

(柔弱胜刚强|柔能制刚,弱能制强|柔能制刚,弱能胜强|柔能制刚,柔能制强)

肉炒熟,人吵生/243

软的怕硬的,硬的怕愣的,愣的怕不要命的/243

(横的怕硬的,硬的怕愣的,愣的怕不要命的|软的怕硬的,硬的怕横的,横的怕不要命的|软的怕硬的,硬的怕横的,横的怕愣的,愣的怕不要命的|软的怕硬的,硬的怕不要命的)

软绳可以捆硬柴/244

(软柴可捆硬柴|硬柴要用软柴捆)

三代不出舅家风/96

三个臭皮匠,赛过一个诸葛亮/204

(三个臭皮匠,顶个诸葛亮|三个缝鞋匠,顶个诸葛亮|三个巧皮匠,顶个诸葛亮|三个小皮匠,顶一个诸葛亮)

三年不上门,当亲也不亲/97

(三年不上门,亲戚也不亲|三年不上门,是亲也不亲)

三千银子兵,杀不得邻里情/136

三十年前子靠父,三十年后父靠子/21

(前三十年子靠父,后三十年父靠子)

三十年媳妇熬成婆/81

(多年的媳妇熬成婆|二十年的媳妇熬成婆)

杀兵不如惩将/185

山羊不和豺狼做朋友,老鼠不和猫儿搭亲家/97

山有木,工则度之;宾有礼,主则择之/223

(山有木,工则度之)

山中无老虎,猴子称霸王/186

(山中无猛虎,猴子称霸王|山上无老虎,猴子称大王|山中无好汉,猢狲称霸王|山中无虎猴称王)

伤一个人容易,为一个人难/205

上边梁正下边直/186

上不紧，则下慢/186

（上不紧，下不追）

上梁不正下梁歪/186

（上梁不整下梁差｜上梁不正底梁歪｜上梁不正下梁歪，中梁不正房子塌下来｜上梁不正下梁歪，根子不好葫芦赖）

上命差遣，盖不由己/187

（上命官差，事不由己｜上命公差，概不由己｜上人差遣，概不由己｜上命官差，身不由己）

上求材，臣残木；上求鱼，臣干谷/187

上人不好，下人不要/187

上有样，下跟帮/187

艄公不摇橹，误了一船人/188

（艄公自己避风浪，毁了江中一船人）

少个闺女少门亲/21

少年夫妻老来伴/62

（少年夫妻老来伴，一天不见问三遍｜少年夫妻老来伴，夫妻越老越相亲）

少女少郎，相乐不忘；少女老翁，苦乐不同/62

蛇吃蛇，比长短/244

蛇无头不行，人无位不尊/188

射人先射马，擒贼先擒王/244

（打蛇先打头，擒贼先擒王｜打虎先打头，擒贼先擒王｜擒龙先擒首，擒贼先擒王｜射人须射马，擒贼须擒王）

谁养孩子谁当娘，谁种土地谁收粮/21

谁养的孩子谁操心/21

谁要求没有缺点的朋友，谁就没有朋友/163

什么虫啃什么木头/244

（什么虫儿凿什么木头｜什么虫爱拱什么木头）

什么根，什么苗，什么葫芦开什么瓢/22

（什么葫芦什么瓢，妈妈漂亮女儿俏｜什么葫芦结什么瓢）

生男如狼，犹恐其尪；生女如鼠，犹恐其虎/22

（生男如狼，惟恐其尪；生女如鼠，惟恐其虎｜生男如狼，犹恐如羊；生女如鼠，犹恐如虎｜生子如狼，犹恐如羊｜生狼犹恐如羊）

生娘小于边，养娘大于天/22

（生身父母摆一边，养身父母大似天|生的没有养的亲，养育之恩似海深）

生子莫生多，生多换破锅/22

师愿徒出众，父愿子成才/23

狮子老虎也护犊子/23

十朵黄花九朵黄，十个女儿九个像娘/23

十个儿子十个相/23

（十个孩子十个相）

十个孩子九随母/23

十个叔子抵不得一个老子，十件褂子抵不得一件袄子/24

十个指头不一般齐/33

（十个手指有长短|十个脚指头哪能一边儿长|十根指头分长短，荷花出水显高低|十个指头有长短，一树果木有酸甜|十个指头有长短，满园竹笋有高低|五个指头还不一般齐|五个指头长短不齐）

十个指头咬咬哪个都疼/24

（十个指头咬着都疼|十指根根都连心，伤了哪个都心疼|十指有长短，痛惜皆相似|手中十指有长短，截之痛惜皆相似）

十人十心，无财市针；十人一心，有财市金/205

（十人一心，有财买金；十人十心，无钱买针）

世上莫过手足情，打断骨头连着筋/34

（世间最亲骨肉亲，断了骨头连着筋）

世上难得事，子孝妻贤/115

势败休云贵，家亡莫论亲/97

是灰比土热，是盐比酱咸/136

（是灰就比土热|是盐总比酱咸）

是亲必顾，是邻必护/136

是亲都有一顾/97

（是亲必顾|是亲三分顾）

是亲三分向，是火热成灰/97

（是亲三分向，是火热如炭|是亲三分向，是灰热过土|是亲三分向，不亲不一样|是亲三分向，是柴烧热炕|有亲三分向）

是一亲，担一心/98

是姻缘棒打不回/62

（是姻缘棒打不散）

手大不遮天/205

（手大遮不住天|手大捂不过天来）

手心也是肉，手背也是肉/34

（前心后心都是肉|手掌也是肉，手背也是肉|手掌也是肉，手心也是肉|手心手背都是肉|掌心是肉，掌背也是肉）

疏不间亲，新不加旧/98

（疏不间亲，远不间近|疏不间亲，卑不敌尊）

熟人好说话/136

（熟人好办事）

熟人面前无瞎话/136

树不成林怕大风/205

树大分权，人大分家/34

（人大分家，村大分杈|人大生主意，树大长杈枝|树大要分丫，子大要分家|树大分杈，儿大分家|树大开权，男大分家|树大分枝，家大分居）

树大有枯枝/188

（树大有枯枝，族大有乞儿）

树倒猢狲散/188

（树倒猢狲散，墙倒众人掀|树倒猢狲散，兵无主自乱）

树多不怕狂风/206

树高千丈，叶落归根/137

（树高千尺，叶落归根|树高千丈叶归根|万丈高树，落叶归根|叶落归根，人老还乡）

树怕软藤缠/245

树欲静而风不止，子欲养而亲不在/115

（树欲静而风不息，子欲养而亲不待|树欲静而风不宁，子欲养而亲不在）

双拳不打笑面，饿虎不吃伏肉/245

（强拳不打笑脸）

双雄不并立，二虎不相容/245

（一林不两虎|一渊不两蛟|一穴不容二虎|一山不藏二虎|一山不容二虎）

水流千里归大海/137

（水流千里，终归大海|水流千遭归大海，树老叶落要归根|水流千转归大海，树叶早晚要归根|水流千遭，绕回大海）

水是故乡甜，月是故乡明/137

水至清则无鱼，人至察则无徒/163

（水至清则无鱼，政至察则

众乖｜水清无鱼，人察无徒｜水至清则无鱼，人至清则无徒｜水清无大鱼）

四海之内皆兄弟/98

（四海之内，皆为朋友｜四海内皆是兄弟｜四海之内，皆相识也｜四海之内，皆是朋友）

送君千里，终有一别/224

（送君千里，终须一别｜送君千里终须别｜送人千里，也有一别｜相送千里，终须一别）

孙悟空本事大，跳不出如来佛的手掌/245

（孙悟空翻千个跟头，还在如来佛手掌心｜孙猴子七十二变，也逃不出如来佛的手心｜孙猴子再厉害也跳不出如来佛的掌心｜孙悟空一跟头打十万八千里，却跳不出如来佛的手心）

炭多火红，人多势勇/206

汤热还是水，粥冷会粘连/99

天底下没有不吵架的夫妇/63

天旱莫望疙瘩云，人穷莫上亲戚门/99

天上下雨地下浸，人留子孙草留根/24

（人留后代草留根｜人留子孙草留根）

天上下雨地下流，小两口打架不记仇/63

（公鸡打架头对头，两口子打架不记仇｜天上下雨地下流，两口子吵架不记仇｜月亮出来是圆的，小两口打架是玩的）

天上星宿大，地上娘舅大/99

（天上老鹰大，地下娘舅大｜天上雷公大，地上舅公大）

天下无不是的父母/115

（天下无不是的父母，有最对的师傅）

天下爷娘爱好的/24

甜不过少年夫妻，苦不过鳏寡老人/63

甜馍馍冷吃也甜，知心人恼了也好/164

同舟要共济，万难化为夷/206

偷食瞒不得牙齿，做贼瞒不过乡里/138

头雁顶住风，群雁跟着冲/189

头雁引路雁群随/189

投亲不如访友,访友不如下店/99

(求亲不如歇店|投亲不如落店|投亲不如访友)

土帮土成墙,人帮人成王/206

(泥帮泥成墙,穷帮穷成王|土帮土成墙,水帮水成浪|土帮土成墙,穷帮穷成王|土靠土成墙,人靠人成王)

土居三十载,无有不亲人/138

外人难管家务事/82

外甥多似舅/100

(外甥似娘舅|外甥多像舅|外甥不脱舅家相)

外甥是狗,吃完就走/100

外甥有理不让舅/100

外乡酒,不如故乡水/138

万两黄金未为贵,一家安乐值钱多/82

(万两黄金不为贵,合家安乐值钱多)

为臣要忠,作子要孝/115

(为臣要忠,为子要孝|为臣不可不忠,为子不可不孝|有忠忠于圣上,有孝孝于爹娘)

为人结交须知己,不是知己莫与谈/164

为人若肯存忠厚,虽不关亲也是亲/100

翁婿相关如父子/100

无儿女也贵/25

无官一身轻,有子万事足/25

(无官一身轻,有儿万事足|无官一身闲,有子万事足|有子万事足)

无事世人亲,有事兄弟急/101

毋卜其居,而卜其邻舍/138

五个指头按不住十只飞雀/246

五人团结赛猛虎,十人团结一条龙,百人团结像泰山/206

五十的老子不管三十的儿/25

惜苗儿,坏苗儿/25

媳妇堂前拜,公婆背利债/63

(媳妇进门,债主成群)

瞎闯过不了五关/246

先敬其宾，后敬其主/224

先下手为强，后下手遭殃/246

（先下手强，后下手殃｜先下手为强，慢下手遭殃｜先下手者为强，后下手者遭殃｜早下手为强，迟下手有殃）

先则制人，后则为人所制/247

贤儿多财损志向，愚儿多财招祸殃/82

贤妻必是良母/63

贤子不嫌多，顽子不嫌少/116

乡邻亲，斤换斤，少一两也不亲/138

乡亲对待乡里好，乡里必定爱乡亲/138

相交满天下，知音有几人/164

（朋友满天下，知心有几人｜朋友遍天下，知己能几人｜天下交游皆好友，知心能有几多人｜相交满天下，知心能几人）

相请不如偶遇/224

香不过的猪肉，亲不过的娘舅/101

（最香不过龙肉，最亲不过娘舅）

降龙自有降龙手，捉鬼还得捉鬼人/247

（有龙就有擒龙汉，有虎就有打虎郎）

小鬼斗不过阎王/247

（小鬼难与阎罗斗）

小鲫鱼翻不了火轮船/247

小雀要跟老雀飞/116

孝当竭力，忠则尽命/116

孝顺的便是骨肉/116

孝顺还生孝顺子，忤逆还生忤逆儿/117

（孝顺定生孝顺子，忤逆还生忤逆儿｜孝顺还生孝顺人，忤逆还生忤逆人）

孝重千斤，日减一斤/117

协力山成玉，同心土变金/207

泄底儿怕老乡/139

（泄底要算老乡亲｜泄底就怕老乡亲）

心齐的群牛，不怕虎恶/207

心齐力量大，人多主意巧/207

新客终无新主人/224

星多天空亮，人多智谋广/207

行客拜坐客/224

行要好伴，住要好邻/139

兄弟不怕无用，就怕七摇八

挣/35

兄弟如手足，骨头连着筋/35

（兄弟如手足）

兄弟是同气连枝，妻子是多情伴侣/35

兄弟同心，其利断金/35

（手足同心其利断金）

兄弟一条心，黄土变成金/35

（兄弟同心，黄土变金）

休妻毁地，到老不济/82

修屋靠梁，蜂子靠王/189

薰莸原异器，冰炭不同炉/248

（薰臭不同器，邪正不两立）

牙跟舌头还有不和的时候/248

（没有舌头不碰牙|哪有牙不和舌头碰的|牙齿还有和舌头相碰的时候）

牙硬磨不过舌头/248

严婆不打哑媳妇/82

（严婆不打笑面）

阎王好见，小鬼难挡/189

（大王好见，小鬼难当|阎王爷好见，小鬼难撺|阎王好说，小鬼难缠|阎罗王容易见，小鬼子难理缠）

阎王好作，小鬼难当/189

阎王也怕拼命鬼/248

宴笑友朋多，患难知交少/165

雁飞千里也恋亲/139

雁怕离群，人怕单干/207

雁有头雁，羊有头羊/190

燕飞千里总归窝/139

秧好一半谷，妻好一半福/64

（籽种好，一半谷；婆姨好，一半福）

羊羔知道跪乳，乌鸦知道反哺/117

（乌有反哺之义，羊有跪乳之恩|乌鸦知反哺，羊有跪乳情|羊羔跪乳，乌鸦反哺|羊羔有跪乳之情，乌鸦有反哺之恩）

养儿不可溺疼/83

养儿不知儿女心/25

养儿防老，积谷防饥/117

（积谷防饥，养儿防老|养儿待老，积谷防饥|养小防老，积谷防饥|种豆防饥，养儿防老）

养儿跟种，种地跟垄/26

养儿能代老，女婿是门楣/118

条目音序索引

养儿像娘舅，养女像家姑/101

养儿养女望上长/26

（生儿养女朝上长）

养家不治气，治气不养家/83

（治气不养家）

养小防备老，栽树要阴凉/118

（养儿防老病，栽树取凉遮|养儿防备老，栽树望阴凉）

养子方知娘生受/118

要补衣，结发妻/64

要破东吴兵，还得东吴人/248

（要退东吴兵，还须东吴人）

要想逮住狐狸，就必须比狐狸还狡猾/249

要摘刺梅花，不怕把手扎/249

要知父母恩，怀里抱儿孙/118

（要知父母恩，怀里抱子孙）

要知家中妻，先看丈夫衣/64

要作好人，须寻好友；引酵若酸，那得甜酒/165

（要成好人，须交好友；引酵若酸，那得甜酒）

一辈人不管两辈人的事/64

一表三千里，沾边就是亲/101

（一表三千里，表到哪里是哪里）

一宾不烦二主/225

（一客不烦二主|客不烦两家|一客不烦两主|一客弗烦两主|一事不烦二主|一事不劳二驾）

一朝天子一朝臣/190

（一朝天子一朝臣，一个主子一个规|一朝天子一朝臣，一个将军一个令）

一打三分低/249

一代亲，二代表，三代四代认不到/101

（一代亲，两代表，三代全不晓）

一堵墙挡不住四面风/249

一个巴掌拍不响/249

（单面锣打不响|一只手拍不响|一个巴掌打不响）

一个槽里拴不下俩叫驴/250

（两匹烈马拴不到一个槽里|一个槽头拴不住两头叫驴|一张槽上拴不下两匹儿马蛋子|一个桩上不能拴两头公牛）

一个成功男人的背后，必定有位好女人/65

一个儿子怕断根，三个儿子爹娘没处蹲/118

一个姑娘顶半个儿子/26

（一女顶半子｜一个闺女半个后｜一个闺女半拉儿）

一个好汉三个帮，一个篱笆三个桩/208

（一个好汉三人帮，一根屋柱三个桩｜一个篱笆要打三个桩，一个好汉要有三个帮｜一道篱笆三个桩，一个好汉三个帮｜一个篱笆三个桩，好汉也要众人帮）

一个好女人，三辈好子孙/65

（一辈好女人，三辈出举人｜一个好媳妇旺三代）

一个女婿半个儿/83

（门婿半个儿｜女婿顶半个儿｜女婿有半子之劳｜一个姑爷半个儿）

一个人挡不住老虎，五个人能打死老虎/208

一个人浑身是铁，也打不了几根钉/208

（一个人浑身是铁能碾多少钉｜一个人浑身是铁，能搓多少根钉｜纵然是块铁，下炉能打得几根钉）

一个山头一只虎/190

一根单丝难成线，千根万根拧成绳/208

一根筷子容易折，拧成的麻绳拉不断/209

（一根筷子容易断，拧成的麻绳拉不断｜一根竹竿容易弯，一把筷子折断难｜一条竹竿容易弯，三缕线纱拉断难｜一箭易断，百箭难折）

一根木头做不成梁，一块砖头砌不成墙/209

（一块砖头难砌墙，一根木头难盖房｜一根木头架不起梁，单枪匹马成不了王）

一花不是春，独木不成林/209

（一木不成林，一花不成春｜一叶不成夏，独木不成林）

一回生，二回熟，三回四回成朋友/165

（一回生，二回熟，三回就热乎成一家人｜一回生，二回熟，三回四回自己屋）

一家不成，两家现在/102

一家不知一家事/83

（一家弗知一家事｜一家不知一家苦｜一家不知一家的难处）

一家富难顾三家穷/84

一家和气值千金/84

一家开口两家难/84

一家人不说两家话/84

（一家人不吃两家饭）

一家有女百家求/26

（花香飘千里，有女百家求｜一家生女，百家求问｜一家女子百家求｜一家女，百家求｜一家有女百家提）

一家有事百家忙/139

一家有事，众邻分忧/140

（一家有事，四邻不安｜一家有事百家忧）

一将舍命，万将难敌/250

（一将舍命，万将难抵｜一将拼命，万夫莫当｜一人敢死，万夫难敌｜一人舍命，万人难当｜一人投命，足惧千夫）

一将无谋，累死千军/190

（一将无谋，累死千军；一帅无谋，挫丧万师｜一将无能，累死千军｜一将无能，万命俱亡）

一龙难戏千江水，一虎难登万重山/209

（一龙不能治水｜一匹马扬不起灰尘）

一亩地有场好，人到八十有娘好/119

一娘生九子，九子都不同/27

（母生九子，种种不同｜一娘生九子，子子弗相同｜一娘生九子，九子九般形｜一娘生九种，种种都不同）

一娘生九子，九子连娘十条心/27

（一娘生九子，连娘十条心｜一娘生九子，一人一条心）

一鸟入林，百鸟压音/190

（一鸟进山，百鸟无声｜一雀入林，百鸟压音｜一鸟入林百鸟静｜一鹞入林，百鸟噤声）

一畦萝卜一畦菜，自己生的自己爱/27

（一畦萝卜一畦菜，各人种的各人爱）

一人打铁锤不响，两人打铁响叮当/210

一人计短，二人计长/210

（一人计短，众人计长｜一人不赶二人智，三人出个大见识｜一人不如二人计，三人肚里唱本戏｜一人

不及二人计，三人出个好主意）

一人难称百人心/210

（一人难合百人意｜一人难从众人愿｜一人难结万人缘）

一人难担千斤担/210

一人气力担一担，众人力量搬倒山/211

（一人孤单单，众人能移山）

一人一把土，堆起万丈山/211

一人走过一条线，两人走出一条路/211

一日夫妻百日恩/65

（一日夫妻百日恩，百日夫妻似海深｜一夜夫妻百夜恩，百日夫妻一辈亲｜一夜夫妻百岁缘｜一夜夫妻，百年恩义）

一日纵敌，数世之患/250

（一日纵敌，患在数世｜一日纵敌，万世之患｜一日违敌，累世为患）

一树之果，有酸有甜；一母之子，有愚有贤/36

（一棵树结的果儿有酸有甜，一个娘生的孩儿有忠有奸｜一树之果，有酸有甜；一母之女，有愚有贤｜一树的果子有酸有甜，

一山的雀鸟分白鹇和乌鸦）

一死一生，乃知交情；一贫一富，乃知交态；一贵一贱，交情乃见/165

（一贵一贱，交情乃见；一死一生，乃见交情｜一富一贫，乃见交情；一贵一贱，交情乃见｜一贵一贱，交情乃见；一生一死，乃见交情｜一死一生，乃知交情；一贫一富，乃知交态；一贵一贱，交情乃见；一浮一没，交情乃出）

一物降一物/250

（一物降一物，大象怕老鼠｜一物降一物，蜈蚣把蛇捉｜一物降一物，盐卤点豆腐）

一孝立，万善从/119

一心为老娘，羊肠小道也宽广/119

一窑烧得几百砖，一娘养的不一般/36

一拃没有四指近/102

（一拃不抵四指近｜一尺不如三寸近）

一争两丑，一让两有/251

一只碗不响，两只碗叮当/251

（一只碗不响，七只碗丁当|一只碗敲不响，两只碗响丁当）

衣不如新，人不如旧/65

（衣莫若新，人莫若故|衣要新好，人要旧好|衣不厌新，人不厌故）

蚁多蝼死象，好汉怕人多/211

（蚁多可以抬象，蝗飞可以蔽天）

易求无价宝，难得有心郎/66

（易求无价宝，难得有情郎|易求无价宝，难得有情人|易求无价宝，难觅有情人|无价之宝易求，有心之郎难获）

阴阳和而后雨泽降，夫妇和而后家道成/84

友情浓于酒/166

有宾不可无主/225

有促客，无促主/225

有地不愁苗，有苗不愁长/27

（有苗不愁长|有秧儿不愁长|有根不愁树不长|只愁不养，不愁不长）

有儿靠儿，无儿靠婿/119

有饭送给亲人，有话说给知音/166

有好篱笆才有好邻居/140

（有好篱笆就有好邻居）

有鸡就有蛋/211

（有了鸡婆不愁蛋）

有酒不打上门客/225

有礼不打上门客/225

有理不打上门客/226

（有手不打上门客）

有没见面的朋友，没有没见面的冤家/166

（人有没见面的交情，没有没见面的冤家|只有没见面的朋友，哪来没见面的冤家）

有明白儿子，不如有明白媳妇/120

有娘的地方就是家/28

有其父必有其子/28

（有其父就有其子|有是父必有是子|有其父必有其女|有其母必有其女|有其母必有其子）

有其君者，必有其臣；有其臣者，必有其君/191

（有是君，必有是臣）

有钱难买子孙贤/120

有情哪怕隔年期/66

（有情何怕隔年期|有情谁怕

来年期|有情不怕隔年约）

有情人终成眷属/66

（有情人终成眷属，是鸳鸯棒打不分）

有缘千里来相会，无缘对面不相逢/66

（无缘对面不相会，有缘千里定相逢|无缘千里空奔走，有幸相逢咫尺间|有缘千里来相会，无缘对面不相识|有缘千里能相会，无缘对面不相逢）

与其身后哭又叫，不如生前常尽孝/120

欲结其人，不如先结其心/167

遇急思亲戚，临危托故人/102

遇着善人便烧香，遇着恶人便使枪/251

冤家不可做尽/252

冤家怕破脸，对头怕见红/252

冤家少结，方便多行/252

冤有头，债有主/252

（仇有头，债有主|冤各有头，债各有主|冤家自有头，还债自有主|怨有头，债有主|债各有主，冤各有头|债有主，冤有头）

远亲不如近邻/140

（好亲不如近邻，近邻不如对门|远亲不如近邻，街坊不如对门|远亲近邻，不如对门|远亲不如一屯，一屯不如近邻）

月是故乡明，人是故人亲/140

（月是故乡明，人是乡党亲）

崽卖爷田心不痛/120

（崽卖爷田不心疼|崽花爷钱不心疼|子用父钱心不疼）

在家不会迎宾客，出门方知少故人/226

（在家不会迎宾客，出外方知少主人|在家让客三圈椅，出外方知少主人）

在家敬父母，何用远烧香/121

（远烧香不如敬父母|在家敬父母，何必远烧香）

斩草不除根，萌芽依旧发/252

（削草不除根，萌芽依旧发|斩草不除根，萌芽春再发|斩草不除根，逢春又发芽|斩草不除根，逢春当发青）

站客难答对/226

（立客难打发|站客难打发）

长兄若父，长嫂若母/36

（长兄为父，长嫂为娘|长兄如父，长嫂比母）

掌舵的心不慌，乘船的才稳当/191

丈母娘疼女婿/102

针往哪儿钻，线往哪儿穿/191

知底莫过当乡人/141

（知底莫如老乡亲|做事瞒不过当乡人）

知己到来言不尽/167

知己莫如友/167

知己者莫过夫妻/67

（知心莫若夫妻|知夫莫如妻|知己莫过于妻子）

知冷知热是夫妻/67

知子莫若父，知臣莫若君/191

（择臣莫如君，择子莫如父|择子莫如父，择臣莫如君|知臣莫若君，知子莫若父|知臣莫如君，知子莫如亲）

知子莫若父，知女莫若母/28

（知子者莫如其父，知女者莫如其母|知子者莫若父母|种地莫过主，知子莫过母）

只要桨花齐，不怕浪花急/212

只要人手多，牌楼抬过河/212

（只要人手多，牌坊搬过河）

只有痴心的父母，难得孝敬的儿郎/121

只有今生弟兄，哪有来世手足/36

只有千年的朋友，没有千年的伙计/167

指儿不养老，指地不打粮/121

至亲莫如父子，至爱莫如夫妻/37

（近不过夫妻，亲不过父母|亲不过父母，近不过夫妻|至亲者莫过父子，至近者莫过夫妻|至亲不过爹娘，至近不过夫妻）

至亲莫如郎舅/37

（至亲亲不过郎与舅）

忠君孝亲，一世名节/121

忠孝的享荣昌；叛逆的受灾殃/121

众擎易举，独力难成/212

（独力难成，众擎易举|众擎易举，独力难支）

众人划桨开大船/212

众人拾柴火焰高/213

（大家捧柴火焰高｜众人捧柴火焰高｜众人捡柴火焰高）

众人是圣人/213

（人多出圣人｜人多是圣人）

众人一条心，黄土变成金/213

（大伙一条心，黄土变成金｜大家齐了心，黄土变成金｜三人同一心，黄土变成金｜万众一条心，黄土变成金｜众人齐了心，黄土变成金）

众心成城，众口铄金/213

（众志成城，众语成经｜众口铄金，积毁销骨｜众口铄金，积言毁骨）

种不好庄稼一季子，娶不上好媳妇一辈子/67

（种不上好庄稼是一季子，娶不上好妻是一辈子｜庄稼不着只一季，娶妻不着是一世｜做买卖不着，只一时；讨老婆不着，是一世）

种禾得稻，敬老得宝/122

种坏了庄稼急不饱，养错了儿女急到老/122

（种田不着一年荒，养子不好一世荒）

种田不熟不如荒，养儿不肖不如无/122

妯娌多了是非多，小姑多了麻烦多/103

主不吃，客不饮/226

（主不请，客不饮｜主不喝，客不饮｜主不斟，客不饮）

主不饮，客不欢/226

主人让客三千里/227

主贤客来勤/227

（主雅客来勤）

主意出在百人口，田地一步收三斗/214

妆未梳成不见客，不到火候不揭锅/227

捉住菩萨，不怕金刚不服/253

子不言父过，臣不彰君恶/122

（忠臣不言君昏，孝子不言父过｜子不言父过，臣不语君戮）

子孙不如我，要钱做什么；子孙胜于我，要钱做什么/122

子孝双亲乐，家和万事成/123

子行丑，父无光/85

尊客之前不叱狗/227

（尊客面前不叱狗）

做一日姑娘做一日仙/28

做贼难瞒乡里，心事难瞒妻子/141